MICHAEL HETTINGER

Das Fragerecht der Verteidigung im reformierten Inquisitionsprozeß

Schriften zur Rechtsgeschichte

Heft 34

Das Fragerecht der Verteidigung im reformierten Inquisitionsprozeß

dargestellt am badischen Strafverfahrensrecht von 1845/51
im Vergleich mit anderen Partikulargesetzen

Von

Dr. Michael Hettinger

DUNCKER & HUMBLOT / BERLIN

Gedruckt mit Unterstützung des Förderungs- und
Beihilfefonds Wissenschaft der VG Wort

CIP-Kurztitelaufnahme der Deutschen Bibliothek

Hettinger, Michael:
Das Fragerecht der Verteidigung im reformierten
Inquisitionsprozess: dargest. am bad. Strafverfahrensrecht von 1845/51 im Vgl. mit anderen
Partikulargesetzen / von Michael Hettinger. —
Berlin: Duncker und Humblot, 1985.
(Schriften zur Rechtsgeschichte; H. 34)
ISBN 3-428-05773-2

NE: GT

Gedruckt 1985 bei Berliner Buchdruckerei Union GmbH., Berlin 61
Printed in Germany

ISBN 3-428-05773-2

Meinem Bruder

«La liberté de la parole dans les débats criminels est un indice certain de la liberté civile dans la constitution politique».

M. de *Lacuisine,* Traité du pouvoir judiciaire dans la direction des débats criminels, Dijon 1843, S. 379.

„Wer die in den letzten Jahren immer gewaltiger sich auf einander drängenden Zeichen der Entwickelung des deutschen Staats- und Rechtslebens beobachtet, muß, wenn er nicht absichtlich die Augen verschließt, erkennen, daß die Zeit gekommen ist, die der Gesetzgebung, neben der schon weit fortgeschrittenen Form des Strafrechts, auch eine gründliche Verbesserung des Criminal-Verfahrens zur unabweislichen Pflicht macht. Daß das allgemeine Verlangen danach mit dem gesteigerten Antheil des Volks an der Leitung der öffentlichen Angelegenheiten des Staats zusammenhängt, ist unläugbar; allein der Kundige findet darin nur eine neue Bestätigung der geschichtlichen Wahrheit, daß die Form des gerichtlichen Verfahrens mit der Staats-Verfassung und dem Werthe, welchen das Volk selbst auf eine *freie* Verfassung und den Schutz seiner verfassungsmäßigen Rechte legt, in der innigsten Verbindung steht".

H. A. Zachariae, Die Gebrechen und die Reform des deutschen Strafverfahrens, Göttingen 1846, S. 2.

Vorwort

Die vorliegende Arbeit versucht entgegen sonstiger Übung nicht, die Entwicklung vom Strafverfahren des gemeinen Rechts zum reformierten Strafprozeß in allgemeiner, übergreifender Form darzustellen; sie unternimmt vielmehr den Versuch, anhand einer zu Grundfragen in unmittelbarer Beziehung stehenden Detailfrage die Entwicklung und Struktur des reformierten Inquisitionsprozesses in den Partikularstaaten aufzuhellen. Der Schwerpunkt liegt auf der Schilderung und Untersuchung des badischen Rechts von 1845/51, das sich wegen seiner Lückenhaftigkeit, aber auch aus Gründen, die sich im Verlauf der Erörterungen deutlicher zeigen werden, für ein solches Unterfangen besonders eignet. Ein Ziel des folgenden liegt auch darin, anhand der Situation eines exponierten deutschen Kleinstaates die Denk-, Argumentations- und Arbeitsweise der Jurisprudenz in der damaligen Zeit aufzuzeigen.

Die Tätigkeit der Gesetzgebung, wie auch diejenige der hierauf bezogenen Wissenschaft, ist eine normative: sie ordnet bzw. sagt, wie geordnet werden soll. Die Beschäftigung mit ihren Ergebnissen ist dagegen eine — jedenfalls im Ausgangspunkt — mehr rezeptiv-philologische: sie erläutert, wie geordnet worden ist. Betrachtet man von heute aus die Leistungen beider Disziplinen in der zweiten Hälfte des 19. Jahrhunderts, so wird deutlich, *wie viel* wir diesem Jahrhundert zu verdanken haben, was eben auch bedeutet, daß es falsch wäre, von dem Gedankenreichtum dieser Zeit keinen Gebrauch zu machen. Gerade im Strafprozeßrecht, das — weit mehr als das materielle Strafrecht — den Vorarbeiten und Vordenkern des 19. Jahrhunderts verpflichtet ist, darf die Geschichte, auf deren Boden unser heutiger Prozeß steht, nicht dem Vergessen preisgegeben werden. Vieles, ja das meiste, stammt von dort.

Herzlich zu danken habe ich den Mitarbeitern der Universitätsbibliothek Heidelberg für die Beschaffung der Literatur und der Quellen, Frau Carla Decker für die sorgfältige Reinschrift des Manuskripts, dem Verlag Duncker & Humblot für die excellente Betreuung sowie der VG WORT für die Gewährung eines namhaften Druckkostenzuschusses. Besonders verbunden bin ich Herrn Professor Dr. Michael Köhler, Hamburg, der den Anstoß zu dieser Arbeit gab, vor allem aber meinem Lehrer, Herrn Professor Dr. Wilfried Küper, dessen Großzügigkeit sie erst ermöglicht hat.

Heidelberg, den 26. Oktober 1984

Michael Hettinger

Inhaltsverzeichnis

B. Einordnung in den historischen Zusammenhang

Abkürzungsverzeichnis

(hier nicht aufgeführte Abkürzungen richten sich nach Hildebert Kirchner / Fritz Kastner: Abkürzungsverzeichnis der Rechtssprache, 3. Auflage, Berlin, New York 1983)

Ann.	Annalen der Großherzoglich Badischen Gerichte. In Verbindung mit andern Rechtsgelehrten des Großherzogthums herausgegeben von J. B. Bekk u. a., Karlsruhe 1833 ff. (zit.: Ann., nach Band, Jahr und Seite)
ArchCrimR	Archiv des Criminalrechts. Herausgegeben von Ernst Ferdinand Klein und Gallus Aloys Kleinschrod, Halle 1798 ff. (zit.: ArchCrimR, nach Band, Jahr, Stück und Seite)
ArchCrimR NF	Archiv des Criminalrechts. Neue Folge. Herausgegeben von J. F. H. Abegg u. a., Halle 1834 ff. (zit.: ArchCrimR NF, nach Jahr und Seite)
bad.	badisch (-e, -es, -er)
Beil.	Beilagenheft
Blätter	Blätter für Rechtspflege in Thüringen und Anhalt, herausgegeben von Reinhold Schmid (ab Bd. 3 von J. Chr. Hotzel), Jena 1854 ff. (zit.: Blätter, nach Band, Jahr und Seite)
CIC	Code d'instruction criminelle
Comm.	Commentar
CrimO	Criminalordnung
ders.	derselbe
E	Entwurf
ebda	ebenda
EG	Gesetz über die Einführung des Strafgesetzbuchs, des neuen Strafverfahrens und der Schwurgerichte im Großherzogthum Baden
engl.	englisch (-e, -es, -er)
frz.	französisch (-e, -es, -er)
G	Gesetz
gem.	gemäß
GS	Der Gerichtssaal, Zeitschrift für volksthümliches Recht, herausgegeben von Ludwig von Jagemann, Erlangen 1849 ff. (zit.: GS, nach Band, Jahr, Halbband und Seite)
HVerh.	Hauptverhandlung
insbes.	insbesondere
i. o. S.	im obigen Sinn

Jahrbücher	Jahrbücher des Großherzoglich Badischen Oberhofgerichts, Neue Folge, unter Mitwirkung der Großh. Hofgerichte. Fortgesetzt unter der Redaktion des Oberhofrichters Dr. Stabel, Dreizehnter Jahrgang 1852/53 (der ganzen Sammlung zwanzigster Jahrgang), Mannheim 1854 (zit.: Jahrbücher XIII)
K	Kammer
KommB	Kommissionsbericht
Krit. Zeitschr.	Kritische Zeitschrift für die gesammte Rechtswissenschaft. Redigirt von Dr. Brinckmann, Dr. Dernburg, Dr. Kleinschrod, Dr. Marquardsen und Dr. Pagenstecher, Dozenten an der Universität zu Heidelberg, Heidelberg 1853 ff. (zit.: Krit. Zeitschr., nach Band, Jahr und Seite).
Magazin	Magazin für badische Rechtspflege und Verwaltung, unter Mitwirkung anderer badischen Rechtsgelehrten und Praktiker herausgegeben von J. Zentner, A. Renaud und L. Turban, Mannheim 1854 ff. (zit.: Magazin, nach Band, Jahr und Seite)
Mat.	Materialien
NB	Nichtigkeitsbeschwerde
o.	oben
OT	Obertribunal
o. V.	ohne Vornamen
preuß.	preußisch (-e, -es, -er)
Prot.	Protokollheft
R-J-G	Reichs-Justiz-Gesetzgebung
SitzB	Sitzungsberichte der bayerischen Strafgerichte, herausgegeben von der Redaktion der Blätter für Rechtsanwendung, Erlangen 1850 ff. (zit.: SitzB, nach Band und Seite)
sog.	sogenannte (-s, -r)
u.	unten
württ.	württembergisch (-e, -es, -er)
Zeitschr. für deutsches Strafverfahren NF	Zeitschrift für deutsches Strafverfahren, Neue Folge, herausgegeben von L. von Jagemann, Fr. Noellner und J. D. H. Temme, Darmstadt 1844 ff. (zit: Zeitschr. für deutsches Strafverfahren NF, nach Band, Jahr und Seite)
Ziff.	Ziffer
zusf.	zusammenfassend
zust.	zustimmend
zutr.	zutreffend

Texte der Quellenstellen

Badische StPO 1845:

§ 228

I. Die *Polizei im Sitzungssaale* gebührt dem Präsidenten.

II. Er leitet die Verhandlung und bestimmt die Ordnung, in welcher die einzelnen Beweismittel vorzubringen sind.

III. Er läßt die zur That benützten Werkzeuge und andere vom Angeschuldigten oder von Zeugen anzuerkennende, überhaupt die zur Beweisführung dienlichen Gegenstände in die Sitzung bringen, um sie während der Verhandlung den Personen, welche dieselben anzuerkennen oder zu besichtigen haben, vorlegen zu lassen.

§ 232

I. Bei Vernehmung des Angeschuldigten und der Zeugen durch den Präsidenten können auch die *übrigen Gerichtsmitglieder* und der *Staatsanwalt,* nachdem sie vom Präsidenten das Wort hierzu erhalten haben, ferner jeder *Angeschuldigte* und sein *Vertheidiger,* diese jedoch nur *durch den Präsidenten,* an Denjenigen, der vernommen wird, *Fragen stellen.*

II. Was hier und in dem § 231 in Beziehung auf Zeugen verordnet ist, gilt auch hinsichtlich der Sachverständigen.

Badisches Einführungsgesetz 1851:

§ 92

Der Präsident des Schwurgerichtshofes hat die Verhandlungen in der Sitzung zu leiten, den Angeklagten und die Auskunftspersonen zu vernehmen, auch die Ordnung, in welcher die einzelnen Beweismittel vorzubringen sind, zu bestimmen.

§ 93

I. Er kann alle Maßregeln ergreifen, die er zur Aufklärung der Sache (§ 92) für dienlich erachtet, insbesondere kann er im Laufe der Verhandlung, selbst durch Vorführungsbefehle, Jeden vorfordern und vernehmen oder sich alle neuen Beweisstücke beibringen lassen, welche ihm nach den in der öffentlichen Sitzung gegebenen neuen Aufschlüssen ein weiteres Licht über die streitige Sache verbreiten zu können scheinen.

II. Eine Beeidigung erfolgt in diesem Falle jedoch nur auf übereinstimmenden Antrag beider Parteien oder in Folge eines Beschlusses des Gerichts, nach Umständen vor oder nach der Vernehmung.

§ 94

Er muß Alles beseitigen, was geeignet ist, die öffentlichen Verhandlungen ohne Aussicht auf größere Sicherheit der Ergebnisse in die Länge zu ziehen.

§ 95

I. Jeder Geschworene ist befugt, während des Laufes der Verhandlungen an den Angeklagten, so wie an die Zeugen und Sachverständigen Fragen zu stellen, nachdem er sich hierzu das Wort von dem Präsidenten erbeten hat. Er kann auch an den Präsidenten den Antrag auf Vornahme von Handlungen stellen, welche die Aufklärung von Punkten bezwecken, die ihm für die Beurtheilung des Straffalles erheblich erscheinen.

II. Die stellvertretenden Geschworenen (§ 75) haben die nämlichen Befugnisse, wie die Hauptgeschworenen.

§ 115

Die unter Mitwirkung von Geschworenen ergangenen Straferkenntnisse können, vorbehaltlich der Bestimmungen der §§ 119 und 122, nur im Wege der Nichtigkeitsbeschwerde angefochten werden, und zwar:

I. von dem Angeklagten:

1. wenn das Urtheil nicht von dem zuständigen oder nicht auf gesetzliche Weise besetzten Gericht ausgegangen ist;
2. wenn bei der Schlußverhandlung oder der Urtheilsfällung wesentliche Vorschriften des Verfahrens verletzt sind;
3. wenn der erkennende Richter das Gesetz unrichtig ausgelegt oder unrichtig auf die durch den Ausspruch der Geschworenen festgestellten Thatsachen angewendet hat.

II. Dem Staatsanwalt steht dieses Rechtsmittel nur zu, wenn die Geschworenen den Angeklagten des ihm angeschuldigten Verbrechens für schuldig erklärt haben, das erkennende Gericht aber den Angeschuldigten aus dem unrichtigen Grunde freispricht, weil die den Grund der Anklage bildende Handlung des Angeschuldigten durch kein Gesetz mit Strafe bedroht sei.

Die unrichtige Ausmessung der Strafe innerhalb der gesetzlichen Schranken und ebenso die Verletzung der Vorschrift des ersten Absatzes im § 96 ist kein Nichtigkeitsgrund.

Einleitung

Die Strafprocessordnung für das Großherzogthum Baden von 1845

1. Die Entwicklung des badischen Strafprozeßrechts

Durch den Reichsdeputationshauptschluß[1] vom 25. 2. 1803 wurde die Markgrafschaft Baden mit dem Anfall rechtsrheinischer Teile der Pfalz und der Bistümer Speyer, Straßburg, Konstanz und Basel zum Kurfürstentum erweitert[2]. Der damalige Regent Karl Friedrich nahm 1806 den Titel Großherzog an[3].

Die Folge dieser Vereinigung verschiedenster Gebiete war eine völlig unübersichtliche Rechtslage. Neben dem noch allerorts „geltenden" — besser: angewandten — gemeinen Recht[4] brachten die einzelnen Gebiete teilweise sehr ausgebildete Landesgesetze in das Großherzogtum ein[5]. Die Regierung versuchte zur Beseitigung dieser Rechtszersplitterung umgehend eine gleichförmige Gesetzgebung und Staatsverwaltung herzustellen. Zu diesem Zweck wurden 13 Organisationsedikte erlassen, deren achtes vom 4. April 1803 die Strafrechtspflege zum Gegenstand hatte[6].

---

1 Dazu *Huber* I, S. 42 ff. Der Text ist abgedruckt bei Ernst *Walder*, S. 15 ff., bzgl. Baden S. 23. S. auch *Gall*, Der Liberalismus, S. 14 mit FN 21.

2 Dazu *Bader*, S. 16 ff., und insbesondere *Laufs*, S. 116 ff. Zur badischen Geschichte s. auch die schöne Darstellung bei *Weber*, hier S. 82 ff., 89. Vgl. ferner *Gall*, Der Liberalismus, S. 6 ff., 12 ff.

3 Zur Rheinbundakte vom 12. Juli 1806 s. *Huber* I, S. 68 ff.; sie ist abgedruckt bei Ernst *Walder*, S. 68 ff. S. ferner *Huber* I, S. 316, 323 ff.

4 Zum Begriff *Abegg*, LB, S. 11 ff., 30 ff.; *Henkel*, S. 44; Eb. *Schmidt*, Geschichte, S. 139 ff., 146 f. Zu seiner Subsidiarität *Rhenanus*, S. 4. — An sich hatte es durch die Auflösung des Reichsverbandes 1806 — dazu *Laufs*, S. 119 f. — seine Geltung verloren. Vgl. auch § 4 EG, der die materiellrechtlichen Regelungen der PGO ausdrücklich außer Kraft setzte; die noch geltenden verfahrensrechtlichen Teile (jedenfalls des Strafedikts) wurden hingegen erst durch die StPO 1864 aufgehoben. — Zur Auflösung des Deutschen Reiches 1806 und den Folgen bzgl. der Geltung des gemeinen Rechts s. a. *von Waechter*, Gemeines Recht, S. 169 ff. mit vielen Nachw.

5 Hierzu *Ammann*, StPO, S. 1 ff.; s. a. *Huber* I, S. 323.

6 Abgedruckt ist dieses „Strafedikt" mit seinen Zusätzen bei *Rhenanus*. Da die erste Ausgabe des Kur-Badischen RegBl. vom 5. Juli 1803 datiert,

Durch das Gesetz vom 25. November 1831 wurden die Folter als Mittel zur Geständniserlangung sowie damit verwandte andere „Wahrheitserforschungsmittel“ endgültig abgeschafft und mit dem Preßgesetz vom 28. Dezember 1831 für „Preßsachen“ ein öffentliches und mündliches Verfahren mit Staatsanwaltschaft eingeführt[7]. Durch das „Provisorische Gesetz die Neuregelung der Rekurse betreffend“ vom 18. Februar 1836, endgültig verkündigt am 3. August 1837[8], wurde vorgeschrieben, daß jedem Urteil Entscheidungsgründe beizufügen und diese dem Angeklagten zu eröffnen seien. Des weiteren waren jetzt für alle Strafsachen zwei Instanzen vorgesehen.

Neben diesen Änderungen gab es zahlreiche Initiativen zur Gesetzesinnovation, so schon auf dem ersten Landtag 1819/1820 den von *von Liebenstein*[9] eingebrachten Antrag, die Justiz von der Verwaltung zu trennen und in bürgerlichen wie in peinlichen Rechtssachen das mündliche und öffentliche Verfahren einzuführen. Darauf aufbauend schlug *Ruth* vor, die Strafrechtspflege von den bürgerlichen Streitigkeiten zu trennen und eigene Kriminalgerichte zu errichten[10]. Diese Forderungen wurden auf dem zweiten Landtag 1822/1823 wiederholt (Abg. Duttlinger), erweitert um die der Abschaffung der Beweisregeln[11] und der Einrichtung von Staatsanwaltschaften (Abg. Ziegler)[12].

Auf dem fünften Landtag 1831 wurde die Einführung des mündlichen Verfahrens in Zivilsachen beschlossen[13] und von der Regierung ein Ent-

---

finden sich dort in der Folgezeit nur noch Einführungsbestimmungen bzgl. neuanfallender Lande. Die Bewegungen der badischen „Strafgerechtigkeitspflege“ lassen sich in Kurzform gut dem „Real-Repertorium oder vollständiges Sach-Register zu den Großherzoglich Badischen Reg-Blättern von 1803 bis und mit 1853, Carlsruhe 1854“, S. 180, entnehmen. Zum Edikt und seinem Schöpfer Johann Nikolaus Friedrich *Brauer* s. *Mackert*, S. 109 ff.; s. auch *Berner*, S. 197 ff.

[7] Vgl. III. Titel, §§ 33, 43 ff. des PreßG v. 1831. Nach § 33 Abs. 3 sollte „der Titel 3. ... jedenfalls beim nächsten Landtage, mit Rücksicht auf das Institut der Geschwornengerichte, einer Revision unterworfen werden“. Das G wurde durch die VO vom 30. Juli 1832, RegBl., S. 317 f., auf Druck des Deutschen Bundes wieder teilweise aufgehoben; die Aufhebung bezog sich gem. Art. 6 f. insbes. auf die Öffentlichkeit. Zum Hintergrund vgl. die Begr. dieser VO und *Nipperdey*, S. 350 f.

[8] RegBl. 1837, S. 171; teilweise auch bei *Ruth*, S. 224 ff. Einzelheiten bei *Mackert*, S. 151 f.

[9] Über ihn W. *Hahn*, S. 29 m. w. N. in FN 21; zum Antragsrecht ebda, S. 30. — Zu den Spannungen zwischen dem Herrscherhaus und den bürgerlichen Ideen und Interessen seit 1818 s. *Huber* I, S. 372 ff., der auch die beteiligten Akteure vorstellt.

[10] Bereits auf dem 1. Landtag stellte der Abg. *Deimling* den ersten Antrag auf Einführung der Schwurgerichte; vgl. Prot. der II. K 1819/20, Heft 1, S. 106 f., und dazu *Mackert*, S. 127.

[11] Es galten noch die Regeln des Strafedikts, §§ 11 ff.

[12] Dazu *Zentner*, Andeutungen, S. 3 ff., 73 ff., und W. *Hahn*, S. 31 f.

[13] Zu diesem aufsehenerregenden Novum *Zentner*, Erläuterungen, S. III f., und W. *Hahn*, S. 43.

wurf über eine neue Gerichtsverfassung vorgelegt. In diesem Entwurf waren die Trennung von Justiz und Verwaltung, die Einführung des mündlichen und öffentlichen Verfahrens sowie der Staatsanwaltschaft vorgesehen[14].

Am 19. Januar 1831 erhielt eine schon 1819 errichtete Gesetzgebungskommission den Auftrag, auf der Grundlage dieses Entwurfs eine Gerichtsverfassung auszuarbeiten. Auf dem sechsten Landtag 1833 wurde dieser Auftrag nachdrücklich in Erinnerung gebracht. Das Großherzogliche Staatsministerium beauftragte die Kommission, der *Nebenius*, C. J. A. *Mittermaier*, *Ziegler*, *Stösser*, *von Weiler*, *Duttlinger* und *Bekk* angehörten, alsbald ein Gesetz über Gerichtsverfassung und Strafverfahren zu erarbeiten[15]. Am 11. Januar 1835 stellte die Kommission ihren Entwurf vor[16]. In Abweichung vom französischen Strafverfahren, an dem man sich im übrigen vor allem orientiert hatte[17], sollte die von einer Anklage eingeleitete mündliche und öffentliche Verhandlung auch bei schweren Delikten nicht vor einem Schwurgericht, sondern vor „rechtsgelehrten" Richtern stattfinden[18]. Der „Bericht" betonte, daß ein mündliches Verfahren vor dem urteilenden Richter „unerläßlich" sei; durch Übertragung der Aussagen in das (Untersuchungs-)Protokoll gehe viel verloren; schließlich verhindere die mündliche Verhandlung auch den Mißbrauch der Amtsgewalt des (Untersuchungs-)Richters[19]. Für die Wahl des Anklageprozesses (wie für die Mündlichkeit der Verhandlung) sei die Abschaffung der gesetzlichen (positiven) Beweisregeln entscheidend, womit der Richter — von deren Verbindlichkeit befreit — nach seiner subjektiven Überzeugung zu urteilen habe[20].

Da sich jedoch ergab, daß die Gesetze nur zusammen mit einem neuen StGB eingeführt werden konnten, wurde die Kommission 1835 beauftragt, auch ein solches zu entwerfen. Am 19. März 1839 legte sie ihr Ergebnis vor. Nach weiteren Beratungen und Umarbeitungen wurde am 9. Februar 1843 eine neue Kommission gebildet[21], die auf der Grundlage des Entwurfs von 1835[22] über Änderungen der Gerichtsverfassung und des Strafverfahrens beraten sollte. Im Spätherbst des Jahres schloß

---

14 Vgl. die Darstellung dieses wichtigen Landtags bei W. *Hahn*, S. 42 ff.

15 Zur Arbeit dieser Kommission vgl. *Mittermaier*, Mündlichkeit, S. 131 ff.; *Bekk*, StPO, S. IV.

16 S. den „Bericht der Gesetzgebungscommission vom 11. Januar 1835".

17 Dazu *Bekk*, StPO, S. V, und u. Hauptteil A.

18 Zu den von daher für notwendig erachteten Differenzierungen vgl. *Mittermaier*, Mündlichkeit, S. 132 ff. Eine Bewertung des Entwurfs findet sich bei *Mackert*, S. 146 ff.

19 Bericht, S. 7 f.

20 Bericht, S. 11.

21 Bestehend aus *Jolly*, *von Marschall*, *Bekk*, *Lamey*, *Brauer*, *Eichrodt*, *Christ*, *Junghanns* und *Vogel*.

22 Dazu *Mittermaier*, Mündlichkeit, S. 138.

die Kommission ihre Arbeit ab[23]. Die Beratungen in der I. und II. Kammer der badischen Ständeversammlung wurden zugleich mit denen über das StGB 1845 zu Ende gebracht. Am 6. März 1845 wurden die Gerichtsverfassung, das StGB und die StPO als Gesetz verkündet. Da die neue Gerichtsverfassung Neubauten sowohl organisatorischer als auch technisch-baulicher Art erforderte, waren die Kodifikationen noch nicht in Kraft getreten[24], als das Jahr 1848 mit seinen Revolutionen in die deutschen Lande hereinbrach[25] und der weiteren Entwicklung in Baden vorerst Einhalt gebot. Die StPO von 1845 ist auch nach Beendigung der „Wirren" von 1848/1849 als geschlossenes Werk nicht zur Geltung gelangt. Daß dies so ist, ist eine Ironie der Geschichte, denn es wird sich zeigen, daß Gedanken der badischen StPO von 1845 bahnbrechend für eine neue Ära des Strafverfahrensrechts in ganz Deutschland wurden[26].

2. Die Grundprinzipien der badischen StPO von 1845

Einschneidendste Neuerung gegenüber dem hergebrachten Strafprozeß war die Einführung einer das Verfahren abschließenden mündlichen und gem. § 224 beschränkt öffentlichen Hauptverhandlung auf der Basis einer Anklage durch die Staatsanwaltschaft[27]. Die Bezeichnung der Hauptverhandlung als „Schlußverhandlung"[28] war allerdings unglück-

---

[23] W. *Hahn*, S. 49 ff., weist darauf hin, daß schon seinerzeit die Forderung nach *Schöffen*gerichten erhoben, aber verworfen wurde. Für Laienbeteiligung votierte auch *Zentner*, Andeutungen, S. 110 ff. Eine Bewertung dieses Entwurfs bei *Mackert*, S. 158 ff., 164 f. m. w. N.

[24] Das hing wohl auch mit Finanzierungsproblemen zusammen; für mündliche Verhandlungen brauchte man u. a. auch geeignete Räume, wie überhaupt Gebäude für die angestrebten Bezirksstrafgerichte; vgl. z. B. die Kreditbewilligung für außerordentliche Ausgaben zu den Gebäuden dieser Gerichte in Höhe von 266 526 Gulden, Verh. der I. K 1847/49, Beil. 2, S. 189. Zur Finanzlage s. a. *Bader*, S. 18 ff.

[25] Führend in Baden das Mitglied der II. K, *Hecker* und Gustav *von Struve*. Zum Prozeß gegen *Struve* und seine Vorgeschichte *Ammann*, GS 1 (1849) 2. Bd., S. 201 ff.

[26] Vgl. hierzu *Brauer*, GS 2 (1850), 2. Bd., S. 563, und *Planck*, S. XV f.; nach *Plancks* Einschätzung beruht die StPO für Sachsen-Weimar usw. (d. h. die Thüringischen Staaten) von 1850 auf dem CIC und der bad. StPO 1845; auf dem Thüringischen E wiederum fußte die öst. StPO 1850 sowie die StPO für Sachsen-Altenburg von 1854. Hinsichtlich der bad. StPO 1845 zu Recht bemerkt *Walther*, Rechtsmittel II, S. 9, daß sie den Wendepunkt im deutschen Strafverfahren legislativ anzeigte; mit weit weniger Berechtigung bezieht er auch die württ. StPO 1843 mit ein.

[27] Wobei für Verfahren, in denen der Amtsrichter zuständig war, die Sondervorschrift des § 205 gelten sollte; dazu W. *Brauer*, Der Amtsrichter. S. 119 ff. Zum Verfahren vor den Amtsrichtern s. a. Carl *Rüdt*, Verh. der I. K 1847/49, Beil. 3, S. 171.

[28] So bezeichnet sie der 17. Titel der StPO; vgl. auch die §§ 224 Abs. 1, 225 Satz 1.

lich, weil diese das Strafverfahren abschließende Verhandlung nach der Intention des Gesetzes zugleich den Schwerpunkt bilden sollte. Die Richter sollten die Urteilsgrundlagen nicht den Akten entnehmen, sondern vielmehr dem Inbegriff der vor ihnen ablaufenden Hauptverhandlung. Für die Beweisaufnahme sollte grundsätzlich das Prinzip der Unmittelbarkeit[29] gelten.

Zum Verfahrensgang im einzelnen:

Für die strafgerichtliche Verfolgung war in § 2 StPO die Verfolgung von Amts wegen angeordnet. Hierzu waren gem. § 40 StPO die Polizeibehörde, die Untersuchungs- und Amtsrichter sowie die Beamten der neugeschaffenen Staatsanwaltschaft berufen. Für die Voruntersuchung in Sachen, die zur erstinstanzlichen Zuständigkeit des Bezirks- oder des Hofgerichts gehörten, war in § 53 StPO ein eigener Untersuchungsrichter vorgesehen[30]. Er hatte gem. § 3 StPO be- und entlastenden Umständen mit gleicher Sorgfalt nachzugehen[31]. Die — detailliert geregelte — Untersuchung war gem. § 202 StPO zu schließen, wenn weder eine bessere Aufklärung noch die Entdeckung neuer erheblicher Umstände zu erwarten war. Der Untersuchungsrichter stellte alle Be- und Entlastungsbeweise zusammen und eröffnete das Ergebnis gem. § 204 StPO dem Angeschuldigten, der daraufhin die Möglichkeit hatte, binnen drei Tagen weitere Entlastungsbeweise vorzubringen. Für den Angeschuldigten war dies der Zentralpunkt seiner Einflußmöglichkeiten, was die Beibringung von Entlastungszeugen anging. (Eine weitere, hieraus abgeleitete, ergab sich aus § 213 StPO. Die praktische Effizienz der §§ 217 f. StPO hing dagegen schon von der Wahrnehmung der vorgenannten Befugnisse ab.) Ab dem Zeitpunkt der Eröffnung — und erst dann — stand es gem. § 214 StPO dem Angeschuldigten im übrigen frei, sich mit einem Verteidiger ins Benehmen zu setzen und zu besprechen.

Der Untersuchungsrichter übermittelte die Akten der Staatsanwaltschaft, die sie binnen drei Tagen dem Bezirksstrafgericht mit ihren beigefügten Anträgen übersandte. Dieses entschied über die Einstellung des Verfahrens (§ 206 StPO), die Anordnung der Schlußverhandlung

---

[29] S. aber auch § 211 Abs. 1, der Ausnahmen vorsieht; diese Vorschrift wurde durch das EG nicht übernommen; dazu *Haager*, Ann. 19 (1852) 158.

[30] Die Amtsrichter waren in den ihrer Zuständigkeit unterliegenden Fällen gem. § 66 StPO ihre eigenen Untersuchungsrichter. Darüber hinaus konnte ihnen der Untersuchungsrichter i. S. des § 53 StPO gem. § 59 StPO einzelne in sein Ressort fallende Handlungen zur Vornahme übertragen; für Eilfälle vgl. §§ 64 f. StPO, zur Zuständigkeit der Gerichte s. §§ 56 ff. GVG, erläutert bei *Thilo*, StPO, S. 427 ff.

[31] W. *Brauer*, Die Vertheidigung, S. 344, meinte hierzu, § 3 klinge zwar schön, sei aber in Wirklichkeit nur eine sehr schwache Schutzwehr gegen willkürliche Verfolgungen, wenn das Gesetz den Richter nicht gehörig beschränke.

(§ 207 StPO) oder verfügte — bei schweren Delikten — die Vorlegung an das Hofgericht, das dann über die „Versetzung in den Anklagestand" zu befinden hatte. Solchenfalls hatte der Staatsanwalt binnen acht Tagen eine Anklageschrift zu übergeben, § 215 StPO[32]. Diese wurde dem Angeklagten mitgeteilt. Er konnte binnen acht Tagen Zeugen und Sachverständige zwecks Vorladung zur Sitzung namhaft machen. Zugleich erhielt er von Amts wegen einen Verteidiger, sofern er noch keinen beauftragt hatte, § 217 StPO. Erachtete das Hofgericht keine weiteren Erhebungen für notwendig, so ordnete es die „Tagfahrt zur Schlußverhandlung" gem. § 218 StPO[33] an, nachdem zuvor gem. § 208 Abs. 2 bzw. im Wege des § 215 StPO die Versetzung in den Anklagestand ausgesprochen war. Gegen letztere hatte der Angeschuldigte gem. § 209 StPO ein — nur sehr begrenztes — Beschwerderecht.

Die Schlußverhandlung vor den Bezirksstrafgerichten und vor den Hofgerichten war im siebzehnten Titel der StPO geregelt. Die Verhandlung hatte hiernach grundsätzlich mündlich und „öffentlich" zu sein, § 224 StPO. Der freie Zutritt war allerdings gem. § 224 Abs. 1 StPO nur „erwachsenen Personen männlichen Geschlechts" gestattet. War „die angeschuldigte Person eine Frauensperson", so wurden gem. § 224 Abs. 2 StPO auf deren Antrag auch Frauen zugelassen, deren Anzahl der Präsident bestimmte. Die Motive wiesen der so bestimmten „Öffentlichkeit" auch eine generalpräventive Aufgabe zu[34]. Die Frauen waren grundsätzlich ausgeschlossen, weil „sie nach unserer Staatsordnung überhaupt keinen Beruf haben, staatsbürgerliche Rechte auszuüben"[35]. In §§ 225 f. StPO waren Ausnahmen vom Grundsatz der Öffentlichkeit i. S. des § 224 StPO geregelt, § 227 StPO traf Bestimmungen hinsichtlich des dann noch zugelassenen Zuhörerkreises.

Dem Präsidenten oblag die Verhandlungsleitung, § 228 Abs. 2 StPO. Er hatte den Angeschuldigten, die Zeugen und Sachverständigen zu vernehmen, §§ 230, 231, 232 Abs. 2 StPO. § 232 StPO räumte den am Verfahren Beteiligten — nicht den Zeugen und Sachverständigen — ein Fragerecht an die jeweils zu vernehmende Person ein. Nach der Beweisaufnahme fanden die Plädoyers von Staatsanwalt und Verteidiger statt. Dem Angeschuldigten gebührte das letzte Wort, § 235 Abs. 2 StPO.

---

[32] Vor den Bezirksstrafgerichten sollte die Anklage vom StA mündlich vorgetragen werden, § 230 StPO.

[33] § 218 ist im Zusammenhang mit § 204 StPO zu lesen; vgl. *Thilo*, StPO, S. 158 f. i. V. m. 149.

[34] S. *Noellner*, Entwurf, S. 96.

[35] *Noellner*, Entwurf, S. 96; *Thilo*, StPO, S. 162 f. Zur Kritik s. *Mackert*, S. 159 m. w. N., und im historischen Kontext *Haber*, ZStW 91 (1979) 597 FN 10.

Über die wesentlichen Vorgänge der Sitzung war gem. § 236 StPO ein Protokoll zu führen. Die §§ 241 ff. StPO regelten die geheime Beratung und die Urteilsfindung. In den §§ 248 ff. StPO war eine ausgeklügelte negative Beweistheorie vorgesehen[36].

Der zwanzigste Titel (§§ 272 ff. StPO) handelte vom „Recurs" in Strafsachen, einschließlich der Wiederaufnahme. Die weiteren Vorschriften betrafen das (Contumacial-)Verfahren gegen Abwesende und Flüchtige (§§ 311 ff. StPO), die Privat- und Nebenklage (§§ 328 ff. StPO), die Vollstreckung (§§ 343 ff. StPO) und die Prozeßkosten (§§ 351 ff. StPO).

Der Strafprozeß in Baden sollte nach der Intention der StPO von 1845 auf folgenden Grundlagen beruhen:

Vorverfahren: Vorklärung von Tat und Täter durch Untersuchungsrichter, die mit dem erkennenden Richter nicht identisch waren[37]. Bedeutsam ist allerdings, daß die Voruntersuchung auch weiterhin geheim und schriftlich sein sollte[38].

Hauptverfahren: Anklageprinzip (besser: Anklageform), Mündlichkeit und Öffentlichkeit der Schlußverhandlung, Geltung einer negativen Beweistheorie, Urteilsfällung durch Berufsrichter, Rechtsmittel, also Instanzenzug[39].

3. Das Gesetz über die Einführung des StGB, des neuen Strafverfahrens und der Schwurgerichte von 1851 (Einführungsgesetz = EG)

Wie oben 1. erwähnt, stoppten die revolutionären Ereignisse 1848/1849 den Fortgang der gesetzgeberischen Bemühungen auf der Basis der StPO von 1845. Trotz der Wirren der Zeit erreichte aber ein Antrag des Abgeordneten *Stösser* die II. Kammer, den dieser auf dem Landtag am 12. Januar 1848 eingebracht hatte: die Forderung nach Einführung der Schwurgerichte. — Dieses Lieblingskind des Liberalismus hatte zu

---

36 Dazu im einzelnen *Thilo*, StPO, S. 184 ff.

37 Mit der schon o. FN 30 erwähnten Ausnahme des Verfahrens vor dem Amtsrichter.

38 Weil anders ihr Zweck verfehlt würde. Vgl. dazu den KommB *Vogels* vor der I. K, abgedruckt bei *Thilo*, StPO, S. 10 ff., hier 14 f. S. auch *Bekk*, StPO, S. 18 f. Hierin lag eine äußerst einschneidende Beschränkung der Rechtsstellung des Angeschuldigten, was sich im Rahmen des späteren Verfahrens nach dem EG 1851 auch auswirken sollte; s. die Kritik bei *Keller*, Ann. 16 (1848) 158 f., 161 f.; in erster Linie bekämpft er freilich die Verknüpfung des alten inquisitorischen (Vor-)Verfahrens mit dem Schwurgericht; ebenso *Mackert*, S. 192 f. Vgl. ferner W. *Brauer*, GS 1 (1849) 2. Bd., S. 21 ff., und *Köstlin*, Geschwornengericht, S. 121 f.

39 Vgl. dazu die Kommissionsberichte vor der I. und II. Kammer, abgedruckt bei *Thilo*, StPO, S. 10 ff.

diesem Zeitpunkt schon eine lange (eminent politische) Vorgeschichte, deren Darstellung allerdings den Rahmen dieser Arbeit sprengen müßte. Es sei deshalb auf die Ausführungen bei *Mittermaier*[40] verwiesen, der die Entwicklung für Baden ausführlich beschrieben hat[41].

War man in den bisherigen Beratungen davon ausgegangen, daß die Einführung von Schwurgerichten nicht angezeigt sei[42], so wendete sich im Jahre 1848 das Blatt grundlegend. Aufgrund eines ausführlichen Berichtes von *Mittermaier* beschloß die II. Kammer, um die Vorlage eines Gesetzentwurfes über die Einführung von Geschworenengerichten nachzusuchen[43]. Eine im Verlauf der Beratungen teilweise veränderte Vorlage wurde am 17. Februar 1849 als Gesetz verkündet[44]. Alsbald machte man sich an eine Neubearbeitung der immer noch nicht in Kraft getretenen StPO von 1845[45]. Diese passierte beide Kammern, ihre auf den 1. Juli 1849 festgesetzte Ausführung wurde aber durch den großen republikanischen Aufstand unter Beteiligung des Militärs im Mai 1849 unmöglich gemacht[46].

Nachdem preußische Truppen den Aufstand niedergeschlagen hatten[47], war die Regierung gleichwohl bemüht, die Einführung auch der Schwurgerichte zu ermöglichen. Im Herbst 1850 wurden den Kammern zwei Gesetzentwürfe vorgelegt, die die Einführung des StGB, des Schwurgerichtsverfahrens und die teilweise Einführung der StPO zum Gegenstand hatten. Sie wurden verbunden und am 5. Februar 1851 als „Gesetz über die Einführung des Strafgesetzbuchs, des neuen Strafverfahrens und der Schwurgerichte" verkündet (fortan EG genannt)[48].

---

40 Erfahrungen, S. 291 ff.; vgl. auch *Eb. Schmidt,* Geschichte, S. 332 ff., und zur Entwicklung in Deutschland eingehend *Schwinge.*

41 S. auch W. *Hahn,* S. 27 ff., 68 ff., 73 ff.

42 Vgl. zu dieser Frage *Vogel* im KommB, Verh. der I. K 1843/44, Beil. 3, S. 159 ff., hier 169; ferner *Nebenius,* Verh. der I. K 1843/44, Prot. 3, S. 170; s. auch *Noellner,* Entwurf, S. 88; *ders.,* Bestimmungen, S. 151.

43 Näher *Ammann,* StPO, S. 9 ff.; *Brauer,* Hauptbestimmungen, S. 5, und *Mackert,* S. 167 ff.

44 RegBl. 1849, S. 83 ff. Der E ist abgedruckt im RegBl. 1848, S. 250 ff. Zur Entstehung s. *Mackert,* S. 171 ff. Die Einführung wurde von der erfolgten Nachbesserung des GVG vom 16. März 1845 abhängig gemacht; vgl. die Einführungs-VO vom 19. Februar 1849, RegBl. 1849, S. 95.

45 Der „Entwurf einer revidirten StPO" ist abgedruckt in den Verh. der II. K 1847/49, Beil. 10, S. 1 ff.

46 Bemerkenswert ist, daß die II. Kammer 1848 ein Gesetz durchgesetzt hatte, das ermöglichte, die „hochverräterischen Unternehmungen" des G. *von Struve* und seiner Mitstreiter vom Februar des Jahres durch ein Schwurgericht (in Freiburg) aburteilen zu lassen; abgedruckt im RegBl. 1848, S. 151 f., ergänzt am 21. Juni 1848 (RegBl., S. 189). Instruktiv zu diesen Mammutprozessen *Ammann,* GS 1 (1849) 2. Bd., S. 201 ff.; s. a. *Mackert,* S. 174 ff. m. w. N.

47 S. die Proklamationen des Großherzogs *Leopold* im RegBl. 1849, S. 293 f. und 423 f.

48 Zum EG s. die Ausführungen bei *Mackert,* S. 179 f., 188 ff.

Durch § 37 EG wurden die §§ 227 ff. der StPO von 1845 über die mündliche „Schlussverhandlung vor den Bezirksstrafgerichten und vor den Hofgerichten" eingeführt, die §§ 224 - 226 StPO hingegen durch § 37 Abs. 2 EG ersetzt. Die Einführung der Bezirksstrafgerichte selbst blieb aber weiterhin ausgesetzt[49].

Die nämlichen Vorschriften der alten StPO wurden für die Schlußverhandlung vor den Schwurgerichten durch § 91 EG verbindlich. § 37 Abs. 2 EG ersetzte auch hier die §§ 224 - 226 StPO. § 91 EG enthielt für das Verfahren vor den Schwurgerichten beim Hofgericht noch einige zusätzliche — hier aber nicht interessierende — Modifikationen[50].

Eine Änderung und eigentlich einen Rückfall hinter die Position der StPO 1845 brachte § 35 EG für die Verfahren vor den Hofgerichten, soweit für eine Tat nicht die Zuständigkeit des Schwurgerichts begründet war. § 35 Abs. 2 EG erlaubte dem Hofgericht nämlich, ein Urteil in geheimer Sitzung aufgrund der Akten zu fällen, wenn eine bessere Aufklärung von Anschuldigungs- oder Entschuldigungstatsachen aufgrund einer mündlichen Schlußverhandlung nicht möglich erschien, schrieb insoweit mithin das bisherige Verfahren fort. Dem stand § 37 EG nicht entgegen, denn diese Vorschrift hatte zur Voraussetzung, *daß* das Hofgericht eine „Schlußverhandlung" überhaupt anordnete. In aller Deutlichkeit hat *Haager*[51] die Vorschrift des § 35 EG kritisiert. So wie sie aussehe, habe niemand ein Interesse an ihrer Anwendung; namentlich gelte dies für den Staatsanwalt. Es sei nicht verwunderlich, daß seit dem 1. März 1851 — dem Zeitpunkt des Inkrafttretens dieser Vorschrift (§ 143 EG) — diese beim Hofgericht Mannheim noch gar nicht, in Bruchsal und Freiburg je einmal und in Konstanz zweimal zur Anwendung gekommen sei, wobei die mündliche Schlußverhandlung in Konstanz beide Male nur dadurch ermöglicht worden sei, daß das Oberhofgericht nach erfolgreicher Beschwerde der Staatsanwaltschaft die Sache gem. § 36 EG zur — dann zwingend vorgesehenen — mündlichen Schlußverhandlung an das Hofgericht zurückverwiesen habe, diese Verhandlungen also gar nicht auf einer Anwendung des § 35 EG beruhten. *Haager*[52] schlug vor, den § 35 EG dahin zu verändern, daß auf Antrag des Staatsanwalts oder des Angeschuldigten eine mündliche Schlußverhandlung zwingend angeordnet werden müsse.

---

[49] Wiederum standen wohl die knappen Finanzen im Hintergrund, vgl. *Mackert*, S. 179.

[50] S. die o. S. 17 ff. abgedruckten Quellenstellen.

[51] Ann. 20 (1853) 14 f.; kritisch auch *Zentner*, Magazin 1 (1854) 88 f., und *Ammann*, StPO, S. 12. Zur Begründung *Bekk*, Anmerkungen, S. 25; *ders.*, Vorträge, S. 28 ff. In Preßsachen war gem. §§ 38, 46, 50 des PreßG v. 1851, soweit die Zuständigkeit des Hofgerichts gegeben war, mündliche und öffentliche Verh. vorgesehen; vgl. zu § 46 *Bekk*, Preßgesetz, S. 81 ff.

[52] Ann. 20 (1853) 15.

Die in der StPO vorgesehenen Bezirksstrafgerichte wurden, wie schon erwähnt, durch das EG nicht eingeführt[53]. Da die StPO von 1845 für das Verfahren vor diesen grundsätzlich öffentliche und mündliche Verhandlung vorgesehen hatte, bedeutete deren Nichteinführung, daß ein obligatorisch mündliches und in der Regel öffentliches Verfahren nur vor den Schwurgerichten stattfand, während es vor den übrigen Strafgerichten entweder gar nicht — so bei den Bezirksämtern, §§ 16 ff. EG — oder nur fakultativ — so bei den Hofgerichten, §§ 34 ff. EG — ermöglicht war[54]. — Die Fragestellung der Arbeit macht es erforderlich, im weiteren von der Bedeutung auszugehen, die § 232 StPO 1845 durch die §§ 37, 91 EG erhalten hat, und bezüglich der Verhandlungen vor den Schwurgerichten auch §§ 92 - 95 EG in die Erörterung miteinzubeziehen, die das für die Hofgerichte nach den §§ 227 ff. StPO vorgesehene Verfahren teilweise modifiziert haben.

4. Zusammenfassende Bemerkungen zur Einordnung der Vorschriften des EG

Das EG hat durch die teilweise Übernahme der StPO 1845 und die eigenen Anordnungen — jeweils für das Schwurgericht — den größten und wichtigsten aller Mängel des bisherigen strafgerichtlichen Verfahrens[55] beseitigt, indem eine mündliche und öffentliche Schlußverhandlung eingeführt wurde. Hierdurch wurde überhaupt erst eine lebendige Verteidigung ermöglicht, weil ihr nunmehr ein unmittelbarer Vortrag vor dem erkennenden Gericht eingeräumt wurde und die unmittelbare und mündliche Beweisaufnahme auch ein Replizieren auf die Geschehnisse institutionalisierte. Bezogen auf die Verteidigung und ihre Belange wurde die Mündlichkeit damit begründet, daß es „kein natürlicheres Recht in der Welt (gebe), als daß derjenige, über welchen geurtheilt werden soll, seinen Richtern gegenübergestellt, daß er nicht von ihnen entfernt und abgeschlossen" werde[56], ein Satz, der um so bemerkenswerter ist, als er jahrhundertelang keine Befolgung gefunden hatte. Die Mündlichkeit des Schlußverfahrens wurde also *auch* als eine Garantie sachgemäßer Verteidigung verstanden. Um die Neutralität des Gerichtes, insonderheit diejenige des die Verhandlung leitenden Präsidenten zu stärken, wurde von der Einleitungsform der Anklage durch einen Staatsanwalt Gebrauch gemacht, der die öffentlichen Interessen auch

---

[53] Vgl. §§ 12, 25 Abs. 2 und 3 EG.

[54] Außer Betracht bleibt die Gerichtsbarkeit der Bürgermeister; dazu §§ 32, 33 EG.

[55] So *Vogel* in seinem Bericht vor der I. K, abgedruckt bei Thilo, StPO, S. 10 ff.; ebenso *Nessel*, S. 192. Ein kaum weniger wichtiger lag in der bisherigen Voruntersuchung; dazu W. *Brauer*, GS 1 (1849) 2. Bd., S. 321 ff.

[56] So *Vogel* (wie FN 55) S. 11; vgl. auch *Nessel*, S. 192.

im ganzen Schlußverfahren wahrzunehmen hatte[57]. Insgesamt führte die Einführung einer Anklagebehörde sowie die einer mündlichen Verhandlung unter Teilnahme eines Verteidigers mithin zur Entlastung des Verhandlungsleiters. Nach dem bisherigen Recht hatte die wesentliche Ermittlungslast beim Untersuchungsrichter gelegen, der als Inquirent bei der Aufklärung der Wahrheit aber zugleich sowohl die Interessen der Anklage als auch die materiellen Interessen der Verteidigung wahrzunehmen hatte. *Zachariae*[58] sah darin eine im Ergebnis unmögliche Konstruktion. Wesentlich zurückhaltender erblickte *Vogel*[59] in der Ermittlung von Schuld und Unschuld gerade die wesentliche Aufgabe des (Untersuchungs-)Richters und hielt „bei dem schriftlichen und geheimen Verfahren mit den Vorschriften des direkten Beweises ... ein solches Vermischen in den richterlichen Functionen" für statthaft. Nur wenn und weil man „die strengen und zweckmäßigen Vorschriften über direkten Beweis" verlasse und dem Richter Rechte einräume, „die ihn nach seiner Ueberzeugung sprechen lassen, und wenn das Verfahren mündlich vor dem urtheilenden Richter — ob öffentlich oder nicht öffentlich, ist hierbei einerlei — geschieht, so ist es ungeeignet und unstatthaft, ja undenkbar, daß man dem Richter auch die Rolle des Anklägers zuweisen solle"[60]. Bis zu dem Zeitpunkt, von dem an eine formelle Verteidigung überhaupt gestattet war, nämlich nach dem Abschluß des Vorverfahrens und der Versetzung in den Anklagestand (§§ 77 ff. EG), blieb es aber im wesentlichen bei dem Untersuchungsverfahren bisheriger Provenienz. — Mit der Einführung der mündlichen Schlußverhandlung durch das EG fiel — jedenfalls soweit eine solche stattfand — auch die in der StPO 1845 noch vorgesehene negative Beweistheorie weg; in § 104 EG wurde bestimmt, daß die Richter sich an ihrer inneren Überzeugung auszurichten hätten[61].

In der mündlichen Verhandlung sollten die Beweise unmittelbar produziert werden, die Urteilsfällung sollte nur auf den Tatsachen beru-

---

[57] Zur Sonderstellung der StA vgl. *Zentner*, Magazin 1 (1854) 473; ein Vorteil ihrer Einführung liege in der Reinhaltung der richterlichen Funktionen. Vgl. auch *Frey*, Der StA, S. 10 f., 65 ff., zur Stellung des StA in Baden. Zur Kritik der Durchführung in der StPO 1845 s. *Zachariae*, Gebrechen, S. 276 ff.; übergreifend *Köstlin*, Geschwornengericht, S. 163 ff. S. ferner die bedeutende Arbeit *Herrmanns* in ArchCrimR NF 1852, S. 289 ff. Die wechselhafte Rolle der StA im reformierten Strafprozeßrecht kann hier nicht im einzelnen verfolgt werden.

[58] *Zachariae*, Gebrechen, S. 143 f.; ebenso *Köstlin*, Geschwornengericht, S. 119 ff., 164 ff. und passim.

[59] Bei *Thilo*, StPO, S. 18.

[60] Hierzu auch unten Hauptteil B I.

[61] Dazu *Bekk*, Vorträge, S. 67. Die praktische Bedeutung dieser Reform kann kaum überschätzt werden; sachlich führte sie zu einem erheblichen Machtzuwachs der Gerichte. Eingehend zur Entwicklung des Grundsatzes der „freien Beweiswürdigung" *Küper*, Bemerkungen, S. 23 ff.

hen, die in der Hauptverhandlung vorgeführt bzw. erörtert worden waren. Die Schlußverhandlung sollte mithin nicht eine schlichte Reproduktion der verakteten Untersuchungsergebnisse sein, sondern der im wahrsten Sinne entscheidende Teil des Verfahrens überhaupt. Diesem Ziel drohte freilich Gefahr von der Voruntersuchung bzw. dem besonderen Verfahren der Versetzung in den Anklagestand. Sie bestand darin, daß der Untersuchungsrichter die nunmehr — von der Intention des Gesetzes her — eingeschränkte Bedeutung der Voruntersuchung mißverstehen und weiterhin in ausgedehntester und langwierigster Weise Ermittlungen und Verhöre anstellen konnte, um ein quasi abgeschlossenes Verfahren zur „Entscheidung" abzugeben. Damit aber drohte der „Schlußverhandlung", deren Bezeichnung — wie schon hervorgehoben — gerade auch deshalb unglücklich, weil mißverständlich, war, die Verkümmerung zu einem quasi feierlichen Schlußakt, also genau das, was man vermeiden wollte: die Umgehung des Herzstücks der Reform. — Der Wert der Schlußverhandlung hing also wesentlich vom richtigen Verständnis des Zweckes der Voruntersuchung i. S. des § 29 EG ab[62].

5. Eingrenzung des Gegenstandes der folgenden Erörterungen

a) Beschränkung auf die Verfahren mit mündlicher Schlußverhandlung

Wie oben gezeigt, kennt das EG die mündliche (und grundsätzlich öffentliche) Verhandlung für die beiden erstinstanzlichen Kollegialgerichte, nämlich für das Hofgericht in den §§ 35, 37 EG und für das Schwurgericht beim Hofgericht in § 91 EG. Wenn und soweit sich hinsichtlich des Ablaufs der mündlichen Verhandlung gerichtsspezifische Unterschiede ergeben sollten, werden sie für das Schwurgericht in Form zusätzlicher Erörterungen vermerkt. Vernachlässigt wird das schon mitgeteilte Faktum, daß sich die von der Kommission für den Regelfall gedachte mündliche Schlußverhandlung vor dem Hofgericht in der Lebenswirklichkeit Badens keinen Platz schaffen konnte. Leitend bleibt auch insoweit, daß es um eine Aufhellung der rechtlichen Verschiedenheiten des jeweiligen Verfahrens und ihrer Hintergründe und Bedeutung geht, nicht aber darum, aus „pragmatischen" Gründen (faktischer

---

62 Vgl. zum Problem *Geib*, S. 104 ff.: Wenn man die Untersuchung im bisherigen Stile weiter und jeweils zu Ende führe und dann erst den Vorhang aufziehe, so bleibe für die HVerh. nichts, allenfalls ein Résumé des Vorverfahrens, ein Schauspiel. Man müsse die Untersuchung der StA übertragen und den Umfang des Vorverfahrens beschränken. Das war weit vorausgedacht. S. ferner W. *Brauer*, GS 1 (1849) 2. Bd., S. 321 ff., und *Degener* II, S. 48 f.

Irrelevanz), die sich bei einer historischen Arbeit ohnehin verbieten, das Rechtsproblem abzukoppeln.

Dieser Beschränkung auf das mündliche Verfahren vor dem Hofgericht und dem Schwurgericht beim Hofgericht entsprechend, wird auch die vergleichend herangezogene Gesetzgebung anderer deutscher Staaten nur insoweit ausgewertet, als es sich um das Verfahren *derjenigen* Gerichte handelt, die den beiden badischen Gerichten funktionell entsprechen. Soweit in einigen dieser Staaten Schwurgerichte nicht vorgesehen sind, wird das Verfahren vor *den* Gerichten mitberücksichtigt, die dort anstelle der Schwurgerichte amtieren. Eine Einbeziehung auch der untersten Gerichtsbarkeiten hätte, insbesondere dort, wo — wie in Baden — eine mündliche und öffentliche Hauptverhandlung überhaupt nicht oder doch nur eingeschränkt vorgesehen war, die Darstellung unnötig ausgeweitet, ohne hinsichtlich des Themas einen zusätzlichen Ertrag zu sichern. Überhaupt bleiben das ganze Verfahren bis zum Schluß der Untersuchung (§§ 30, 31 EG) sowie die Versetzung in den Anklagestand gem. §§ 77 ff. EG ausgeblendet. Hinzuweisen ist lediglich darauf, daß dem Angeklagten gegen die Entscheidung der Anklagekammer beim Hofgericht das Rechtsmittel der Beschwerde zustand, es sei denn, daß er außer Verfolgung gesetzt wurde, § 79 i. V. m. § 82 Abs. 1 EG. Nach der Verweisung an das Schwurgericht konnte der Angeklagte sich mit seinem Verteidiger besprechen, § 83 EG.

Soweit Unklarheiten verbleiben (sollten), aber gegebenenfalls auch zur Bestätigung, wird die badische StPO von 1864 herangezogen. Dies rechtfertigt sich aus folgendem:

b) Der fragmentarische Charakter des EG und die Gesamtreform von 1864

Wie oben dargelegt, gelang es — trotz des am gründlichsten vorberatenen Gesetzes der Zeit vor 1848 — in Baden 1851 nicht, ein vollständig reformiertes Strafverfahrensgesetz in Kraft zu setzen. Man schaffte im Grunde nur eine Halbheit, was freimütig zugegeben wurde[63]. Man zog es vor, lieber das Wenige, was möglich war, gleich zu tun und also ein eigentümlich zwitterhaftes Recht in Kauf zu nehmen, als statt dessen auf „bessere Zeiten" zu warten. Was herauskam, war ein auf den Inquisitionsprozeß althergebrachter Art aufgepfropftes „modernes" Verfahren im Schwurgerichtsprozeß mit Mündlichkeit, Öffentlichkeit und Anklageform. Daß sich das mündliche Verfahren vor dem Hofgericht nicht durchsetzte, zeigt nebenbei, daß die Bequemlichkeiten eines ge-

[63] S. z. B. *Zentner*, Magazin 1 (1854) 81 und insbes. 88. So war es auch „nicht eben leicht, sich einen Totalüberblick über das Ganze zu verschaffen, und ebensowenig für den Praktiker in jedem Falle das gerade Giltige aufzufinden"; so *Fürst*, Krit. Zeitschr. 4 (1857) 380.

wohnten Verfahrens durch fakultative Regelungen — und sei deren Gehalt noch so modern und selbst von vielen Richtern anerkannt, ja gefordert — nicht aus den Angeln gehoben werden (können)[64], eine Erfahrung, die sich bei dem in einigen Partikularrechten vorgesehenen Kreuzverhör auch hinsichtlich der Staatsanwaltschaft und Verteidigung wiederholen sollte. — Daß man diese seltsame Konstruktion dem Nichtstun vorzog, hatte freilich handfeste Gründe: Seit 1845 war ein Gesetz verkündet[65], das — bis auf das Schwurgericht — alles versprach, was 1848 Gegenstand massiver Forderungen war. Andere — früher weit hinter Baden zurückliegende — Staaten hatten Teil- oder Gesamtrevisionen des Verfahrensrechts durchgeführt oder in Angriff genommen[66]. Das ehedem — und im Wollen immer noch — fortschrittliche Baden war plötzlich weit abgeschlagen. Die Folgekosten der Wirren der Aufstände — z. B. Finanzierung der in Baden stationierten preußischen Truppen — lasteten schwer auf dem kleinen Land. Etliche Gesetze, Verordnungen und Berichte in den Verhandlungen der Ständeversammlung bis in die fünfziger Jahre hinein geben hiervon beredtes Zeugnis. Schließlich waren sich auch die Herrscherhäuser ihrer nach dem „momentanen Nervenzusammenbruch“[67] schon verloren geglaubten, jetzt aber wiedergewonnenen Macht noch nicht so sicher wie ehedem.

Jedenfalls: Das EG führte die StPO von 1845 nur sehr fragmentarisch ein; die Regelungen des EG selbst aber, das mit seiner Einführung der Geschworenengerichte nicht in der Konzeption von 1845 gelegen hatte, waren nicht so ausgefeilt, daß in allen problematischen Fragen dem Gesetz eine zweifelsfreie Antwort zu entnehmen gewesen wäre. Eine Gesamtreform des Strafverfahrensrechts wurde dann erst Anfang der sechziger Jahre in Angriff genommen. Es steht zu vermuten, daß sich aus einem Vergleich der jeweils einschlägigen Regelungen Aufschlüsse auch über die Auslegung des bisherigen Rechts ergeben. Schließlich ist zu erwarten, daß anläßlich der Reformbemühungen auch die Bewährung oder das Versagen des seither geltenden Rechts einer kritischen Prüfung und Diskussion unterzogen wurde. Von daher sind dann u. U.

---

64 *Zentner* (wie FN 63) erklärt diesen Vorgang ganz traditionell und modern zugleich mit zu befürchtenden Arbeitsüberlastungen. Deutlich *Haager*, Ann. 20 (1853) 15: Der Grund liege darin, daß so, wie die Bestimmung getroffen sei, „niemand ein besonderes Interesse an der Anwendung derselben hat“.

65 Vgl. den KommB von *Trefurt* vor der II. K 1850/51, Beil. 7, S. 207: Seit fünf Jahren seien die Gesetze vereinbart. Insbes. bzgl. des materiellen Strafrechts sei es ein grober Mißstand, daß die Gerichte noch nach dem vielfach veralteten und harten Gesetz judizieren müßten, obgleich der neue Wille des Gesetzgebers schon ausgesprochen vorliege.

66 Dazu s. u. Hauptteil B.

67 So Golo *Mann*, S. 199; s. a. *Nipperdey*, S. 604 f.

Rückschlüsse hinsichtlich der Auslegung des badischen Prozeßrechts von 1851 möglich, die die eigenen Ergebnisse in Frage stellen, aber eben auch bestätigen können. Diese Chance mußte zur endgültigen Absicherung zwar ohnehin, im vorliegenden Fall aber um so mehr deshalb genutzt werden, weil die Regelungen des hier thematisierten Bereichs teils lückenhaft, teils so vage sind, daß es kaum verwundert, daß Nämliches auch für viele literarische Stellungnahmen zu konstatieren ist.

c) Zum weiteren Gang der Untersuchung

Der Hauptteil A der Arbeit ist also — beschränkt auf die Verteidigung — der Auslegung des § 232 StPO 1845 auf der Grundlage des EG 1851 gewidmet, was die prozessual denkbaren Weiterungen einschließt. In diesem Teil wird versucht, weitestgehend nur die badischen Juristen und Gerichte zu Wort kommen zu lassen, um so auch ein Bild der Leistungsfähigkeit der damaligen badischen Jurisprudenz zu gewinnen. Vergleichend und begleitend wird lediglich das französische Verfahrensrecht des Code d'instruction criminelle (= CIC) herangezogen, von dem — wie alle badischen Juristen hervorheben — vieles stammt, was im Großherzogtum galt. Um so schärfer werden dann gegebenenfalls die Eigenheiten des badischen Rechts hervortreten. Zugleich ist damit eine Basis für den Hauptteil B geschaffen, der sich die Aufgabe stellt, im Rahmen der Einordnung in den historischen Zusammenhang einen Überblick über die Gesetzeslage und den jeweiligen Diskussionsstand in den anderen deutschen Partikularstaaten zu geben. Der an sich naheliegende und einfachere Weg, diese Erträge schon für die Auslegung des badischen Rechts unmittelbar nutzbar zu machen, wurde bewußt nicht gewählt. Das wäre jedenfalls mit der Gefahr der Einebnung von Unterschieden verbunden gewesen und hätte das angestrebte Ziel seines Reizes beraubt. Dieses aber bestand nicht zuletzt darin, zu ermitteln, was Gesetzgebung und Wissenschaft eines (geplagten) deutschen Kleinstaates zu leisten vermochten, und deren Gedankenwelt und Argumentationsweise selbst zur Sprache zu bringen.

Die — gültig gewordene — Summe aus den Entwicklungen des 19. Jahrhunderts soll den Abschluß bilden: eine kurze Darstellung der Entstehung der RStPO von 1877. Sie dient der Abrundung und zur Verdeutlichung dessen, was geblieben und dessen, was geworden ist.

In einem Punkt ist das Folgende unhistorisch zu nennen und unterliegt einem juristischen Arbeiten häufig gemachten Vorwurf: Der eminent politische Hintergrund, der das Szenario für die zu erörternden Gesetze bildet und dem Wesentlichkeit für die Entwicklung des Rechts nicht und nirgends abgesprochen werden kann, bleibt weitgehend unerwähnt. Insoweit ist auf die Darstellungen zu verweisen, die vor allem die Geschichts- und die politischen Wissenschaften hervorgebracht haben[68]. In der vorliegenden Arbeit geht es darum, das, was Gesetz geworden ist, auf Sinn und Wirkungsweise hin zu befragen. Wo es zur Verdeutlichung sinnvoll und mit einiger Klarheit möglich schien, Hinweise auch zum (staats-)politischen Hintergrund zu geben, wurde dies versucht.

---

[68] Vgl. z. B. Golo *Mann*, S. 62 ff., 118 ff., 193 ff.; *Planitz / Eckhardt*, S. 282 ff.; *Huber* I und II; zur bad. Geschichte s. insbes. *Gall*, Der Liberalismus als regierende Partei.

A. Auslegung der badischen Rechtsquellen

I. Das Recht der Befragung

1. Allgemeine Voraussetzungen

Fragerechte — seien es echte Rechte, Befugnisse oder lediglich Gestattungen — haben zur Voraussetzung, daß bestimmten Personen, die am Verfahren beteiligt sind, aus Gründen, die in ihrer Funktion und (Rechts-)Stellung liegen, die Möglichkeit eingeräumt sein soll, dort Klarheit für sich und andere zu schaffen, wo ihres Erachtens eine solche (noch) nicht besteht. *Dieses* Ziel ist jeglichem Fragerecht immanent. Die Zweckrichtung der Ausübung des Fragerechts bestimmt sich hingegen notwendig nach dem von dem Frageberechtigten jeweils verfolgten Interesse.

Nicht notwendig ist nach dem Wesen des Fragerechts, daß es in einer mündlichen Verhandlung, noch weniger, daß es in einer öffentlichen Verhandlung ausgeübt wird, wenngleich es in einer mündlichen Verhandlung am unmittelbarsten ausgeübt werden kann. Immerhin wäre nämlich auch ein Verfahren denkbar, in dem es der Verteidigung und dem Staatsanwalt ermöglicht wird, dem (Untersuchungs-)Richter eine Schrift mit Fragen vorzulegen, die dieser der Vernehmungsperson dann im geheimen Verfahren zu stellen hat[1].

Ebensowenig ist es grundsätzlich und unabdingbar erforderlich, daß das Fragerecht allen Verfahrensbeteiligten in gleichem Maße und in der gleichen Art eingeräumt wird[2]. Dies gilt jedenfalls, solange man

[1] Nicht zu Unrecht kritisiert *Ortloff*, S. 93 f., daß „die Mündlichkeit" im Gegensatz zur Schriftlichkeit des Verfahrens wie diese nur die Form von Prozeßhandlungen bezeichnet, nicht aber das Prinzip selbst. Dieses findet *Ortloff* in der Unmittelbarkeit der Beweisaufnahme, der „Beweisproduction" vor den erkennenden Richtern, die ihre Überzeugung frei, d. h. ohne Bindung an gesetzliche Beweisregeln, bilden sollen, S. 94. Daß mit dem *Prinzip* des gemeinrechtlichen Inquisitionsprozesses an sich Mündlichkeit und Unmittelbarkeit vereinbar gewesen seien, betont *Eb. Schmidt* I, Rdnr. 426, unter Hinweis auf *Zachariae*, Gebrechen, S. 48, 61, 157. Dazu auch *Köstlin*, Geschworenengericht, S. 117 ff.

[2] Es geht *hier* nicht um die Zurückweisung von Inhalten, die dem heutigen Verständnis des Strafprozesses selbstverständlich sind, sondern um eine rein strukturell-formale Betrachtung möglicher Funktionen. Zur materiellen Ausgestaltung des Rechts in Baden s. den folgenden Text.

das Fragerecht nicht an gegenläufige inhaltliche, verfahrensprägende Kriterien anbindet. Die Ausgestaltung des Fragerechts — ja schon seine Existenz — hängt letztlich von den übergeordneten Prinzipien ab, die ein Verfahren determinieren sollen. Erst sie füllen das als solches (noch) wertneutrale Institut mit Inhalt, erst durch sie kommt ihm eine über seine formale Existenz hinausgehende Bedeutung zu. Das Frage-„recht" (i. o. S.) und seine Interpretation ist also notwendig eingebunden in die das jeweilige Verfahren leitenden Prinzipien und erfährt von daher seine konkrete Ausgestaltung. Die Prinzipien wiederum sind bestimmt von dem mit dem Verfahren verfolgten Zweck, dessen Verfolgung seinerseits durch „Garantien" beschränkt sein kann, die den Verfahrensbeteiligten aus den verschiedensten Gründen gewährt sein können.

2. Bedeutung und Umfang der Fragebefugnis der Verteidigung

a) Abhängigkeit vom Kontext der Verfahrensform

In einer Prozeßform, der das Anklageprinzip im strengen Sinn zugrunde liegt, ist das Fragerecht schon deshalb ein Essentiale, weil die Verteidigung hier notwendig in ihrer Wirksamkeit davon abhängt, dieses Recht sinnvoll, d. h. den eigenen Interessen förderlich, einsetzen zu können. Die jeweils zu vernehmende Person steht vollständig zur Disposition der miteinander vor einem nur auf die Einhaltung der Verfahrensform bedachten Richter streitenden Parteien. Eine Lahmlegung des Fragerechts würde in einem derartigen Verfahren Stillstand der Verteidigung bedeuten. Weitgehend auf dem Anklageprinzip beruhte zur Zeit der Einführung des Schwurgerichts in Baden das englische Strafverfahren, um dessen Übernahme in die deutschen Länder vor allem *Mittermaier* in zahlreichen umfangreichen Arbeiten — wenn auch letztlich im großen erfolglos — bemüht war[3]. Dieses Verfahren war in Baden zwar diskutiert worden[4], letztlich aber eben nicht zum Zuge

[3] Vgl. nur *Mittermaier*, Gesetzgebung; *ders.*, Das engl. Strafverfahren; *ders.*, Erfahrungen; s. a. seine sehr zahlreichen Aufsätze zum anglo-amerikanischen Recht und dessen „Vorzügen" in der „Kritischen Zeitschrift für Rechtswissenschaft und Gesetzgebung des Auslandes", die hier nicht verwertet werden. U. a. bemühten sich auch *Glaser* und *Marquardsen* in vielen Arbeiten, dem Juristenstand die Vorteile dieses Rechts näher zu bringen.

[4] Woran *Mittermaier* als Mitglied der das neue Strafverfahrensrecht beratenden Kommission, aber auch als langjähriger Abgeordneter und zeitweiliger Präsident der II. K wesentlichen Anteil hatte. — Wenn § 33 Abs. 1 PreßG 1831 von der Strafverfolgung „im Wege des Anklageprocesses" sprach, so war damit nicht der auf dem Prinzip des Parteiprozesses im strengen Sinn beruhende gemeint. Im Bereich der Prozeßprinzipien herrschte große Begriffsverwirrung. Viele hielten die Mündlichkeit für ein notwendiges und exklusives Attribut nur des Anklageprozesses und diesen für eine notwen-

gekommen. Die französische Revolution, die das alte absolutistische System mit dem verhaßten Inquisitionsprozeß (scheinbar vollständig) hinweggefegt hatte, hatte zu einem Aufhorchen und zur Verstärkung freiheitlicher Bestrebungen auch in Deutschland geführt. Was lag näher, als die Prozeßform einzuführen, die ein Kind gerade dieser Revolution war[5]?

Was man damit — wenn auch mit Modifikationen — einführte, war letztlich jedoch nicht mehr als ein reformierter Inquisitionsprozeß, in dem zwar der — nunmehr sichtbare — Schwerpunkt aus dem ehedem geheimen (Vor-)Verfahren in das jetzt öffentliche und mündliche Schlußverfahren verlegt und durch Einführung der Staatsanwaltschaft mit Anklage*form*[6] auch der Richter von seiner vorherigen „Zwitterrolle" (zumindest teilweise) befreit wurde[7]. Doch verblieb ihm auch in der Hauptverhandlung die Rolle des Untersuchenden, des „Inquirenten", der „mit allen Mitteln" das Geschäft der Erforschung der Wahrheit zu betreiben hatte. Dies drängte notwendig die Verteidigung[8] hinsichtlich ihrer aktiven Gestaltungsmöglichkeiten — jedenfalls zum Teil — aus der Rolle heraus, die ihr in einem echten Anklageprozeß zugefallen wäre, und führte zu der sarkastischen Bemerkung eines Sachkenners des reformierten Verfahrens, statt *eines* stünden dem Angeklagten nunmehr *zwei* Inquirenten gegenüber[9]. Jedenfalls ist die Position der Verteidigung hinsichtlich der Ausübung ihres Fragerechts in den Verfahrensgesetzen, die dem französischen CIC[10] nachgebildet

dige, exklusive Konsequenz des Parteiprozesses. Für diese war ein Untersuchungsprozeß mit Anklageform und Mündlichkeit eine Bastardbildung. Zu diesen Streitfragen s. a. die Nachw. im weiteren Verlauf der Arbeit.

5 Zur Entwicklung in Frankreich sei auf die verdienstvolle Arbeit *Habers* verwiesen; speziell zu der des Schwurgerichts vgl. die Diss. von Doris *Cramer*, ferner schon *Buchner*, Einführung, sowie die weiteren Nachw. im Laufe der Arbeit.

6 Damit war, wie *Hye*, Grundsätze, S. 21 ff., zutr. hervorhebt, *nicht* das Anklageprinzip und mit ihm der Parteiprozeß eingeführt. Zur seinerzeit herrschenden Begriffsverwirrung beachtlich *Ortloff*, S. 20 ff. S. ferner *Köstlin*, Geschwornengericht, S. 112 ff. In Gestalt des Vorsitzenden war „der Inquirent in das erkennende Gericht selbst aufgenommen", so *Planck*, S. 156, der weiter darauf hinweist, daß „dem Wesen nach ... aber auch diese Form ein wirklicher Untersuchungsprozeß" bleibt.

7 Für das Vorverfahren freilich blieb die Rolle des Untersuchungsrichters ganz die alte; dazu die Kritik bei *Temme*, Grundzüge, S. 85 ff. S. a. Hauptteil B I - III.

8 Nicht die StA, denn diese war — de lege lata — in der Wahrung ihrer Befugnisse unbeschränkt. Der StA stand außerhalb des Machtbereichs des Präsidenten, wie des Gerichts insgesamt; vgl. dazu *Frey*, Der StA; *ders.*, Die Staatsanwaltschaft, S. 147 ff., 224 ff. Zum Begriff der StA s. *Herrmann*, ArchCrimR NF 1852, S. 289 ff.

9 *Mittermaier*, Gesetzgebung, S. 279. S. a. *Holzinger*, Die Schwurgerichte, S. 194.

10 Zur erheblichen Schwächung der Rechtsstellung des Angeklagten durch

sind, erheblich schwächer als im englischen Strafprozeß, in dem sich „die Trefflichkeit des Kreuzverhörs" bewährte[11].

b) Das Institut im badischen Strafverfahren

Verteidiger und Angeschuldigter können — „jedoch nur durch den Präsidenten" — alle Fragen an Zeugen und Sachverständige stellen lassen[12], die ihnen zur Aufklärung noch nicht hinreichend geklärter Punkte dienlich erscheinen. Schon nach der Gesetzeslage ist dieses Recht freilich nicht unbegrenzt. Eine — das Fragerecht allerdings nur mittelbar betreffende — Schranke läßt sich dem EG selbst entnehmen: Wenn nämlich § 94 EG dem Präsidenten aufträgt, alles zu verhindern, was die Sache ohne Verbesserung des erreichten Kenntnisstandes in die Länge zöge, so impliziert dies auch die Zurückweisung von („sachfremden") Fragen, die diesen Zweck der Förderung des procedere nicht erreichen können, ihm vielmehr zuwiderlaufen. Dies gilt jedenfalls für Fragen, die ganz offenkundig mit dem Gegenstand des Verfahrens nicht einmal mittelbar etwas zu tun haben[13]. Aus § 240 StPO ergibt sich des weiteren, daß grundlose Beleidigungen oder Anschuldigungen gegen Zeugen oder Sachverständige[14], natürlich auch, soweit sie in Frageform gekleidet sind, der Zurückweisung unterliegen[15]. Hier ist dann nicht

---

den CIC, gemessen an dem Gesetz über das schwurgerichtliche Verfahren vom 16. - 29. September 1791, s. *Haber*, Öffentlichkeit, S. 41 FN 30; s. a. *Mittermaier*, GS 2 (1850) 2. Bd., S. 483 ff. Zum Verfahren nach dem Code vom 3. brumaire des Jahres IV s. *Klein*, ArchCrimR 1 (1799) 4. Stück, S. 43 ff., insbes. 68 ff., 75 ff.

11 *Mittermaier*, GS 2 (1850) 2. Bd., S. 483. *Zachariae*, Hdb. II, S. 203. Übrigens, wie auch *Mittermaier*, Das engl. Strafverfahren, S. 307 ff., weiß, obwohl auch dem englischen Vorsitzenden eine diskretionäre Gewalt (discretionary power) eingeräumt war; dazu auch *Zachariae*, Hdb. I, S. 328; *Goltdammer*, GA 1 (1853) 177. Zu Recht weist freilich *Kleinfeller*, Functionen, S. 235 f., darauf hin, daß das engl. Institut den Vorsitzenden berechtigt, „nach einer anderen Richtung von der Strenge des Rechtes abzuweichen"; m. a. W.: der Begriff hat hier eine andere Bedeutung als im CIC und den ihm folgenden Gesetzen.

12 § 232 StPO 1845; ähnlich schon § 60 Abs. 3 PreßG 1831: „Der Präsident, die Richter und der Staatsanwalt sind befugt, an die Partheien, Zeugen und Sachverständigen Fragen zu stellen, die Partheien selbst nur, indem sie sich deßhalb an den Präsidenten wenden". — Es war diesem nicht verboten, auch die unmittelbare Fragestellung zu gestatten, wenn er das wollte. Konsequenzen konnte dies schon deshalb nicht zeitigen, weil der StA in einem solchen Fall, selbst wenn der Präsident damit gegen den Geist des Gesetzes verstoßen hätte, die Möglichkeit der NB versagt war, wie § 115 EG zeigt. S. a. *Mittermaier*, Gesetzgebung, S. 461, mit dem Hinweis in FN 46, daß auch „gute Präsidenten" in Frankreich nach Art. 319 CIC so verfuhren. So auch *Garraud* II, S. 128 ff., 133.

13 Das Problem ist allerdings auch über die ratio des § 232 StPO direkt zu erledigen. Eingehend dazu u. A I 3 und 4.

14 Dazu *Mayer*, S. 81, 158; *Ruth*, S. 162.

15 Zu § 240 StPO *Roßhirt*, Magazin 5 (1861) 411 f. *Bekk*, Vorträge, S. 66, ver-

unbedingt das Frageziel unzulässig, jedenfalls aber das Fragemittel bzw. die Frageform. In dieser Richtung kann auch die Vorschrift des § 238 StPO Relevanz erlangen[16].

c) Die Regelung des Fragerechts im Verfahren

aa) Vor dem Hofgericht

Soweit das Hofgericht eine mündliche Schlußverhandlung gem. § 35 Abs. 2 EG angeordnet oder im Wege des § 36 EG eine solche stattzufinden hat, bestimmt sich die mündliche Schlußverhandlung gem. § 37 EG nach den Vorschriften des XVII. Titels der StPO von 1845 unter Ausschluß der §§ 224 - 226, für die § 37 Abs. 2 EG Ersatz schafft. § 232 StPO räumt den übrigen Gerichtsmitgliedern, d. h. den beiden Beisitzern des Hofgerichts (§ 34 EG), neben dem Präsidenten, dessen weitergehendes *Vernehmungs- und Fragerecht* sich nach § 230 StPO bestimmt, das Recht ein, dem bzw. jedem Angeschuldigten und Zeugen oder Sachverständigen unmittelbar selbst Fragen zu stellen, nachdem der Präsident das Wort hierzu erteilt hat. Das nämliche Recht steht auch dem Staatsanwalt zu. Ferner kann jeder Angeschuldigte sowie sein Verteidiger der Vernehmungsperson Fragen stellen, allerdings nur „durch den Präsidenten“, d. h. indem die zu stellende Frage dem Vorsitzenden zur Kenntnis gebracht wird, der sie dann seinerseits der Vernehmungsperson stellt.

bb) Vor dem Schwurgericht

Was das Fragerecht der unter aa) genannten Verfahrensbeteiligten angeht, gilt § 232 StPO auch hier, da § 91 EG insoweit auf ihn — als im XVII. Titel der StPO befindlich — verweist. Über § 95 EG wird jedoch der Kreis der Frageberechtigten um die Geschworenen und die stellvertretenden Geschworenen (§ 75 EG) erweitert. Ihre Befugnis entspricht derjenigen der beisitzenden Richter und des Staatsanwalts. § 95 EG weist ihnen — auf Verlangen — ebenfalls ein unmittelbares Fragerecht gegenüber dem bzw. den Angeklagten, Zeugen und Sachverständigen zu.

---

weist insoweit vor allem auf strafbare Äußerungen i. S. der §§ 63 ff. StGB v. 1845 i. d. F. des EG (Aufforderungen zum Aufruhr usw.); *ders.*, Anmerkungen, S. 75. — Solche Fragen wären unstatthaft.

[16] Danach können Störungen der Verhandlung trotz Abmahnung durch den Vorsitzenden zur Entfernung des Angeschuldigten führen.

3. Zur Bedeutung der differenzierenden Ausgestaltung des Fragerechts je nach Stellung des Verfahrensbeteiligten

Vom heutigen Verständnis des Strafverfahrens aus erscheint es bemerkenswert, daß dem Angeschuldigten[17] und seinem Verteidiger — in beiden Verfahren gleichermaßen — kein unmittelbares Fragerecht eingeräumt wurde, d. h. kein Recht, die jeweilige Vernehmungsperson unmittelbar selbst zu befragen.

Nachdem man nämlich die Staatsanwaltschaft eingeführt und die rechtliche Stellung des Angeschuldigten und seines Verteidigers über die Einrichtung der mündlichen Verhandlung stark aufgewertet hatte[18], hätte es nahegelegen, zwischen den Antipoden Anklage und Verteidigung völlige Waffengleichheit gerade auch in bezug auf das Fragerecht herzustellen. Diese Benachteiligung der Verteidigung traf denn auch nicht nur auf Gegenliebe; so kritisierte z. B. *Brauer*[19], daß das „Gesetz den Vertheidiger minder günstig behandelt", und forderte diesbezüglich Gleichstellung; eine „angemessene Ueberwachung und nöthigenfalls Einschreitung des Präsidenten genügt vollkommen, während jene Ungleichheit der Rechte an sich keinen guten Eindruck macht und in dem Vertheidiger leicht das Gefühl der unbilligen Benachtheiligung seiner Parthei hervorruft, die Befragung durch das Organ eines Anderen aber bei gehäuften und vereitelten Fragen, streng durchgeführt, sich als eine schwerfällige zeitraubende Maßregel zeigt, deren Nutzen sehr gering anzuschlagen sein möchte". Ebenso hielt *Mittermaier*[20] diese Differenzierung für „eine schwere Verletzung des Grundsatzes der Gleichheit der Rechte", wenn wohl dem Staatsanwalt, nicht aber dem Verteidiger gestattet ist, „an jeden Zeugen oder Sachverständigen Fragen zu stellen, welche keiner Controlle unterworfen sind"[21]. Schon zuvor hatte *Mittermaier*[22] die Verletzung der Waffengleichheit gerügt und darauf hingewiesen, daß dadurch leicht ein Nachteil insoweit eintreten könne,

---

[17] Im Schwurgerichtsverfahren hieß er nach Versetzung in den Anklagestand Angeklagter.

[18] Zu dieser Aufwertung *Zentner*, Magazin 1 (1854) 475.

[19] Ann. 22 (1855) 92, unter Hinw. auf Bayern 1848, §§ 163 f., Großherzogtum Hessen vom 28. Okt. 1848, § 141, sowie Württemberg 1849, § 127, die dem Angeklagten und seinem Verteidiger die unmittelbare Befragung mit der Beschränkung gestatteten, daß in Fällen des Mißbrauchs der Vorsitzende die vorgängige Angabe der einzelnen Fragen zum Zwecke etwaiger Zurückweisung verlangen konnte; dazu im einzelnen u. B IV.

[20] *Mittermaier*, Gesetzgebung, S. 458; *ders.*, Strafverfahren I, S. 565 (zu Art. 319 CIC); ferner *Temme*, Grundzüge, S. 128.

[21] *Mittermaier*, Gesetzgebung, S. 458. Zu den Folgen des unmittelbaren Fragerechts der StA äußert sich kritisch *Rehm*, GS 12 (1860) 6 ff.

[22] GS 2 (1850) 2. Bd., S. 483 f. So schon, bezogen auf das Vorverfahren nach der bad. StPO 1845, *Zachariae*, Gebrechen, S. 277.

als der Zeuge die Frage zweimal höre, in der Zwischenzeit also bequemer darüber nachdenken könne, wie er seine Antwort einrichten wolle[23].

Man muß sich freilich hüten, die Axiome, die den heutigen Ansichten und Bewertungen zugrunde liegen, unbesehen auf eine ältere Gesetzgebung zu übertragen. Ein solches Vorgehen wäre unhistorisch; es würde alle — möglicherweise noch nicht entwickelten — Werte und Anschauungen in die Gesetze hineinlesen, die als solche noch ausgeblendet, weil nicht erkannt, oder jedenfalls noch nicht zu positiv-gesetzlichen Anordnungen geronnen waren. Geschichtliche Entwicklungen aufzeigen heißt aber in erster Linie, sich des Geistes der Zeit zu versichern und von dort aus das Gesetz in seinem auch zeitbedingten Zusammenhang zu begreifen. Doch da Kritik an jenen Regelungen schon seinerzeit geübt wurde, ist sie kurz aufzunehmen. Diese Kritik selbst hängt in ihrer Berechtigung von der Bejahung einer vor- und übergeordneten Frage ab, der nämlich, ob die rechtliche Stellung von Anklage und Verteidigung im Schlußverfahren in Baden gleich ausgestaltet war bzw. sein sollte. Und genau diese Frage ist — jedenfalls für das EG von 1851 — anders, nämlich verneinend entschieden. Der Staatsanwalt als öffentlicher Ankläger steht *neben* dem Gericht und nicht unter der Aufsicht und Disziplin des Präsidenten[24]. Der Staatsanwalt ist weder dem Präsidenten noch dem Gerichtshof untergeordnet, sondern er ist diesen Institutionen koordiniert[25], weshalb *ihm* ein unmittelbares Fragerecht nicht gut verweigert werden konnte. Das erklärt sich daraus, daß sich das badische Recht in der Grundsatzfrage, ob ein reiner Anklageprozeß — wie in England vorfindlich — zu adaptieren oder aber dem französischen Recht zu folgen sei, mithin einer Mischform aus Untersuchungs- und Anklageprozeß, für die zweite Alternative entschieden hatte, also das französische Vorbild, wenn auch unvollkommen, nachahmte[26]. Nach dem französischen CIC war der „ministère public" den (Untersuchungs-)Richtern teilweise sogar übergeordnet[27]. Die besondere

---

[23] *Mittermaier* (FN 22) 484.

[24] Dazu *Merckel*, GS 1 (1849) 2. Bd., S. 254; *Haager*, Ann. 19 (1852) 157; s. a. *Mittermaier*, GS 10 (1858) 272 f., 285 ff.

[25] *Haager*, Ann. 19 (1852) 158; *Zentner*, Magazin 1 (1854) 473.

[26] In der Art eines Untersuchungsprozesses mit Anklageform; vgl. auch *Abegg*, LB, S. 48 f.; *Brauer*, Hauptbestimmungen, S. 60 f., und zur bad. Regelung im einzelnen die Übersicht S. 64 f.; zum ganzen *Planck*, S. 146 ff., 157 ff., 169 ff. — Wenn man überhaupt von einer „Mischform" sprechen will und nicht von einer besonderen Ausgestaltung des Untersuchungsprozesses, was schon angesichts der Stellung des Vorsitzenden im Prozeß die Sache besser trifft; gut dazu *Planck*, S. 342 ff.

[27] *Rüttimann*, S. 241; *Henkel*, S. 56. Dazu *Haber*, Öffentlichkeit, S. 38 f. mit FN 22 - 24, S. 41 FN 30. Diese Überordnung, so betont *Haber*, ebda, S. 268 f., sei aber nur bzgl. der Untersuchungsrichter — gem. Art. 58 CIC — vorhanden gewesen, da deren strafprozessuale Tätigkeit als eine polizeiliche beson-

Position der Staatsanwaltschaft in der Einschätzung des EG war es also, die diese Ungleichbehandlung gegenüber der Verteidigung hervorrief und dem Vertreter der Behörde das Recht auf unmittelbare Befragung der Vernehmenspersonen einräumte. Die Ablehnung einer völligen Waffengleichheit wurde — etliche Jahre später — im Kommissionsbericht des Abgeordneten *Prestinari* zum Entwurf einer StPO 1863 (StPO 1864) vor der II. Kammer[28] nochmals hervorgehoben und damit begründet, daß der Staatsanwalt als öffentlicher Ankläger nur das Staatsinteresse wahren und auf einen für den Angeklagten ungünstigen Ausgang des Prozesses nur insoweit, als er ihn für schuldig halte, hinwirken solle — unter gleichmäßiger Berücksichtigung der Entlastungs- und Anschuldigungsmomente —, während der Angeklagte nur sein persönliches Interesse, einen günstigen Ausgang des Prozesses zu erzielen, im Auge habe und auch haben dürfe. Hieraus sei zu folgern, daß der Verteidigung die dem Staatsanwalt unbedingt zustehenden Rechte nur insoweit einzuräumen seien, als hierdurch der Zweck des Strafverfahrens nicht gefährdet werde. Es zeigt sich eben — wie an anderen Stellen, so auch hier —, daß zwar Teile des (echten) Anklageprozesses in das neue Verfahrensrecht übernommen worden waren, nicht aber das diesem zugrunde liegende Prinzip die Ausgestaltung des Verfahrens steuerte. Die Rechtsverhältnisse zwischen Gericht, Staatsanwaltschaft und Angeklagtem waren anders geordnet als im Parteiprozeß.

Die Berechtigung zur unmittelbaren Befragung, wie sie den beisitzenden Richtern, den Geschworenen und Ersatzgeschworenen eingeräumt ist, ließe sich hingegen unter dem Aspekt der Ungleichheit hinnehmen, weil diese Verfahrensbeteiligten ihrer Funktion nach „Richter“[29], jedenfalls aber insoweit als solche zu behandeln, und im übrigen keine „natürlichen Gegner“ der Interessen des Angeschuldigten sind[30].

Die Tatsache der „besonderen“ Stellung des Staatsanwalts mag nun *sein* direktes Fragerecht erklären, es wäre aber immerhin noch darzu-

---

derer Art angesehen worden sei. — Tatsächlich aber reichte der Einfluß des ministère public über das Vorverfahren zum Schwurgerichtsprozeß nach dem CIC weit hinaus, wie auch *Haber* selbst, S. 271, hervorhebt. Zur Organisation der „Staatsbehörde“ s. *Höchster*, S. 23 ff., insbes. 27 f.; *Frey*, Der StA, S. 7 ff., 14 ff., 70 ff.; *ders.*, Die Staatsanwaltschaft, S. 1 ff. S. ferner *von Tippelskirch*, GA 2 (1854) 447 ff.

[28] Verh. der II. K 1861/63, Beil. 6, S. 597 ff., hier 606.

[29] Von daher erklärt es sich auch, daß das Gesetz ihnen ein unmittelbares Fragerecht einräumt. Für die (Ersatz-)Geschworenen zog § 95 EG die entsprechende Konsequenz; denn sie sollen schließlich in der Sache entscheiden und hierzu ist es erforderlich, ihnen die Befugnis einzuräumen, nach der Vernehmung durch den Präsidenten ergänzende Fragen zu stellen.

[30] Nach *Oppenhoffs* Interpretation (S. 362 Anm. 30) des Art. 76 des G. v. 1852 für Preußen stand es dort völlig im Belieben des Vorsitzenden, ob er den Geschworenen die Stellung von Fragen gestattete.

tun, warum ein nämliches unmittelbares Fragerecht der Verteidigung (d. h. dem Angeschuldigten und seinem Verteidiger) verweigert wird, sie also insoweit schlechter gestellt ist. Offen bleibt von daher mithin die Frage *nach dem Grund* der Beschneidung der Verteidigungsrechte.

Die Antwort gibt für das badische Recht *Bekk*, der an der Entstehung sowohl der StPO als auch des EG maßgeblich beteiligt war — so stammt von ihm eine erste Kommentierung der StPO von 1845[31] —, in einem seiner Vorträge vor der badischen Richterschaft[32]: „Zur Vermeidung unangenehmer Auftritte oder unstatthafter Fragen ist jedoch verfügt, daß der Angeschuldigte und sein Vertheidiger die Fragen nicht unmittelbar stellen, sondern nur den Präsidenten dazu veranlassen können. Es steht dann in dem Ermessen des Letztern, wenn die Frage unrechtmäßig wäre, oder sich auf nicht zur Sache gehörige Gegenstände bezöge, sie zurückzuweisen". „Überhaupt hat", so fährt *Bekk*[32] fort, „der Präsident ein sog. *pouvoir discretionaire*, wie es die Franzosen nennen. Es liegt Alles daran, bei der mündlichen Verhandlung die Sache so zu leiten, daß die Wahrheit ermittelt werde".

Diese Interpretation *Bekks* zum Grund der Mittelbarkeit liegt ganz auf der Linie, die der Entwurf von 1835 verfolgt hatte. Nach dessen § 394 hat der Präsident „die begehrte Stellung einer Frage nur dann" zu verweigern, „wenn sie als offenbar unerheblich oder unzulässig erscheint". Dem entsprechend hat der spätere § 237 StPO 1864, der auch der Verteidigung das unmittelbare Fragerecht eingeräumt hatte, in Absatz 3 dem Vorsitzenden „vorbehalten, unangemessene Fragen zu verwerfen"[33].

Das Gesetz von 1851 geht also davon aus, daß es der Kontrolle der Verteidigung — nicht aber der Staatsanwaltschaft, vor dieser Konsequenz einer strengen Gewaltenteilung schreckte man seinerzeit noch zurück[34] — bedarf und überträgt diese dem Präsidenten als dem Leiter

---

[31] *Bekk*, StPO. Er hat sie über die ersten zwei Lieferungen hinaus nicht fortgeführt, so daß das Werk ein Torso blieb.

[32] *Bekk*, Vorträge, S. 63, Hervorhebung dort. Nach W. *Brauer*, Die Vertheidigung, S. 359, kann der Richter Fragen, die ihm ungeeignet erscheinen, ablehnen. — Vorgesehen war also eine Art „Vorzensur", ein Disziplinierungsinstrument; zur heutigen Sicht vgl. *Eb. Schmidt* II, § 240 Rdnr. 9, und KMR-*Paulus*, § 241 Rdnr. 18.

[33] Das inhaltliche Problem, *wann* eine Frage als sachfremd, ungeeignet, unangemessen, unstatthaft oder unzulässig zu bewerten ist, ist *nicht* Gegenstand dieser Arbeit.

[34] Hierbei war, wie gezeigt, die allgemeine Stellung, die man der StA einräumte, der Sachgrund, weniger wohl die Vermutung der Seriosität der Behörde, denn allenthalben wurde über Entgleisungen und Mißbräuche geklagt, die der Richter mangels Kompetenz nicht hindern könne. Hingegen forderte *Zachariae*, Gebrechen, S. 278, gerade das bad. G v. 1845 kritisierend, „völlige Gleichheit der Angriffs- und Vertheidigungswaffen. Vor dem Rich-

der Verhandlung. Man mißtraute offenbar der Handhabung des neuen Instituts durch den persönlich betroffenen Angeschuldigten, aber auch den Verteidigern, zumal in Verfahren mit Laienbeteiligung auf der Geschworenenbank. Im Hintergrund dürften die Erfahrungen stehen, die man in Frankreich und den deutschen Rheinländern, in denen der CIC galt (Rheinhessen, Rheinbayern und Rheinpreußen), mit dem der Verteidigung gewährten nur mittelbaren Fragerecht gemacht hatte[35]. Ist damit der Grund geklärt, der den Gesetzgeber dazu veranlaßte, der Verteidigung nur ein mittelbares Fragerecht zuzugestehen[36], so bleibt doch noch die Frage offen, wie weit das Recht des Präsidenten reichen sollte, eine Frage der Verteidigung zurückzuweisen und ob diese, wenn sie sich hierdurch in ihren Rechten verkürzt glaubte, eine Möglichkeit hatte, die Entscheidung des Präsidenten anzufechten.

Demgegenüber scheint das Fragerecht der anderen Verfahrensbeteiligten nur insofern „eingeschränkt", als sie sich das Wort vom Präsidenten erbitten müssen. Letzteres hatte den Sinn, dem Präsidenten, der die ganze Verhandlung zu leiten und deren Ordnung und Ablauf zu bestimmen hatte, alle Freiheit der Disposition auch insoweit zu lassen. Er sollte jegliches Durcheinanderreden oder -fragen vermeiden bzw. unterbinden können[37]. Er war insofern auch befugt, die Erteilung des Wortes zeitweise (aber nur zeitweise!)[38] zu verweigern.

---

ter hat auch der Staatsanwalt nur Partheirechte. Jede die Rechte der Vertheidigung überwiegende Autorität desselben muß als eine Verletzung des Gesetzes der Rechtsgleichheit verworfen werden!".

[35] S. *Würth*, StPO, S. 451 f., und u. B. IV. — Art. 353 des Code vom 3. brumaire des Jahres IV, der Vorläufer des Art. 319 CIC, dem § 232 StPO 1845 nachgebildet ist, hatte übrigens auch der Verteidigung das Recht eingeräumt, unmittelbar Fragen an die Zeugen zu richten. Erst Art. 319 CIC brachte den beschränkenden Zusatz „par l'organe du président"; s. dazu *Glaser*, ArchCrimR NF 1851, S. 205 ff., der darlegt, das habe seinen Grund in der Zulassung auch von Nichtjuristen als Verteidigern — in aufgeregter Zeit — gehabt. Die Zensur sollte vom Präsidenten, nicht einem Organ des Staates ausgehen. *Lacuisine*, S. 387 f., begrüßt Art. 319 CIC, weil es während der Geltung des Art. 353 des Code vom 3. brumaire schreiende Mißbräuche gegeben habe, die die Notwendigkeit der Beschränkung klar vor Augen geführt hätten. Nach dem alten Art. 353 konnte die Verteidigung gegen den Zeugen und seine Aussage alles vorbringen, was *sie* zur Verteidigung als nützlich betrachtete. Art. 319 CIC objektivierte das in „nützlich sein könnte". *Würth*, StPO, S. 465 FN 1, meint, dadurch sei „die Beurtheilung der Zweckmäßigkeit der Vertheidigung dem Belieben des Angekl. entzogen und dem Ermessen des Assisenpräsidenten und des Gerichtshofes anheimgestellt". Vgl. auch *Garraud* II, S. 133.

[36] Zur Auslegung des Art. 319 CIC s. a. *Hélie* VII, S. 320, 327 f. und 359 ff.; *Höchster*, S. 391 f.; *Lacuisine*, S. 307 f., 385 ff.

[37] Vgl. den KommB von *Mittermaier* vor der II. K 1848, Beil. 7 (1847/49) 398, abgedruckt auch bei *Haager*, Ann. 19 (1852) 159. Ebenso der KommB von *Prestinari*, Verh. der II. K 1861/63, Beil. 6, S. 653.

[38] „Hauptsache ist, daß der Präsident den Geschworenen nicht die Befugniß verweigern kann, eine Frage zu stellen", so *Mittermaier* o. FN 37.

Die Klärung der angedeuteten, die Verteidigung betreffenden Problematik ist mit Hilfe des Wortlauts der einschlägigen Regelung des Fragerechts allein natürlich nicht möglich[39]. Es bedarf hierzu eines zumindest partiellen Einstiegs in den Kontext der jeweiligen Bestimmungen des seinerzeitigen badischen Verfahrensrechts und einer Aufschlüsselung der Bedeutung, die ihnen zugemessen wurde. Der Schwerpunkt liegt notwendig auf den Vorschriften, in die das Fragerecht eingebettet ist, hängt also mit den Verfahrensteilen zusammen, die vom Fragerecht betroffen sein können bzw. selbst dieses Fragerecht betreffen.

Da es dem Präsidenten vorbehalten ist, das Wort zu erteilen bzw. eine Frage zurückzuweisen, bedarf also seine Stellung im Verfahren sowie sein Aufgabenbereich so weit einer Klärung, als sich hieraus Aussagen über seine „Verwerfungskompetenz", aber u. U. auch seine Pflicht, Fragen zu gestatten, treffen lassen. In diesem Zusammenhang wird weniger zu fragen sein, *was* unter „unrechtmäßigen Fragen" i. S. *Bekks*[40] zu verstehen ist, als danach, *ob* der Präsident in der Beurteilung der Zulässigkeit oder gar auch der Dignität einer Frage frei oder aber durch übergeordnete Prinzipien des Gesetzes gebunden ist. Schließlich wird zu prüfen sein, was die Folgen einer Fehlentscheidung des Präsidenten sind, sofern eine solche nach badischem Recht überhaupt mit Folgen verbunden sein konnte.

Wie schon eingangs erwähnt, wird bei der Auslegung der badischen Vorschriften vor allem der französische CIC von 1808 vergleichend und — soweit möglich — ergänzend herangezogen, von dem vieles stammt, was in Baden, aber auch in anderen Partikulargesetzen, angeordnet war. Zwar bedarf das eigentlich einer eigenen Begründung; doch ist dieses Faktum in der Literatur der Zeit[41], aber auch in der späteren bis auf den heutigen Tag so einhellig anerkannt, daß ein eigener Beleg dieser These sich hier erübrigen mag, zumal sich im weiteren Fortgang mit hinreichender Deutlichkeit zeigen wird, daß dieser Satz ganz offensichtlich zutrifft. Freilich: Eine „bloße Nachahmung der französischen ... Gesetzarbeit" ist das badische Recht nicht; man hat sich vielmehr bemüht, „überall klar die nothwendigen Folgerungen aus

---

[39] Schon die Bedeutung der Mittelbarkeit des Fragerechts der Verteidigung war ja, wie gesehen, dem Wortlaut des § 232 StPO selbst nicht zu entnehmen.

[40] S. den eben bei FN 32 zit. Text. Sachlich waren damit wohl die „offenbar unerheblichen oder unzulässigen" i. S. des § 394 E 1835 gemeint. Vgl. im übrigen o. FN 33.

[41] Insbes. auch der badischen Lit.; vgl. z. B. *Bekk*, StPO, S. V; *Roßhirt*, Magazin 5 (1861) 406 ff. *Mayer*, S. 74 f., hebt für das badische Recht hervor, in Strafsachen mit mündlicher Verh. folge es dem frz. Recht, in den anderen dem deutschen Recht. Es habe aus diesen „wesentlich verschiedenen Systemen ... gemischte Formen entnommen". S. a. die Gegenüberstellung bei *Ruth* und die nächste FN.

dem Anklageprinzipe, aus der Mündlichkeit und Oeffentlichkeit des Verfahrens“[42] zu ziehen und zu verbessern, und den eigenen Rechtsanschauungen anzupassen, was man im CIC für nicht gelungen hielt. Doch an der Orientierung am französischen Prozeß im großen und ganzen ändert das nichts. Soweit die badischen Regelungen wörtliche oder nächstwörtliche Übersetzungen des CIC darstellen, wird der entsprechende Artikel des CIC — in Klammern oder in einer Fußnote — hinzugefügt.

4. Zur Stellung des Präsidenten in der mündlichen Verhandlung

Der Präsident ist „die Seele der Verhandlung“[43]. Er ist beauftragt, in der gesetzlich vorgeschriebenen Form den über allem Verfahren stehenden Zweck der „Aufklärung der Sache“[44] zu fördern und möglichst zu erreichen: die Ermittlung der materiellen Wahrheit[45]. Der Präsident leitet die Verhandlung[46] und bestimmt die Ordnung, in welcher die einzelnen Beweismittel vorzubringen sind[47]. Er kann alle Maßnahmen ergreifen, die ihm zur Aufklärung der Sache dienlich erscheinen, § 93 EG (Art. 268, 269 CIC). „Er entscheidet, gedrängt vom Augenblicke und oft unter dem Eindrucke aufgeregter Leidenschaften über die wichtigsten Anträge; er muß die Gränzen der Befugnisse des Anklägers und des Vertheidigers regeln ...“[48]. — Außerdem gilt in Verfahren vor den Schwurgerichten § 94 EG, nach dem der Präsident alles beseitigen muß, was geeignet ist, die öffentlichen Verhandlungen ohne Aussicht auf größere Sicherheit der Ergebnisse in die Länge zu ziehen

---

[42] *Mittermaier*, Mündlichkeit, S. 132, bezogen auf den E 1835. Wenn *Marquardsen*, Krit. Zeitschr. 2 (1855) 457, die badische StPO als das letzte und beste Erzeugnis der rein deutschen Strafgesetzgebungskunst apostrophiert, so kann dem nicht gefolgt werden. Der Wahrheit näher kommt hingegen *Fürst*, Krit. Zeitschr. 4 (1857) 380: Bei dem badischen G v. 1845 handele es sich um eine StPO, „welche im Ganzen mit Hinweglassung der Schwurgerichte dem frz. *Code d'instr. criminelle* nachgebildet war“.

[43] *Von Stemann*, Die Jury, S. 350, für den CIC; *Würth*, StPO, S. 431. Für seine Stellung nach badischem Recht ebenso *Mittermaier*, GS 1 (1849) 1. Bd., S. 18, gemünzt auf den „Assisenpräsidenten“, also den des Schwurgerichts. S. auch *Mittermaier*, GS 2 (1850) 1. Bd., S. 299, sowie *Holzinger*, Die Schwurgerichte, S. 194.

[44] So § 93 EG, der im Verfahren vor dem Hofgericht über § 37 EG zur Wirkung gelangt.

[45] Dazu z. B. *Bekk*, Vorträge, S. 63; ebenso — wenn auch nicht nur auf das badische Verfahren bezogen — *Mittermaier*, GS 1 (1849) 1. Bd., S. 19; *ders.*, Magazin 1 (1854) 241.

[46] Die Aufgaben des badischen Schwurgerichtspräsidenten nach dem EG sind ausführlich dargestellt bei *Roßhirt*, Magazin 5 (1861) 406 ff.; s. a. *Haager*, Ann. 18 (1851) 359.

[47] Für Hofgericht und Schwurgericht § 228 Abs. 2 StPO i. V. m. §§ 37, 93 EG.

[48] *Mittermaier*, GS 2 (1850) 1. Bd., S. 299; *Brauer*, GS 15 (1863) 20.

(vgl. auch Art. 270 CIC). In § 93 EG — ob dies auch für § 94 gilt, wird noch zu prüfen sein — ist die sog. diskretionäre Gewalt des Präsidenten geregelt[49], die hier einer genaueren Betrachtung bedarf, weil die Vermutung besteht, daß das Zurückweisungsrecht des Präsidenten — auch — eine Ausprägung seiner Prozeßförderungspflicht darstellt, die möglicherweise durch die diskretionäre Gewalt abgesichert werden soll. Wie im einzelnen noch zu zeigen sein wird, wurde der Begriff der diskretionären Gewalt von einigen badischen Juristen nämlich sehr weit gefaßt; man sah die ihm korrespondierende Regelung nicht in § 93 EG allein, sondern in den §§ 92 - 94 EG.

Zwingend ist diese Annahme freilich nicht, denn die Grenzen des *Frage*rechts könnten auch allein aus dem Sinn seiner „Mittelbarkeit" zu erschließen und inhaltlich zu begründen sein. Da aber der durch das EG eingeführten diskretionären Gewalt teilweise eben die genannte weitreichendere Bedeutung beigemessen wurde, soll zuerst diesem Aspekt nachgegangen werden. Hierbei sind folgende Erwägungen leitend: § 93 EG hat die dem Vorsitzenden durch den 17. Abschnitt der StPO[50] verliehenen Befugnisse möglicherweise beträchtlich erweitert. § 94 EG könnte sich mit seinem Gebot, alles zu beseitigen, was die Verhandlungen unnötig in die Länge zöge, auch auf die Abschneidung von Verteidigungsvorbringen, insbesondere Fragen, beziehen. Würde sich nun § 94 EG als ein Ausfluß der diskretionären Gewalt des Vorsitzenden darstellen, so könnte hierin ein Machtzuwachs des Vorsitzenden auch hinsichtlich der Zurückweisungsbefugnisse zu sehen sein, freilich nur des Präsidenten des *Schwurgerichts*, denn § 94 EG ist ausweislich des § 37 EG im Verfahren vor den Hofgerichten nicht für anwendbar erklärt. Die Entscheidung dieser Fragen hat deshalb Vorrang vor

---

49 Frz.: pouvoir discrétionnaire, womit eine „unumschränkte Gewalt" (Machtbefugnis) gemeint ist. Vgl. dazu z. B. *Roßhirt*, Magazin 5 (1861) 407 f., und über Baden hinausgreifend *Mittermaier*, GS 1 (1849) 1. Bd., S. 17 ff.; *ders.*, GS 2 (1850) 1. Bd., S. 487 ff., 491; *ders.*, Das engl. Strafverfahren, S. 307, wo er ausführt, keine Gesetzgebung über Strafverfahren könne „die Anerkennung des Grundsatzes entbehren ..., dass der Assisenpräsident eine diskretionäre Gewalt haben muß, weil es unmöglich ist, vollständig die Befugnisse eines Präsidenten im Gesetze aufzuzählen, da höchst schwierige vom Gesetzgeber nicht vorherzusehende Zwischenfälle vorkommen können, die rasch entschieden werden müssen". Auch *Mackert*, S. 158, rechnet hierher die §§ 228 (!), 231, 233, 234, 237 StPO. *Zachariae*, Gebrechen, S. 250 f., differenzierte zwischen der diskretionären Gewalt nach Art. 268 CIC und den weiteren Befugnissen nach Art. 269, 270 CIC.

50 Fraglich ist nur, ob sich § 93 EG als jedenfalls gesetzlich zentraler Ausdruck zur diskretionären Gewalt auch auf § 228 StPO erstrecken soll, oder nicht vielmehr in erster Linie nur den Bereich des § 237 StPO erweitert. Hierüber herrschte keine Einigkeit. So bezieht z. B. *Ruth*, S. 156, die diskretionäre Gewalt ausdrücklich auf § 228 StPO; *Roßhirt*, Magazin 5 (1861) 407 f., 419 FN 18, beschränkt sie hingegen auf den Bereich des § 237 StPO, hält sie also von § 228 StPO strikt getrennt. Vgl. auch *Bekk*, Anmerkungen, S. 30, 74.

der Auslegung des § 232 StPO, denn, wenn dem so wäre, bestimmten sich die hier interessierenden Befugnisse nach Inhalt und Grenzen dieser „diskretionären Gewalt“. Für diese Annahme spricht jedenfalls die Stellung der Regelungen über das Fragerecht jeweils *hinter* den Vorschriften über die Verhandlungsleitung und Prozeßförderung; für das Verfahren vor den Hofgerichten stehen nämlich die §§ 228 StPO und 35, 37, 93 EG vor § 232 StPO; für das Schwurgericht folgt dies daraus, daß der Übernahme der §§ 227 ff. StPO durch § 91 EG die §§ 92 ff. EG vorgeschaltet sind, zumal durch die Verweisung auf die StPO auch deren Reihenfolge — Nachrangigkeit des § 232 gegenüber § 228 StPO — erhalten bleibt. Diese Systematik entspricht der des CIC: Dort hatte die Regelung der diskretionären Befugnisse des Präsidenten in Art. 268 f[51] ihren Platz, während das Fragerecht der Verteidigung *danach*, nämlich erst in Art. 319 geregelt war. In dem zuletzt Erörterten ist wiederum — versteckt — die oben erwähnte Prämisse enthalten: Daß nämlich die diskretionäre Gewalt die §§ 228 ff. StPO insgesamt überlagere, ihren Ausdruck also nicht in § 93 EG allein, sondern in den §§ 92 - 94 EG finde. Bezöge sich die diskretionäre Gewalt hingegen nur auf das in § 93 EG Geregelte, also lediglich auf die (u. U.: Erweiterung der) Befugnisse i. S. des § 237 StPO, so stünde die Regelung der diskretionären Gewalt in keinem unmittelbaren Zusammenhang zur Regelung der §§ 228, 232 StPO; systematisch betrachtet wäre sie nicht — jedenfalls nicht ohne zureichende zusätzliche Begründung — auf § 232 StPO „rückwärts“ zu erstrecken. Diese Begründung könnte aber über § 93 EG selbst versucht werden, da dieser explizit auf § 92 EG Bezug nimmt, welcher jedenfalls neben die §§ 228 ff. StPO getreten ist. Die Frage soll nun nicht schon auf dieser Ebene zu entscheiden versucht werden, denn ihre Beantwortung hängt auch davon ab, welche Aufgaben, Bedeutung und Geltungsbereich der diskretionären Gewalt im badischen Recht zugewiesen waren. Es ist mithin geboten, diese diskretionäre Gewalt des Präsidenten einer näheren Betrachtung zu unterziehen.

---

[51] Ob auch Art. 270 CIC bzw. § 94 EG ein Ausfluß der diskretionären Gewalt ist, wird — wie erwähnt — noch zu prüfen sein. *Höchster*, S. 303, hat das bejaht, aber selbst ausgeführt, diese Aufstellung der diskretionären Gewalt in den Art. 268 - 270 CIC sei „jedoch so generell gehalten, daß sie in ihrer Ausführung zu vielen Controversen Veranlassung gegeben hat“. Vgl. auch *von Daniels*, S. 179 ff. Im frz. G v. 1795 war die dem Art. 270 CIC entsprechende Regelung noch in Art. 277, den Vorläufer des Art. 269 CIC, integriert. — Der Cassationshof hat in einem arrêt vom 28. 6. 1828, mitgeteilt bei *Garraud* IV, S. 183 FN 46, Art. 270 nicht zur diskretionären Gewalt gerechnet. *Hélie* VII, S. 326 f., ordnet Art. 270 CIC der Sachleitung i. S. des Art. 267 zu, aus der nach *Hélie* VII, S. 328, auch seine Befugnisse nach Art. 319 folgten. Ausführlich zur neueren Auffassung der diskretionären Gewalt in Frankreich *Garraud* IV, S. 217 ff. Zentrale Entscheidungen sind wiedergegeben bei *Chapar*, S. 114 ff., 152 ff.

a) Die diskretionäre Gewalt des Präsidenten

Art. 266 CIC regelt die Pflicht des Präsidenten, den Angeklagten nach seiner Ankunft im Kriminalgefängnis — noch vor der Hauptverhandlung — zu verhören (Art. 293 ff. CIC regeln die Einzelheiten) sowie die Auslosung der Geschworenen. Art. 267 CIC verpflichtet ihn, die Geschworenen bei der Ausübung ihrer Verrichtungen zu leiten . . ., „bei jeder öffentlichen Untersuchung das Präsidium zu führen und unter denjenigen, welche sprechen wollen, die Ordnung zu bestimmen. — Ihm gehört die Polizei bei der Audienz".

aa) Sachliche Bedeutung

Art. 268 CIC lautet: „Der Präsident ist mit einer discretionären Gewalt bekleidet, kraft welcher er Alles auf sich nehmen kann, was er zur Entdeckung der Wahrheit für dienlich erachtet, und das Gesetz legt ihm bei seiner Ehre und seinem Gewissen die Pflicht auf, alle seine Kräfte zur Förderung der Ermittlung der Wahrheit anzuwenden"[52]. Art. 269 CIC schließlich hat in der Übersetzung der „fünf französischen Gesetzbücher" von 1827/28 folgenden Wortlaut: „Ihm bleibt es unbenommen, während der öffentlichen Verhandlungen, selbst durch Vorführungsbefehle, alle Personen vorzufordern und abzuhören, so wie alle Beweisstücke sich vorlegen zu lassen, die er nach den, aus der Aeußerung der Angeklagten oder der Zeugen, in der Audienz hervorgehenden, neuen Aufschlüssen für dienlich erachtet, um ein näheres Licht über die in Zweifel gezogenen Thatsachen zu verbreiten. — Die also vorgeforderten Zeugen haben keinen Eid zu leisten, und ihre Aussagen dienen bloß zur Nachricht".

Während also § 92 der Art. 267 CIC entspricht, korrespondieren dem § 93 die Art. 268, 269 CIC. Art. 268 CIC hat freilich eine eigentümliche Zwischenstellung, insofern er einen Programmsatz, eine Leitlinie für das Verhalten des Präsidenten aufstellt, in dem der Zweck des Prozedierens besonders hervorgehoben wird. In § 93 EG kommt dies nur noch mittelbar zum Ausdruck. Darauf, das Ziel des Verfahrens, die

---

[52] So die Übersetzung des Art. 268 CIC bei *Würth,* StPO, S. 460 FN 2. Die Übersetzung der 5 frz. Gesetzbücher lautet anders: „Seinem Ermessen und seiner Klugheit bleibt es anheimgestellt, das alles auf sich zu nehmen, was er für dienlich erachtet, um die Wahrheit zu erforschen, und das Gesetz gibt es ihm auf Ehre und Gewissen, alle seine Kräfte aufzubieten, um so viel eher und sicherer zu ihrer Entdeckung zu gelangen". Ähnlich schon Titel 3 Art. 2 des G v. 16. - 29. Sept. 1791 sowie Art. 276, 277 des G v. 25. Okt. 1795 (3 brumaire an IV); vgl. dazu *Klein,* ArchCrimR 1 (1799) 4. Stück, S. 77 f. mit FN 1, *Ruppenthal,* GS 4 (1852) 1. Bd., S. 45 f., *Dufour* I, S. 271 f., *Hélie* VII, S. 331 f., und *Garraud* IV, S. 218; zur Entwicklung der frz. Gesetzgebung, insbes. der Zeit nach 1789, s. die chronologische Übersicht bei *Bacqua,* S. 691 ff., sowie ausführlich *Esmein,* S. 417 ff. (zum G v. 16. - 29. Sept. 1791), 439 ff. (zum G v. 25. Okt. 1795), 481 ff. (zum CIC).

Ermittlung der materiellen Wahrheit, bei der Sachleitung nochmals ausdrücklich hervorzuheben, hat der badische Gesetzgeber verzichtet[53]. Aus der Regelung und Reihenfolge im CIC läßt sich jedenfalls nicht unmittelbar entnehmen, ob Art. 268, verstanden als Leitsatz der diskretionären Gewalt, sich auch auf die Verhandlungsleitung einschließlich der insoweit erforderlichen Maßnahmen des Präsidenten erstrecken soll oder lediglich programmatisch dasjenige beschreibt, was Gegenstand des Art. 269 CIC ist. Diese Unklarheit wurde Anlaß für viele heftig umstrittene Fragen in Frankreich, aber auch in etlichen deutschen Staaten, die sich insoweit eng an die französische Gesetzgebung angeschlossen hatten[54]. — Diese diskretionäre Gewalt soll den Präsidenten in die Lage versetzen, allen Wendungen des Verfahrens durch seinem Ermessen unterliegende Maßnahmen die Richtung auf die Ermittlung der Wahrheit zu geben. Deshalb stattet das Gesetz ihn mit umfangreichen Machtbefugnissen aus, insbesondere eben dem Recht, neue Beweispersonen und -mittel in die Verhandlung einzuführen, wenn ihm dies erforderlich erscheint. Dadurch wurde es möglich, Aspekte in die Verhandlung einzubeziehen, die im vorherigen — der Untersuchung und dann der Vorbereitung der Schlußverhandlung dienenden — Verfahren noch nicht berücksichtigt worden waren, vgl. § 86 Abs. 3 EG; mit anderen Worten: „die Schranken des Grundsatzes zu durchbrechen, daß in der Hauptverhandlung diejenigen Thatsachen und Beweise vorzubringen sind, welche in der Voruntersuchung zur Kenntniß des Untersuchungsrichters kamen“[55]. Daß derartige, regelmäßig überraschende Maßnahmen die insoweit unvorbereitete Verteidigung (oder auch die Anklage) beeinträchtigen können, bedarf keiner näheren Darlegung[56]. Weil aber einerseits die Wahrheit ermittelt, andererseits der Prozeß auch möglichst alsbald (d. h. ohne Vertagung i. S. des § 237

---

[53] Andere Gesetze nahmen auch eine Art. 268 CIC entsprechende „Vorschrift“ auf; so z. B. Sachsen-Altenburg, Art. 215 und Sachsen-Weimar usw., Art. 230. Letzteres G eröffnete hiermit die Regelungen über die Amtsverrichtungen des Vorsitzenden und des Gerichts, bestimmte aber zugleich in Art. 232, daß Zwischenfragen das Gericht zu entscheiden habe. Eine dem § 93 EG ähnliche Vorschrift folgte erst im Abschnitt über die HVerh. in Art. 246. — Fast vollständig entsprach den Art. 266 - 270 CIC Großherzogtum Hessen v. 28. Okt. 1848, Art. 21 - 24; gegenüber Art. 22 (= 268 CIC) erheblich abweichend Hessen-Nassau 1849, Art. 18. S. ferner *Holzinger*, Die Schwurgerichte, S. 130 ff.

[54] Weit, nämlich auf die ganze Sachleitung, erstreckten die diskretionäre Gewalt z. B. *Mittermaier*, Strafverfahren II, S. 303; *ders.*, Das engl. Strafverfahren, S. 307; *Ruth*, S. 156; *Planck*, S. 344; auch *Oetker*, S. 95 f., interpretierte sie so und rechnete Art. 270 CIC hierher. *Bacqua*, S. 416, bezieht Art. 319 CIC auf Art. 267 und Art. 268 auf Art. 267 (!) und 269, nicht aber auf Art. 270. S. a. die Nachw. in FN 51.

[55] *Mayer*, S. 157; s. a. M. *Köhler*, S. 16 ff.

[56] S. dazu *Zachariae*, Hdb. I, S. 328 f. mit FN 12, 13; *ders.*, Hbd. II, S. 364 f.; *Arnold*, ArchCrimR NF 1855, S. 152 ff. Für den CIC vgl. *Mittermaier*, Strafverfahren II, S. 293 mit FN 21.

StPO) zu Ende gebracht werden soll, hielt der französische, aber auch der spätere badische Gesetzgeber eine solche Ausstattung des Präsidenten für notwendig[57].

bb) Rechtliche Bedeutung

Die diskretionäre Gewalt fand ihr begrenzendes Maß allein in der moralischen Verantwortlichkeit des Präsidenten, in den Grenzen und Regeln, „die ihm seine Ehre und sein Gewissen vorschreiben“[58]. Sie war an seine Funktion gebunden und stand ihm allein, d. h. ohne Beteiligung des Gerichtshofs, zu. Zwar mochte er diesen vor seiner Entscheidung befragen, doch band ihn die Auffassung seiner Richterkollegen nicht. Die Verfahrensbeteiligten konnten ihn um Ausübung seiner diskretionären Gewalt ersuchen, doch war deren Gebrauch nicht erzwingbar. Die diskretionäre Gewalt war die gesetzliche, rechtlich nicht überprüfbare, Einräumung eines — eben darum freien — Ermessens. Maßnahmen, die der Präsident in Ausübung der diskretionären Gewalt ergriff, waren grundsätzlich nicht überprüfbar, d. h. auch dem Zugriff des Cassationshofs entrückt. Eine hiervon zu trennende Frage ist die der inhaltlichen Ausgestaltung, die nunmehr zu untersuchen ist.

cc) Zur Reichweite nach badischem Recht

Was eben zur Aufgabe dieses Instituts gesagt wurde, trifft auch auf die Ausgestaltung im EG zu. Gerade in Schwurgerichtsverhandlungen kann es zu überraschenden Wendungen kommen, die neue Beweiserhebungen und andere Maßnahmen der Prozeßförderung notwendig machen. Das gilt jedenfalls für Baden in bezug auf schwurgerichtliche Sachen, weil die Voruntersuchung hier gem. § 29 EG eine beschränktere sein soll als diejenige, welche für Sachen vorgesehen ist, die dem Hofgericht oder den Bezirksämtern zur Aburteilung zugewiesen sind[59]. Dies deshalb, weil bei mündlichen Verfahren die Voruntersuchung nicht mit der für den schriftlichen Prozeß erforderlichen Sorgfalt und Ausführ-

---

[57] Man räumte also der Wahrheitsermittlung Vorrang gegenüber dem Vertrauen von StA und Verteidigung ein, daß nur die Beweise produziert würden, die in der Voruntersuchung und dem Verfahren der Versetzung in den Anklagestand sowie im Zwischenverfahren auf Anordnung des Präsidenten noch nachträglich erhoben waren. Zugleich und unmittelbarer noch diente die Befugnis der Vermeidung von Verfahrenswiederholungen und der Kostenersparnis. Da sie ebenfalls der Beschleunigung und Konzentration dient, ist es kein Zufall, daß Art. 270 CIC (§ 94 EG) im Anschluß folgt; dazu noch u. 4 a dd. — Vgl. auch *Ruppenthal*, GS 4 (1852) 1. Bd., S. 538 ff., und *Garraud* IV, S. 220 f. Bedenken bzgl. einer derartigen Befugnis bei *Degener* II, S. 65 f.

[58] So der frz. Cassationshof, der dieses Institut teilweise noch zusätzlich extensiv auslegte, in Entscheidungen vom 16. 1. 1835, 20. 4. 1838, 17. 3. und 22. 12. 1842, mitgeteilt bei *Würth*, StPO, S. 461.

[59] *Bekk*, Vorträge, S. 35 ff. Zum Hintergrund *Mayer*, S. 74; zum Verfahren der Bezirksämter ebda, S. 181 f.

lichkeit geführt zu werden braucht, weil das noch Lückenhafte sich gewöhnlich in der Sitzung (auf-)klärt. Stellt sich in der Sitzung heraus, daß irgendeine Maßnahme wünschenswert wäre, „so wird die selbe vermittelst der discretionären Gewalt noch nachträglich angeordnet"[60]. Was die Frage der nachträglichen Einführung von Zeugen usw. angeht, ist die insoweit gegebene Befugnis auch für den Präsidenten des Hofgerichts über § 237 StPO abgesichert. Die diskretionäre Gewalt i. S. des § 93 EG[61] soll darüber sogar hinausreichen[62]. Sie dient dazu, tunlichst alle Lücken in der Beweisaufnahme zu schließen[63]. Wie der Begriff „insbesondere" zeigt, sollen die dem Präsidenten durch § 93 EG erteilten Befugnisse mehr umfassen als die dort angeführten Beispiele[64].

Namentlich wurden hierzu noch gezählt:

Die Befugnisse des Präsidenten, den Angeschuldigten zu vernehmen — übrigens auch nach badischem Recht (§ 88 EG) schon vor der Verhandlung[65] —, wobei er, wie vor allem *Mittermaier* immer wieder hervorhob, verfänglichste und listigste, aber auch suggestive Fragen zu stellen in der Lage war, ohne daran gehindert werden zu können[66]. Auch die Art und Weise der Vernehmung von Zeugen und Sachverständigen sollte dazu gehören[67]. Des weiteren wurde hierher die Befugnis des Präsidenten gerechnet, die Reihenfolge der Beweismittel und deren Benutzung zu bestimmen, außerdem der Schlußvortrag (résumé) i. S. des § 96 EG[68], dessen Gestaltung der diskretionären Gewalt des Präsi-

---

[60] So *Schlink*, GS 1 (1849) 1. Bd., S. 362; s. a. *Bekk*, Vorträge, S. 37.

[61] Der für beide Verfahren gilt, wie oben gezeigt.

[62] Vgl. dazu *Bekk*, Vorträge, S. 63 f. Zur Frage, ob § 93 EG den Bereich des § 237 StPO nach der Vorstellung des badischen Gesetzgebers (überhaupt) erweitern sollte, s. u. FN 122.

[63] Dazu *Grimm*, GS 2 (1850) 2. Bd., S. 263. Ihr Ziel ist Förderung der Wahrheitsermittlung, der zugrundeliegende Zweck die Vermeidung von Vertagungen, also zügiges Prozedieren. Zum Vergleich mit der heutigen Rechtslage s. *Schmid*, Verwirkung, S. 228 ff.

[64] Allerdings ist zu beachten, daß § 93 EG deshalb eine große begriffliche Weite hat, weil man für unmöglich hielt, alle denkbaren Ereignisse, die ein Handeln des Präsidenten erfordern könnten, im Vorhinein schon bestimmen zu können, so daß nicht auszuschließen wäre, daß § 93 mehr andeutet, als dem Präsidenten zusteht bzw. zustehen sollte.

[65] Dazu *Mayer*, S. 155. Zweifelnd, weil Mißbrauch dieses „mächtigen Mittels" befürchtend, *Brauer*, GS 15 (1863) 22 f.; für nutzlos hielt sie *Dernburg*, S. 33. Im CIC entsprach dieser Vorschrift Art. 266; s. a. Art. 293 ff.; dazu *Lacuisine*, S. 142; *Hélie* VII, S. 418 ff. *Mittermaier*, GS 1 (1849) 2. Bd., S. 394 ff. m. w. N., hält Art. 266, 293 für eine sehr wichtige Einrichtung; zur bad. VO v. 17. Feb. 1849 s. ebda, S. 414 f.

[66] *Mittermaier*, GS 1 (1849) 1. Bd., S. 22 f.; *ders.*, Gesetzgebung, S. 464 ff.; *ders.*, GS 16 (1864) 3; gegen ihn *Schlink*, GS 1 (1849) 2. Bd., S. 369 ff.

[67] Vgl. dazu *Mittermaier*, Magazin 1 (1854) 241.

[68] Zur Rechtfertigung des Schlußvortrags s. *Mayer*, S. 166 f.; diese Befugnis war prozeßrechtspolitisch sehr umstr.; vgl. *Zachariae*, Hdb. I, S. 332 f. mit FN 19.

denten (also seinem freien Ermessen) unterliege, sowie schließlich die Fragestellung an die Geschworenen. Ob diese Befugnisse zu Recht der diskretionären Gewalt zugeordnet wurden — mit der Konsequenz fehlender rechtlicher Überprüfbarkeit! —, mag einstweilen noch dahinstehen. Hierauf wird zurückzukommen sein.

dd) Diskretionäre Gewalt und Fragerecht der Verteidigung

Im Anschluß an diese sich — jedenfalls vor allem[69] — auf die Beweismittelbeschaffung und -nutzung beziehende diskretionäre Gewalt des Präsidenten bestimmt § 94 EG der Sache nach, daß der Präsident auf der Suche nach der Wahrheit alles zu unterbinden hat, was die Verhandlung ohne Aussicht auf größere Sicherheit der Ergebnisse in die Länge ziehen könnte. Diese Bestimmung betrifft als ein leitender Obersatz die gesamte Verhandlungsführung des Präsidenten. Sie dient der Förderung (Beschleunigung)[70] des Verfahrens im Hinblick auf das Prozeßziel, der Konzentration auf das Wesentliche sowie der Vermeidung von Verzögerungen und Verschleppungen durch Einbringung sachfremder Momente. Fraglich ist nur, ob sie eine Ableitung aus der diskretionären Gewalt darstellt bzw. überhaupt darstellen kann, ob sie auch auf das Fragerecht i. S. des § 232 StPO anwendbar ist, bejahendenfalls, ob die ausschließliche Beurteilung der Geeignetheit einer Frage(-stellung) dem Präsidenten ausschließlich zustand sowie, ob es sich um einen obergerichtlich nachprüfbaren Terminus handelte. Diese Frage ist deshalb von Wichtigkeit, weil die „Befugnis"[71] des § 94 EG — unbefangen betrachtet — auch auf die Fragerechte ausstrahlen kann, und zwar insofern, als Fragen, die keinen Zusammenhang mit dem Gegenstand der Verhandlung aufweisen — einen extensiven Mißbrauch vorausgesetzt —, jedenfalls geeignet sind, das Verfahren zu verzögern[72]. Und Äußerungen in dieser Richtung gibt es. So wurde kritisiert, daß der Präsident vermöge seiner diskretionären Gewalt das wichtige Fragerecht der Verteidigung wesentlich beschränken könne[73]. Es hänge vom

[69] Wenn nicht sogar nur hierauf. Vgl. den folgenden Text.

[70] Vgl. M. *Köhler*, S. 17, der zutr. darauf hinweist, daß z. B. auch das „Verhältnis des Art. 270 CIC zur parteilichen Beweismittelpräsentation ungeregelt war".

[71] Im eigentlichen Sinne handelt es sich um eine Pflicht, ein Gebot, dessen Einhaltung dem Präsidenten aufgegeben ist. Dazu auch *Leue*, Entwurf, S. 275.

[72] *Ruppenthal*, GS 4 (1852) 1. Bd., S. 543 f. *Daniels*, S. 181, stellt Art. 319 CIC ausdrücklich in einen Zusammenhang mit Art. 270 CIC. — Für Bayern, das der Verteidigung ein unmittelbares Fragerecht in Art. 164 Abs. 1 G v. 1848 zugestand, räumt *Hänle*, S. 49, derartige Mißbräuche zwar ein, betont aber, daß die befürchteten Verzögerungen ausgeblieben seien. Zu den Eingriffsmöglichkeiten des Vorsitzenden in Bayern und Ländern mit entsprechender Regelung s. u. B IV 1 c.

[73] So *Mittermaier*, Gesetzgebung, S. 461, 469; vgl. auch *Brauer*, GS 15 (1863) 20.

Vorsitzenden ab, ob er eine vom Verteidiger erbetene Frage stellen wolle oder nicht[74]. Der Verteidiger sei „umso mehr in schlimmer Lage als der Präsident, wenn er Fragen zu stellen weigert, völlig unbeschränkt dabei ist“[75], schließlich die Frage im Munde des Vorsitzenden leicht einen anderen Sinn erhalten könne, als der Verteidiger bezwecke. Ein weiterer Ausdruck diskretionärer Gewalt sei das Recht des Präsidenten, unangenehmen Auftritten oder unstatthaften Fragen dadurch vorzubeugen, daß er nicht zur Sache Gehöriges zurückweise[76]. Zudem könne er den Verteidiger bei Abschweifungen unterbrechen, wenn er dafürhalte, daß hierdurch das Verfahren unnötig verzögert werde. Darüber hinaus könne er den Verteidiger am Vorbringen von Einwendungen gegen Zeugen hindern, ihn im Vortrag seiner Verteidigungsgründe unterbrechen oder beschränken und überhaupt in einseitigster Weise verfahren[77].

Da für das Fragerecht von Bedeutung ist, ob die Zurückweisung einer Frage gerügt werden kann oder nicht, ist auch von Wichtigkeit, ob § 94 EG tatsächlich als eine besondere Ausprägung der diskretionären Gewalt anzusehen ist. *Bekk* könnte § 94 EG so aufgefaßt haben, weil der Präsident die Verhandlung so zu leiten habe, daß die Wahrheit ermittelt werde, weshalb alles, was dieses Ziel behindere, zu beseitigen sei[78]. Wäre diese Interpretation zutreffend, so hätte dies u. U. weitreichende Folgen[79]. — Die Regelungen der §§ 92 - 94 EG waren in dem Gesetz über die Einführung der Schwurgerichte vom 17. Februar 1849 nicht vorgesehen[80]. Erst der Entwurf des EG von 1851 führte sie ein, ohne allerdings diese Neuerung zu begründen. Zur Rechtfertigung wurde auf das Beispiel anderer Gesetzgebungen verwiesen[81]. Für die badi-

---

[74] So *Mittermaier*, Strafverfahren II, S. 298; dort noch auf den CIC bezogen.

[75] *Mittermaier*, Gesetzgebung, S. 461 FN 47; *ders.*, Magazin 1 (1854) 241. Vgl. auch *Zachariae*, Gebrechen, S. 250 f., *Glaser*, ArchCrimR NF 1851, S. 202 ff., insbes. 206 f., und *von Tippelskirch*, GA 4 (1856) 4 f.

[76] So z. B. *Bekk*, Vorträge, S. 63.

[77] *Mittermaier*, Gesetzgebung, S. 454 f. S. a. *Zachariae*, Hdb. I, S. 331 ff. mit FN 17.

[78] Vgl. *Bekk*, Vorträge, S. 63; *Zentner*, Magazin 1 (1854) 467 f. *Mittermaier*, Gesetzgebung, S. 455 f., bzgl. des Art. 268 CIC als Ausdruck der diskretionären Gewalt; *ders.*, Der württembergische E, S. 18; *Zachariae*, Hdb. I, S. 329 mit FN 12, S. 331 f. mit FN 17. Eindeutig dann aber *Bekk*, Preßgesetz, S. 97 f.; dort ordnet er § 93 EG dem § 237 StPO zu, § 232 StPO hingegen der Sachleitung nach § 228 StPO.

[79] Jedenfalls dann, wenn § 94 EG auch die Zurückweisungsbefugnis nach § 232 StPO beträfe.

[80] Vgl. RegBl. 1849, S. 83 ff., 89; dies gilt auch für den 1. Entwurf, RegBl. 1848, S. 250 ff., 255.

[81] In §§ 77 - 79; s. Verh. der II. K 1850/51, Beil. 7, S. 129 ff., 144, und den KommB des Abg. *Trefurt*, ebda, S. 207 ff., 217. Dazu auch *Roßhirt*, Magazin 5 (1861) 418.

schen Juristen war es unzweifelhaft, daß damit die entsprechenden Regeln des CIC gemeint waren[82]. Die §§ 92 - 94 EG stellen denn auch — wie für die §§ 92, 93 EG schon gezeigt — großenteils Übersetzungen der Art. 267 - 270 CIC dar[83].

Nun ist einzuräumen, daß Art. 270 CIC[84], dem § 94 EG entspricht, auch in Frankreich von einigen Autoren als Ausdruck der diskretionären Gewalt des Präsidenten verstanden wurde, wofür im dortigen Gesetz ebenfalls seine systematische Stellung — hinter Art. 268, 269 CIC — spricht. Dies ist aber deshalb nicht selbstverständlich, weil sich daraus die Folgerung ziehen ließe, daß der Präsident sich vermöge der diskretionären Gewalt auch über das Gesetz hinwegsetzen könne, womit den übrigen positiv-gesetzlichen Verfahrensregeln eine nur sekundäre Bedeutung zukäme[85].

Ganz in dieser Richtung stellt *Ruppenthal*[86] deren Wirkung dar. Der Präsident „muß Alles thun, was *nach seiner Meinung* zur Entdeckung führen *kann;* er kann und muß alle Anträge, die zum Zwecke der Enthüllung der Wahrheit von dem Angeklagten, dem Vertheidiger oder von Geschworenen[87] gemacht werden, *verwerfen,* sobald er diese Anträge zwecklos findet, und von deren Berücksichtigung sich kein Resultat verspricht. Nach den Worten dieser Gesetzesstellen[88] läßt sich behaupten, daß der Präsident befugt ist, selbst *Das zu thun,* was das Gesetz im Allgemeinen ausdrücklich *verbietet,* daß er *unterlassen kann,* was das Gesetz ausdrücklich *befiehlt,* wenn *er* von diesem Thun und

---

82 Vgl. hierzu *Mittermaier,* GS 1 (1849) 1. Bd., S. 17 ff.; *ders.,* Magazin 1 (1854) 241; *ders.,* Gesetzgebung, S. 453 f.; *Roßhirt,* Magazin 5 (1861) 408; *Brauer,* Hauptbestimmungen, S. 55; s. ferner *Eb. Schmidt,* Geschichte, S. 327 ff.

83 S. schon o. bei FN 52.

84 Art. 270 CIC: le président devra rejeter tout ce qui tendrait à prolonger les débats sans donner lieu d'espérer plus de certitude dans les résultats. — Dagegen hat der Präsident alles das zu beseitigen, was die öffentlichen Verhandlungen nur in die Länge ziehen könnte, ohne in den Resultaten einige Aussicht zu einem höheren Grade von Gewißheit zu geben.

85 Zum diesbezüglichen Diskussionsstand in Frankreich s. *Roßhirt,* Magazin 5 (1861) 419 mit FN 19. S. a. *Hélie* VII, S. 326 ff.; *Lacuisine,* S. 296 ff., 300 f.; *Garraud* IV, S. 217 ff., sowie *Ruppenthal,* GS 4 (1852) 1. Bd., S. 544 f. Dazu auch u. A I 4 a ee.

86 GS 4 (1852) 1. Bd., S. 542 ff.; s. a. *Mittermaier,* Gesetzgebung, S. 454 ff., zum CIC.

87 Bzgl. der Bitte, die Fragestellung zu gewähren, gilt das nicht, wie schon oben bei FN 37, 38 gezeigt, wohl aber bzgl. Anträgen i. S. des § 95 Abs. 1 Satz 2 EG; diese Befugnisse hatten nur den Charakter nicht erzwingbarer Anregungen an den Präsidenten; vgl. den KommB von *Obkircher,* Verh. der I. K 1847/49, Beil. 2, S. 235. Die in § 95 Abs. 1 Satz 2 EG eingegangene Formulierung sollte gegenüber der vorher vorgesehenen undeutlicheren klarstellen, daß es im Ermessen des Präsidenten liege, ob er Folge leisten wolle. Eine ähnliche Vorschrift sah Coburg-Gotha 1857 in Art. 283 vor.

88 *Ruppenthal* bezieht sich hier auf die Art. 268 - 270 CIC.

Lassen sich ein die Entdeckung der Wahrheit beförderndes Resultat versprechen zu können glaubt"[89].

Wäre dem so, so könnte hier die Arbeit schließen. Denn dann stünde alles im freien Ermessen des Präsidenten, könnte die Verteidigung zwar mit Monita hervortreten, müßte aber jederzeit gewärtigen, daß der Präsident sie in jeglichem Verteidigungsvorbringen, bei jedem Antrag und jeglicher erbetener Fragestellung unter Gebrauch seiner unumschränkten diskretionären Gewalt aus der aktiven Beteiligung am Verfahren hinausdrängt. Art. 319 CIC[90] — wie auch alle anderen Verfahrensvorschriften[91] — stünde zwar im Gesetz, wäre aber de facto im Streitfall reine Makulatur. Dann wäre die Befürchtung *Mittermaiers*[92] Realität, daß der Präsident den Verteidiger „im Vorbringen von Einwendungen gegen Zeugen oder in Stellung von Fragen, welche die Glaubwürdigkeit der Zeugen angreifen sollen", jederzeit hindern oder im Vorbringen seiner Verteidigungsgründe unterbrechen oder beschränken könnte. Aber — ist mit den oben zitierten Worten denn die „rechtliche" Realität beschrieben?

ee) Die französische Rechtsanschauung zum Verhältnis „pouvoir discrétionnaire" und Fragerecht

An anderer Stelle[93] schildert *Mittermaier* selbst einen Fall, in dem der französische Cassationshof das Urteil eines Assisenhofes vernichtet hatte:

In einem Verfahren wegen Brandstiftung sollte ein Zeuge vom Verteidiger gefragt werden, ob nicht die allgemeine Meinung im Dorf den Eigentümer des angezündeten Hauses beschuldige, daß er selbst das Haus angezündet habe. Der Assisenhof verweigerte die Stellung der Frage, weil dadurch der Anschuldigungszeuge geschmäht und der öffentlichen Verfolgung preisgegeben würde. Hierzu führt *Mittermaier* aus: „Der Cassationshof vernichtete das Urtheil wohl mit Recht, weil die leitende Rücksicht die sein müsse, der Vertheidigung freien Lauf zu lassen und weil jene Frage allerdings richtig sein konnte, um den

[89] *Ruppenthal*, GS 4 (1852) 1. Bd., S. 542, Hervorhebungen dort. Er führt aus, daß „die discretionäre Gewalt des Assisenpräsidenten ... nach den *Worten* der angeführten gesetzlichen Bestimmungen, *gänzlich unbeschränkt*" ist, meint aber selbst, man müsse ihre Grenzen abstecken, um „von dieser Gewalt einen richtigeren Begriff zu gewinnen, als dies nach der sehr allgemeinen Fassung der angeführten Gesetze (Art. 268 - 270 CIC) möglich ist", ebda, S. 542 f.

[90] Der das Fragerecht i. S. des § 232 StPO normierte; zur Würdigung seines Vorläufers, des Art. 353 des Code vom 3. brumaire IV, vgl. *Mittermaier*, GS 2 (1850) 2. Bd., S. 484.

[91] Z. B. Art. 335 CIC (§ 235 Abs. 2 StPO 1845), das letzte Wort des Angeklagten.

[92] *Mittermaier*, Gesetzgebung, S. 461; *ders.*, Strafverfahren II, S. 298.

[93] *Mittermaier*, GS 2 (1850) 2. Bd., S. 486 (arrêt v. 18. Sept. 1824).

Hauptanschuldigungszeugen selbst zu belasten, als verdächtig darzustellen, und die Beweise gegen den Angeklagten zu schwächen"[94]. *Mittermaier* folgert: „Man kann als Grundsatz der französischen Rechtsübung annehmen, daß der Präsident und der Assisenhof[95] eine Frage oder die Interpellation des Vertheidigers zurückweisen dürfen, wo sich die Frage auf Thatsachen bezieht, welche dem Gegenstande der Anklage völlig fremd sind und nicht in einem wenn auch nur entfernten Zusammenhang mit dem Angriff steht, durch welchen der Vertheidiger die Glaubwürdigkeit des Zeugnisses des befragten Zeugen oder auch anderer Personen zerstören oder schwächen will"[93]. Daraus wäre zu schließen, daß der Präsident oder der Gerichtshof im positiv gewendeten Fall eine solche Befugnis nicht hat.

Das bedeutet doch offenbar, daß nach französischer Rechtsansicht (Rechtspraxis) entweder ein Fall diskretionärer Gewalt nicht vorlag oder daß die diskretionäre Gewalt eben doch — zumindest bzgl. der Ausübung der Verteidigungsrechte immanente — Grenzen hat. Denn, handelte es sich im erwähnten Fall um eine Entscheidung, die ausschließlich im Ermessen des Präsidenten stand, so hätte weder der Assisenhof eine Entscheidungskompetenz gehabt, noch der Cassationshof dessen Entscheidung mit der gegebenen Begründung aufheben können. Fehlerhaft wäre allenfalls der Nichtgebrauch der verliehenen Gewalt durch den Präsidenten gewesen. Das alles war dem Cassationshof unproblematisch, denn er ging ersichtlich davon aus, daß die Zurückweisung einer Frage *nicht* zur Ausübung diskretionärer Gewalt gehört. — Man muß denn auch genau beachten, was in den oben zitierten Worten *Ruppenthals* an Inhalt steckt, nämlich, daß der Wortlaut des Gesetzes eine solche Auslegung des CIC *zuläßt;* aber das heißt eben noch nicht, daß sie auch richtig ist[96]; und — sie ist es nicht. So hat man nach *Höchster*[97] die diskretionäre Gewalt des Präsidenten in Frankreich — allerdings nicht von Anbeginn der Geltung des CIC an[98] — nur auf die

[94] *Mittermaier* wie FN 93; *ders.*, Strafverfahren II, S. 303 f.

[95] Zu dieser Konstellation s. a. unten A II.

[96] Vgl. auch die Mißbrauchsfälle bei *Ruppenthal,* GS 4 (1852) 1. Bd., S. 543 ff., die — mit einer Ausnahme — jeweils zur Cassation führten.

[97] *Höchster,* S. 304; *Ruppenthal,* GS 4 (1852) 1. Bd., S. 545 f. In *diesem* Begriff der diskretionären Gewalt, der sich von der rechtlichen Überprüfbarkeit her bestimmt, ist freilich die Eigenart der *materiellen* Befugnisse, zu denen Art. 269 CIC den Präsidenten autorisiert, nicht erfaßt. Diese über die sonstigen, vom Gesetz vorgesehenen Befugnisse, hinausgehenden Sonderermächtigungen sind es aber, die die diskretionäre Gewalt ausmachen. Zu einer sinnvolleren Differenzierung s. den Text nach FN 101.

[98] S. die von *Ruppenthal,* GS 4 (1852) 1. Bd., S. 556 f., mitgeteilten Fälle zu Art. 319 CIC. Dort wird aber nicht deutlich, ob der Angeklagte jeweils versucht hatte, gegen die Zurückweisungen den Gerichtshof anzurufen. Die Entscheidungen des Cassationshofs (aus den Jahren 1812/13) wurden aber jedenfalls durch die in FN 93 mitgeteilte und spätere überholt.

„bloße Verwaltungsjustiz“ erstreckt. Sie sollte *„streitige Incidentpunkte“* nicht in sein Ermessen stellen. Dies hat der Cassationshof in Paris mehrfach entschieden[99]. Eines der von *Mittermaier*[100] angeführten einschlägigen Urteile wurde eben exemplarisch dargestellt. Wie ihm zu entnehmen ist, konnte bei Weigerung des Präsidenten, eine bestimmte Frage an einen Zeugen zu stellen, der Gerichtshof angerufen und dessen Entscheidung erwirkt werden. (Selbst dessen Entscheidung war dann der weiteren Überprüfung durch den Cassationshof unterworfen). — Die französische Doktrin war sich darüber hinaus weitgehend darin einig, daß die Zurückweisung einer Frage i. S. des Art. 319 CIC der diskretionären Gewalt (im engeren und strengen Sinn) überhaupt nicht unterfiel, sondern ein Widerspruch gem. Art. 408 CIC vom Gerichtshof zu entscheiden war[101]. In Frankreich gab es also zwei im Ausgangspunkt divergierende, im Ergebnis aber — im fraglichen Bereich — übereinstimmende Meinungen. Die eine (*Höchster, Lacuisine*) vermengte die aus der Sachleitungspflicht folgenden Befugnisse mit denen der diskretionären Gewalt, schränkte die so gewonnene diskretionäre Gewalt außerhalb des sachlichen Bereichs des Art. 269 CIC aber wieder ein, u. a. auch unter Berufung auf Art. 408 CIC; die andere hingegen differenzierte genauer — und zutreffend — zwischen den (ordentlichen) Sachleitungsbefugnissen und der „außerordentlichen“ diskretionären Gewalt und bannte so die Gefahr, aus dem weiten Begriff unvermittelt auch die rechtliche Folgerung zu ziehen, die Sachleitung unterliege nicht der Überprüfung durch den Gerichtshof, was Art. 408 CIC in der

---

[99] Vgl. die Nachw. bei *Höchster*, S. 304. *Ruppenthal*, GS 4 (1852) 1. Bd., S. 543, bemerkt hierzu: „Dafür, daß künftig ähnliche Fälle sich nicht mehr ereignen werden, werden nur wenige sich zu verbürgen den Muth haben“.

[100] GS 2 (1850) 2. Bd., S. 486; vgl. auch die dort S. 484 in FN 2 angeführte Entscheidung.

[101] *Hélie* VII, S. 360 f., 365; *Höchster*, S. 391 f.; *Garraud* IV, S. 182 ff. — In seinen Ausführungen zur diskretionären Gewalt betont *Hélie* VII, S. 331 ff., 351, ausdrücklich, daß *sie* dem Präsidenten *allein* als eine persönliche zustehe; s. ferner *Lacuisine*, S. 304 ff., 396 ff., und *Garraud* IV, S. 231 f. Zum Begriff der diskretionären Gewalt nach frz. Auffassung vorzüglich *Kleinfeller*, Functionen, S. 236 ff. mit vielen Nachw.; s. a. *Oetker*, S. 95 ff., und *Garraud* IV, S. 219 ff., der mit der frz. Rspr. und h. M. eine restriktive Auslegung des Art. 269 CIC verwirft; das dort Aufgeführte sei nur beispielhaft gemeint. Entgegen der h. L. könne man aber auch nicht sagen, daß das G die diskretionäre Gewalt begrenze, was sich in praxi schon daran zeige, daß der Präsident auch Personen vernehmen könne, die von der Zeugenschaft gesetzlich (an sich) ausgeschlossen seien; ausführlich dazu *Garraud* IV, S. 224. Andererseits folge die diskretionäre Gewalt, die *Garraud* zuvor (IV, S. 216) sorgfältig von der Verhandlungsleitung und Sitzungspolizei abhebt, daraus, daß die Schwurgerichte nicht permanent, sondern nur zeitweise tagten; dem solle sie Rechnung tragen. Aus dieser Bedeutung ließen sich ihre Grenzen ableiten: «On peut en conclure que le pouvoir discrétionnaire est *un pouvoir d'instruction*, qui se rapporte *à tous les actes qui tendent au développement de la preuve soi orale, soi écrite*» (IV, S. 221; Hervorhebungen dort; s. a. S. 229 f.).

Tat unterlaufen hätte. In der diskretionären Gewalt sind mithin *nicht alle* dem Präsidenten tatsächlich möglichen Verhaltensweisen und Maßnahmen versammelt, die keiner rechtlichen Überprüfung — sei es des Gerichtshofs, sei es des Cassationshofs — unterfallen. Anderenfalls käme es zu einer merkwürdigen Gemengelage der materiell bedeutsamen Befugnisse des Präsidenten nach Art. 269 CIC und seiner sachleitenden Verfügungen und Maßnahmen, die teilweise lediglich den äußeren Verfahrensablauf — die „bloße Verwaltungsjustiz" — betreffen. Die Trennungslinie verläuft also zwischen den aus der diskretionären Gewalt abgeleiteten Befugnissen und den im Rahmen der Sachleitung dem Präsidenten übertragenen Aufgaben. Im Bereich der Sachleitung ist dann weiter zu unterscheiden zwischen angreifbaren Handlungen des Präsidenten — so z. B. wenn gesetzlich eingeräumte Berechtigungen eines Beteiligten beeinträchtigt sein können (Art. 408 CIC) — und solchen, die keiner gesetzlich anerkannten Beschwerde unterliegen, was insbesondere für Ordnung und Ablauf des Verfahrens gilt. So wenig der Präsident den Anspruch eines in seinen (Mitwirkungs-)Rechten Betroffenen auf eine Entscheidung des Gerichtshofs verhindern kann und darf, so wenig darf er sich über andere „wesentliche" Verfahrensvorschriften hinwegsetzen. Die diskretionäre Gewalt erhebt ihn *nicht über* das Gesetz. Seine Maßnahmen haben folglich in aller Regel nur vorläufigen Charakter. Immer dann, wenn gesetzlich anerkannte Interessen eines Beteiligten betroffen sein können, unterliegen seine Entscheidungen zumindest der Überprüfung des Gerichtshofs. Kurz: Nicht alles, was der rechtlichen Überprüfung entzogen ist, ist deshalb schon Ausfluß der diskretionären Gewalt. Noch weniger sind es Maßnahmen des Präsidenten, die schon nach der Intention des Gesetzes selbst der rechtlichen Überprüfung durch den Gerichtshof bzw. den Cassationshof unterliegen. — Die Frage ist nur, ob für die Rechtslage in Baden Nämliches galt.

ff) Die Auffassungen in Baden

Nun kann, so meinte der badische Praktiker *Roßhirt*[102], „kein Zweifel darüber bestehen, daß die dem Schwurgerichtspräsidenten in der fraglichen Beziehung (nämlich Art. 268, 269 CIC) in Frankreich zustehenden Befugnisse auf den Boden unserer Gesetzgebung verpflanzt werden wollten". Vergleicht man aber damit z. B. die Stellungnahmen des für Baden und seine Rechtsentwicklung so bedeutenden *Mittermaier*[103], so muß man doch — jedenfalls hinsichtlich der Ausgestaltung der diskretionären Gewalt im einzelnen — Vorsicht walten lassen, was die Rechtslage in Baden anlangt. Denn wenn auch das badische Recht sich

[102] Magazin 5 (1861) 418 f.
[103] Oben A I 4 a dd bei FN 73 ff.

grundsätzlich am CIC orientierte, so übernahm es seine Regelungen doch nicht in Bausch und Bogen und noch weniger die Auslegung, die der CIC durch die Rechtsprechung des Cassationshofs in Paris erfuhr. Dies läßt sich schon anhand der Gesetzeslage zeigen. So beansprucht z. B. der den Artikeln 268, 269 CIC entsprechende § 93 (i. V. m. § 92) EG gem. § 37 EG Geltung auch für die Verhandlungen vor dem Hofgericht, während die ersteren in Frankreich nach der Rechtsprechung des Cassationshofs nur dem Assisenpräsidenten *zusätzliche* Befugnisse erteilen[104]. Hingegen ist der Geltungsbereich des § 94 EG (= Art. 270 CIC) in Baden auf das Verfahren vor den Schwurgerichten beschränkt[105]. Wie schon erwähnt, scheint diese Vorschrift dort deshalb erforderlich, weil einerseits die Voruntersuchung gem. § 29 EG eine beschränktere ist, andererseits bei den hier — auch wegen der Bedeutung der Sachen[106] — erforderlichen, u. U. umfangreichen, gegebenenfalls nachträglich auszuweitenden Beweisaufnahmen und der Fülle möglicher Einwände und Erklärungen die Gefahr einer Ausuferung besteht[107], die zumal dann störend wirken kann, wenn man berücksichtigt, daß am Entscheidungsprozeß Laien als Geschworene beteiligt sind, denen sowohl die Gedächtnis- als auch die Unterscheidungskraft eines geschulten Juristen fehlt. Jedenfalls ist bezüglich der Akzeptation der oben dargelegten Kritik an der Prozeßführung durch den Vorsitzenden Vorsicht geboten. Die Tatsache, daß derartige Beeinträchtigungen der Verteidigung de facto vorkommen können, heißt ja noch nicht, daß sie für die Verteidigung unangreifbar wären. Das wären sie nur dann, wenn das Handeln des Präsidenten keiner Überprüfung unterläge, er also die (Frage-)Rechte des Angeklagten und seines Verteidigers nach eigenem Gusto beliebig schmälern könnte. Festzuhalten ist, daß jedenfalls nach der Rechtsprechung des Cassationshofes in Paris der Präsident keine Befugnis hatte, aus eigenem Recht (diskretionärer Gewalt) und endgültig eine Frage zurückzuweisen. Ob und inwieweit diese Rechtsprechung auch der badischen Auffassung entsprach, soll nun untersucht werden. Hierbei soll von dem oben erwähnten weiten (und diffusen) „Gewaltbegriff" ausgegangen werden, der das freie Ermessen des Präsidenten über die nachträgliche Beweismitteleinführung und -verwertung hinaus ausdehnte

---

104 Dazu *Roßhirt*, Magazin 5 (1861) 419 mit FN 18; *Ruppenthal*, GS 4 (1852) 1. Bd., S. 541 f.; s. ferner *Zachariae*, Hdb. I, S. 326 f. mit FN 4; *Hélie* VII, S. 331 ff.

105 In Frankreich wurden diese „Befugnisse" den Vorsitzenden aller Kollegialgerichte zugestanden. So jedenfalls *Hélie* VII, S. 326 f.; s. a. *Kleinfeller*, Functionen, S. 268, m. w. N. in FN 13.

106 Zur „Gerichtsbarkeit der Schwurgerichte" s. §§ 41 - 43 EG.

107 So weist *Bekk*, Anmerkungen, S. 74, besonders darauf hin, daß die Schwurgerichtsverhandlung eben nicht die (schlichte) Wiederholung dessen sei, was in der Voruntersuchung geschah und festgehalten wurde. S. dazu schon o. Einleitung 4.

und letztlich, wenn auch nicht explizit, die diskretionäre Gewalt mit der Verhandlungsleitung und -führung gleichsetzte. Ob die Vertreter dieses weiteren Begriffs auch die Konsequenzen hinsichtlich der rechtlichen Überprüfbarkeit von (mit diesem Etikett versehenen) Maßnahmen des Präsidenten zogen, ist freilich noch nicht ausgemacht. So könnte es sein, daß der Begriff gerade von dort her wieder eingeschränkt wurde, von wo er eigentlich seinen Inhalt zu empfangen hätte, mit anderen Worten: daß er im *tatsächlichen* Bereich extensiver — und eigentlich ungenauer — benutzt wurde als im *rechtlichen*.

b) Feststehende Grenzen der diskretionären Gewalt

Daß der Vorsitzende — jedenfalls de facto — die Verteidigung massiv beeinträchtigen kann, bedarf auch angesichts der schon seinerzeit hervorgetretenen Kritik keiner näheren Erörterung. Doch ist damit eben noch nicht gesagt, daß dem tatsächlichen Können ein rechtliches Dürfen entspricht; denn zum einen ist noch nicht geklärt, wie weit die diskretionäre Gewalt des Präsidenten in ihrem inhaltlichen Umfang überhaupt reicht, zum anderen bleibt zu prüfen, ob das („Beschleunigungs-") Gebot des § 94 EG (bzw. die Pflicht, Verschleppungen und Verzögerungen zu vermeiden) die Fragerechte der Verteidigung inhaltlich über den der Vorschrift des § 232 StPO 1845 zu entnehmenden Sinn hinaus zu begrenzen vermag. Sicher ist, daß der Hinweis, die Verteidigung könne ein „regelwidriges" Verhalten des Präsidenten monieren, um so die Geschworenen für sich einzunehmen, indem ein inquisitorisch voreingenommenes Vorgehen des Präsidenten diese leicht zur Verneinung des Schuldspruchs bestimmen werde[108], ein recht schwacher Trost mit nur spekulativem Charakter wäre. Durchschlagskraft käme der Verteidigung nur zu, wenn ihr auch ein *rechtliches* Mittel zur Bekämpfung etwaiger Verkürzung ihrer Rechte zur Verfügung stünde. Nur dann

[108] *Merckel*, GS 1 (1849) 2. Bd. S. 255, der überhaupt das Idealbild eines Assisenpräsidenten zeichnet. Der Einwand bezeichnet freilich keine rechtliche Grenze. Auch *Brauer*, GS 15 (1863) 19 ff., insbes. 21 f., zählt eine Reihe wesentlicher Eigenschaften eines guten Schwurgerichtspräsidenten auf. In diesen höchsten Forderungen wird mittelbar deutlich, welche Machtfülle dem Präsidenten nach Einschätzung aller Prozessualisten (auch der Kritiker) zukam. Das Phänomen ist bekannt: Wo viel von Ehre, Würde, Anstand, Gewissen, Gerechtigkeitsgefühl u. ä. die Rede ist, handelt es sich regelmäßig um ein Indiz dafür, daß im Gesetz präzise, rational nachprüfbare Grenzen fehlen oder zumindest nicht gesehen werden. Distanzierter umschrieben ist das Problem und Dilemma der materiell verstandenen diskretionären Gewalt bei *Marquardsen*, Krit. Zeitschr. 4 (1857) 72: „Je höher wir steigen, desto unzertrennbarer ist die Erfüllbarkeit des Berufs von der Möglichkeit des Mißbrauchs. Hier müssen die Zügel in anderen Umständen als unmittelbar beschränkenden Gesetzesparagraphen gesucht werden". — Worin? Was soll den Richter binden, wenn nicht das Gesetz selbst? Die Vermeidung von Mißbräuchen ist doch die Aufgabe der Prozeßrechtsnormen schlechthin. — Anschaulich die Schilderung eines Falles in Blätter 7 (1860) 376 ff.

hätte die Verteidigung auch wesentlich mehr als eine Feigenblattfunktion und wäre keine Marionette in den Händen des Präsidenten. Und solche Mittel gibt das EG der Verteidigung an die Hand.

So steht dem Angeklagten gem. § 115 EG gegen das Urteil des Schwurgerichts die Nichtigkeitsbeschwerde zu. Sie ist für den hier in Frage stehenden Bereich i. S. des § 115 I Ziff. 2 EG begründet, „wenn bei der Schlußverhandlung oder der Urtheilsfällung wesentliche Vorschriften des Verfahrens verletzt sind". Unabhängig davon, ob in der Zurückweisung einer Frage eine Verletzung im Sinne dieser Vorschrift liegen kann, folgt aus ihr jedenfalls, daß es irrig wäre, anzunehmen, die Befugnisse des Präsidenten seien in der Verhandlung schrankenlos; denn wären sie es, so hätte § 115 I Ziff. 2 EG keine Bedeutung. Die diskretionäre Gewalt wird vielmehr ihrerseits begrenzt durch die Gesetze selbst, soweit sie anderen Verfahrensbeteiligten Rechte einräumen, wie auch durch Prinzipien, die dem Institut der diskretionären Gewalt übergeordnet sind[109]. Ersteres ist z. B. dort der Fall, wo den beisitzenden Richtern, Geschworenen und dem Staatsanwalt das Recht eingeräumt wird, die Auskunftspersonen unmittelbar selbst zu befragen. Hier besteht ganz unbestritten ein Vorrang[110] dieses Rechtes. Die entsprechenden Vorschriften begrenzen also die Befugnisse des Präsidenten. Er darf dieses Recht den Befugten nicht verweigern[111]. Freilich liegt in der vorübergehenden Zurückstellung einer Frage keine solche Verweigerung[112]. Ebensowenig ist es dem Präsidenten z. B. gestattet, abschweifende Reden und Weitläufigkeiten des Staatsanwalts in Ausübung seiner Pflichten[113] nach § 94 EG zu unterbinden. Hierin läge ein

[109] Vgl. nur *Roßhirt*, Magazin 5 (1861) 421, und *Mittermaier* selbst, Verh. der II. K 1847/49, Beil. 7, S. 406. Daß auch nach dem CIC der Richter nicht über dem Gesetz steht, betont *Hélie* VII, S. 333, 340 ff.; ebenso *Kleinfeller*, Functionen, S. 236 ff.

[110] Wenn und soweit man überhaupt von einer „Kollission" ausgehen will; näher liegt es, in solchen Fällen schon das Vorliegen einer diskretionären Gewalt überhaupt zu verneinen bzw. zwischen der diskretionären Gewalt als einem enger begrenzten Terminus technicus und sonstigem Ermessen des Präsidenten zu differenzieren.

[111] Vgl. *Haager*, Ann. 19 (1852) 159. Widrigenfalls würde ein an diesem Fehler leidendes Urteil vom Oberhofgericht kassiert. Nach der in FN 110 angedeuteten Interpretation würde daraus folgen: Der Präsident darf nach seinem (im rechtlichen Sinn nicht diskretionären) Ermessen lediglich den Zeitpunkt der Fragestellung bestimmen.

[112] Diese Befugnis folgt aus der Sachleitung gem. § 92 EG, die dem Präsidenten übertragen ist und kraft derer er den Ablauf der Verh. zu bestimmen hat; dazu s. schon o. bei FN 37, 38.

[113] Wie schon erwähnt: Der StA stand nicht unter der (Disziplinar-)Gewalt des Präsidenten! Auf den Zusammenhang mit der VO, die Polizei in den Sitzungssälen der Schwurgerichte betreffend, RegBl. 1849, S. 131 f., abgedruckt auch bei *Ruth*, S. 156 f., zu § 228 StPO, macht *Haager*, Ann. 19 (1852) 157, aufmerksam. § 3 der VO lautete: „Die vor dem Gerichte Erscheinenden haben in ihren Vorträgen und Aussagen sich aller Beleidigungen, Verhöh-

gesetzwidriger Eingriff, eine Amtsüberschreitung des Präsidenten[114]. Das gleiche gälte, wenn der Präsident eine Verfügung träfe, die in den Geschäftskreis des Gerichtshofs gehört (z. B. nach § 93 Abs. 2 oder 96 Abs. 4 EG). Dem Recht des Präsidenten vorgeordnet ist aber auch die dem Angeschuldigten vom Gesetz verliehene Freiheit der Verteidigung, die der Präsident nicht unzulässig beengen oder gar vernichten darf[115].

Schon aus dem hier Referierten läßt sich ersehen, daß die vielbeschworene diskretionäre Gewalt des Präsidenten doch ganz offensichtlich nicht die Machtfülle verleiht, die manche jener zugemessen haben[116]. Im Gegenteil: Blickt man einmal zurück, so erhebt sich die Frage, ob die diskretionäre Gewalt des Präsidenten in ihrer Bedeutung nicht vielfach sogar ver- oder überzeichnet wurde, indem man mißbräuchliches oder auch nur „unfaires“ Verhalten des Präsidenten kurzerhand mit dem Institut bezeichnete, das solche Verhaltensweisen gar nicht betraf. Man hat vielerorts — so auch in Baden, wie die (freilich teilweise übergreifenden) Stellungnahmen *Mittermaiers* zeigen — der diskretionären Gewalt infolge ihrer etwas unklaren gesetzlichen Konturierung auch Gebiete zugeschlagen, die von ihr nicht erfaßt waren, sondern eigenen Regeln folgten[117]. Insbesondere *Mittermaier* ist vorzuwerfen, daß er — wohl durchaus aufgrund erlebter konkreter Beispiele — sich mehr auf die Kritik des faktisch Möglichen und Vorkommenden beschränkte, als der Frage nachzugehen, ob der Präsident auch

nungen oder zur Sache nicht gehörigen (!) Beschuldigungen gegen Zeugen, Sachverständige, Vertheidiger, Staatsanwälte, Geschworene und Gerichtsmitglieder zu enthalten“.

114 *Merckel*, GS 1 (1849) 2. Bd., S. 245 ff.; ebenso *Brauer*, Ann. 19 (1852) 157 f.; differenzierend hingegen später *ders.*, GS 15 (1863) 24 mit FN 10. „Ob und wie weit der Staatsanwalt der Disziplinargewalt unterworfen ist, war stets eine ebenso delikate als bestrittene Frage“, so *Puchelt*, Ann. 30 (1864) 282, der sie bejaht.

115 Vgl. *Mittermaier*, Verh. der II. K 1847/49, Beil. 7, S. 406; *Haager*, Ann. 19 (1852) 319 ff.; *Zentner*, Magazin 2 (1856) 198; *Roßhirt*, Magazin 5 (1861) 421.

116 So meint *Roßhirt*, Magazin 5 (1861) 423, während der Gerichtshof auf das Gesetz gegründete Anträge zu verbescheiden habe, seien die „Gewaltbefugnisse des Präsidenten mehr administrativer Natur“, was ganz auf der Linie der oben dargestellten frz. Rechtsansicht und -praxis liegt. Die Unklarheit schon der Regelung der StPO 1845, §§ 236 - 239, rügte weitsichtig *Zachariae*, Gebrechen, S. 250 f., der sachlich *Roßhirts* Ansicht vorwegnahm.

117 Das zeigt sich z. B. in den von *Ruppenthal*, GS 4 (1852) 1. Bd., S. 543 ff., mitgeteilten Fällen. Es ging hier gar nicht um einen Mißbrauch; denn das würde voraussetzen, daß das Institut zumindest dem Grunde nach auch für diese Konstellationen gelten sollte. Beschränkt man es hingegen — was wohl auch Ruppenthal selbst vorschwebte — auf die Einführung neuer Beweismittel, so liegt schlicht eine Kompetenz*überschreitung* des Präsidenten vor. — Man findet hier eine bekannte Erscheinung vor: eine Ausnahmeregel wird extensiv ausgelegt oder gar verallgemeinert. Das Ergebnis sind dann „Beispiele schreiend mißbräuchlicher Anwendung“, wie *Zachariae*, Hdb. I, S. 328 FN 12, diese Fälle würdigt, was nicht verwundern kann. Gut dazu in späterer Zeit *Hélie* VII, S. 326 ff., 331 ff., und *Kleinfeller*, Functionen, S. 236 ff.

immer dürfe, was er tue. Dies erstaunt um so mehr, als *Mittermaier* selbst, wie oben dargestellt, die Rechtsprechung des französischen Cassationshofes bekannt war. Es mußte für ihn von daher naheliegen, *seinen* Begriff der diskretionären Gewalt einer gründlichen Überprüfung zu unterziehen; und zwar gerade auch deshalb, weil er selbst engagiert für die These eintrat, daß die Verteidigung nicht beschränkt werden dürfe[118]. Hätte er sich hierum bemüht, insbesondere die allerdings nur spärlichen, über Andeutungen kaum hinausgehenden Stellungnahmen anderer badischer Juristen durchgemustert, so wäre ihm kaum verborgen geblieben, daß seine vehementen Angriffe ihr Ziel verfehlten. Für die badische Rechtslage ergibt sich nämlich folgendes Bild: „Die Verhandlung ... ist concentrirt in der Hand des Assisenpräsidenten, welchem die Leitung, die Ausübung einer discretionären Gewalt und die Sitzungspolizei übertragen ist. St.P.O. § 228. Das angef. Gesetz § 92 - 95“[119]. Seine „Befugnisse“ gem. § 232 StPO 1845 wie auch die aus § 94 EG gebühren ihm „vermöge seiner Amtsgewalt, die Verhandlungen zu leiten“[120]. Hierher — zur Verhandlungsleitung — gehört auch die Ausübung der Sitzungspolizei[121]. Hingegen bezieht sich die diskretionäre Gewalt — jedenfalls in ihrem Schwerpunkt — darauf, alle — eben auch und gerade in der Verhandlung neu hervortretende — Beweismittel auszuschöpfen und insoweit nicht durch das Ergebnis der Voruntersuchung beschränkt zu sein, §§ 93, 86 Abs. 3 EG. Das Gesetz räumt ausdrücklich der (Amtspflicht zur) Ermittlung der materiellen Wahrheit Vorrang vor dem Vertrauen der anderen Prozeßbeteiligten — Staatsanwaltschaft und Verteidigung — darauf ein, die Untersuchung bleibe auf die schon bekannten Beweismittel begrenzt. Hierzu stattet es den Präsidenten mit der Befugnis aus, jederzeit neue Beweismittel zu beschaffen und in die Verhandlung einzuführen. Das Institut will also die Einbeziehung des in den bisherigen Ermittlungen verborgen Gebliebenen ermöglichen. Mit seiner Hilfe sollten möglichst Vertagungen i. S. des § 237 StPO vermieden werden, die sonst — Pflicht der Ermittlung der materiellen Wahrheit — die unausweichliche Folge gewesen wären, mithin auch Zeitverlust und Kosten. Insbesondere im

---

118 In einigen Arbeiten wird auch bei *Mittermaier* ansatzweise deutlich, daß dem Können nicht immer ein Dürfen entspricht, daß es also Mißbrauchsschranken gibt; vgl. z. B. GS 1 (1849) 1. Bd., S. 22 f.; GS 2 (1850) 1. Bd., S. 486 ff. Doch zur Klarheit kam *Mittermaier* nicht. Er bekämpfte das dem Präsidenten faktisch Mögliche, inzident eigentlich gegen die Aufgabe desselben, die Sache zu untersuchen; damit aber focht er auf dem falschen Kampfplatz.

119 *Mayer*, S. 157.

120 *Mayer*, S. 157. Auf einen Zusammenhang des § 232 StPO mit § 94 EG hebt *Bekk*, Anmerkungen, S. 75 f., ab. Ebenso *Hélie* VII, S. 326 f. und insbes. 410 f.; *Lacuisine*, S. 302 f., 308 f.

121 *Mayer*, S. 158. S. a. Art. 267 CIC; dazu o. A I 4 a.

schwerfälligen Schwurgerichtsverfahren suchte man dies zu vermeiden. *Diese*, in § 93 EG festgelegte, Gewalt hat aber mit der Zurückweisungsbefugnis hinsichtlich einer „unstatthaften“ Frage ersichtlich nichts zu tun[122]. Des § 94 EG wiederum, der bei derartigen Fragen zur Begründung der Befugnis des Präsidenten zum Zuge kommen könnte, bedarf es nicht, weil diese Befugnis schon — und zwar nach allgemeiner Ansicht[123] — aus der ratio des § 232 StPO folgt. Wie schon hervorgehoben, hat den badischen Gesetzgeber die Gefahr — auch derartiger — „unstatthafter“ Fragen bewogen, der Verteidigung nur ein mittelbares Fragerecht einzuräumen. Infolgedessen bedurfte es auch keiner Norm, die den Vorsitzenden ermächtigte, „unangemessene Fragen zu verwerfen“. Was nun im einzelnen eine „unstatthafte“ bzw. „unangemessene“ Frage sein könnte, mag hier dahinstehen, wo es um Klärung nur insoweit geht, als die Bedeutung der Mittelbarkeit des Fragerechtes in Rede steht. Daß es solche Fragen gibt, ist jedenfalls evident und war, wie die Ausgestaltung des Fragerechts und ihre Begründung zeigt, auch den badischen Juristen klar.

Aus alldem wäre zu schließen, daß § 94 EG die Zurückweisungsbefugnisse des Präsidenten gegenüber den in § 232 StPO festgelegten nicht erweitert. Denn eine statthafte Frage kann der Intention des § 94 EG gerade nicht widersprechen, sondern dient eben dem Ziel, für dessen Erreichung der Prozeß Gewähr leisten soll: der Ermittlung der materiellen Wahrheit. — Nun könnte es freilich sein, daß die Beurteilung der Statthaftigkeit einer Frage dem Präsidenten *allein* zur Entscheidung überlassen, die Ansicht *Mittermaiers* also von daher im Er-

[122] Daß sich die Auffassung beharrlich hielt, die diskretionäre Gewalt des Präsidenten beziehe sich auch auf die Verhandlungsleitung, erstaunt übrigens auch deshalb, weil für das EG 1851 die Frage — wenn auch an etwas versteckter Stelle — ausdrücklich entschieden war. Der Abg. *Trefurt* führte nämlich in seinem KommB, Verh. der II. K 1850/51 Beil. 7, S. 217, zu den §§ 77, 78, den späteren §§ 92, 93 EG, aus: § 77 „ist nur eine etwas ausführlicher gefaßte Wiederholung dessen, was der im Eingang des § 76 für maßgebend erklärte Titel XVII § 228 (!) vorschreibt“. § 78: „Die hier dem Schwurgerichtspräsidenten eingräumte diskretionäre Gewalt entspricht der im § 237 (!) der St.P.O. den Hofgerichtspräsidenten für öffentliche Sitzungen eingeräumten Befugniß, und den Beispielen anderer Gesetzgebungen“. Danach sollte sich die diskretionäre Gewalt also nur auf das beziehen, was Gegenstand des § 237 StPO war, also *nicht* auf die §§ 228 ff. StPO. Wenn § 93 EG mithin auf § 92 EG Bezug nimmt, dann nur, um klarzustellen, wofür (zu welchem übergeordneten Zweck) die diskretionäre Gewalt eingesetzt werden soll!

[123] Es war dies ja der Grund, warum der badische Gesetzgeber das Fragerecht der Verteidigung nur als mittelbares statuierte; s. schon o. bei FN 32; das schließt nicht aus, in § 94 EG einen zusätzlichen zweiten Zurückweisungsgrund zu sehen, wie *Bekk*, Anmerkungen, S. 75 f., wohl annahm. — Streng genommen bezöge er sich nur auf „sachfremde“ Fragen, wenn man den Begriff der Sachfremdheit nicht so weit fassen will, daß auch alle sonstigen, der Zurückweisung unterliegenden, Fragen darunterfallen. Darin läge freilich eine Überdehnung, denn nicht jede unzulässige Frage ist sachfremd.

gebnis doch gerechtfertigt wäre, denn: Mit der Einsicht, daß es Fragen beider Provenienz gibt, ist über die Entscheidungskompetenz noch nichts gesagt. Das bedarf näherer Überprüfung, denn die StPO und das EG sprechen sich hierüber nicht ausdrücklich aus. In Ansehung der Fragerechte der anderen nach dem EG insoweit ausgezeichneten Personen sind schon deshalb keine näheren Ausführungen nötig, weil ihnen dieses Recht derart zusteht, daß jedenfalls der Präsident aus eigener Befugnis dessen Ausübung zwar zurückstellen[124], aber nicht verweigern darf. — Was also hat nach dem badischen Recht zu geschehen, wenn der Präsident eine Frage der Verteidigung verwirft, die — das sei unterstellt — materiell als zulässig in Inhalt und Form zu erachten wäre. Dieses Problem ist näher zu untersuchen, denn hiernach bestimmen sich Reichweite und Durchschlagskraft der Verteidigung in einem für sie wesentlichen Bereich. Schließlich kann nicht generell ausgeschlossen werden, daß der Vorsitzende bzw. die übrigen Richter — noch mehr der Staatsanwalt — die Stellung einer Frage nicht in Erwägung ziehen oder verabsäumen, die möglicherweise dem Prozeß eine ganz neue Richtung geben könnte. So gesehen ist das Fragerecht, wie schon betont, ein essentielles gestaltendes Beteiligungs- und Verteidigungsrecht.

II. Folgen der Zurückweisung einer Frage

1. Ausgangspositionen

Theoretisch kommen mehrere Möglichkeiten in Betracht:

a) Die Verteidigung kann zwar protestieren, muß die Beschränkung aber letztlich hinnehmen;

b) sie kann den Präsidenten oder eine dem Präsidenten übergeordnete Instanz um eine neue Entscheidung ersuchen, die noch im laufenden Verfahren zu ergehen hat, und schließlich

c) sie kann — ohne oder nach Ausschöpfung von b) — versuchen, die Entscheidung des erkennenden Gerichts insgesamt zu Fall zu bringen.

Welche der vorstehenden denkbaren Folgen das badische Verfahrensrecht für die Verteidigung vorsah, ist Gegenstand der anschließenden Erörterungen.

---

[124] S. o. FN 112. — In Frankreich wurde die Zurückweisungsbefugnis nach Art. 270 CIC auf alle Frageberechtigten ausgedehnt, vorbehaltlich eines Gerichtsentscheides; dazu *Kleinfeller*, Functionen, S. 268 m. w. N.

2. Angriffsmittel der Verteidigung in der Verhandlung selbst

Die Gegenvorstellung gegen die Zurückweisung durch den Präsidenten an diesen selbst wäre jedenfalls eine mögliche Form; ob auch erfolgversprechend, hinge in erster Linie von dem Präsidenten ab. Bei erneuter Zurückweisung wäre entscheidend, ob dieses Recht in die diskretionäre Gewalt des Präsidenten fällt und damit in toto einer weiteren Überprüfung nicht unterliegt.

a) Abhängigkeit von der Bedeutung des § 94 EG

Unstreitig sind die in § 93 EG beschriebenen Befugnisse Ausdruck der diskretionären Gewalt des Präsidenten i. S. der Art. 268, 269 CIC[125]. Hingegen ist durchaus zweifelhaft, ob dies auch für § 94 EG (= Art. 270 CIC) gilt. Dafür wird u. a. von *von Daniels* geltend gemacht, daß die diskretionäre Gewalt „in dem ganzen Laufe der Beweisverhandlungen herrscht"[126]. Für die Pflicht des Präsidenten i. S. des § 94 EG folgt dies nun schon aus dem Wortlaut der Vorschrift selbst. Da die Vernehmungen, an die das hier interessierende Fragerecht geknüpft ist, Teil dieser Beweisaufnahme sind, so wäre hieraus zu schließen, unterfallen auch sie der diskretionären Gewalt. Doch überzeugt *dieses* Argument nicht: Wäre das nämlich richtig, so wäre — in dieser Sicht — § 94 EG überflüssig, weil der Sache nach dann schon in § 93 EG enthalten. Da es aber unumgänglich ist, wenn überhaupt, dann in Ansehung des Fragerechts an § 94 EG anzuknüpfen, so müßte *begründet* werden, daß diese Vorschrift Ausdruck der diskretionären Gewalt in einer „besonderen Ausprägung" ist, obwohl sie sich „allgemeiner" kaum denken läßt. *Von Daniels*[127] ersetzt die erforderliche Begründung durch die schlichte Behauptung.

b) Zur Eingrenzung des § 94 EG

Selbst wenn man davon ausgeht, daß auch § 94 EG Ausdruck der diskretionären Gewalt sei, so heißt das noch nicht, daß dieser Gewalt nicht Grenzen gesetzt wären. Die erste ergibt sich, wie bereits erwähnt, für das Fragerecht allgemein schon daraus, daß der Präsident die unmittelbare Befragung dem hierzu Berechtigten gestatten muß, insoweit also nur befugt ist, die Frage so lange zurückzustellen, bis ein ihm

---

125 *Ruth*, S. 46; *Bekk*, Vorträge, S. 63; *Roßhirt*, Magazin 5 (1861) 407. Wie gezeigt, tangiert § 93 EG aber den Regelungsbereich des § 232 StPO nicht.

126 So *von Daniels*, S. 179 i. V. m. 181; *Mittermaier*, Das engl. Strafverfahren, S. 307 ff.; *Höchster*, S. 303; *Planck*, S. 344. S. a. *Roßhirt*, Magazin 5 (1861) 407 f., und *Mackert*, S. 158.

127 *Von Daniels*, S. 181; richtig in späterer Zeit *Kleinfeller*, Stellung, S. 126.

wesentlich erscheinender, gerade verhandelter Fragepunkt erledigt ist[128]. Gegen die Vorstellung der Unanfechtbarkeit spricht im übrigen auch, daß die diskretionäre Gewalt nach französischer Vorstellung — insbesondere der Rechtsprechung des Cassationshofs — sich nur auf die „bloße Verwaltungsjustiz", also den formalen Ablauf der Verhandlung bezieht[129], nicht aber auf eine omnipotente Letztentscheidung — auch — inhaltlicher Fragen. Diese Grenzen standen letztlich auch für die Kommentatoren des badischen Strafverfahrensrechts außer Frage. So betont z. B. *Bekk*[130] selbst, daß die Zurückweisung einer Frage nur im Ermessen des Präsidenten stehe, *wenn* sie unrechtmäßig oder nicht zur Sache gehörig wäre, was dem Präsidenten lediglich das Recht einräumt, z. B. in Zweifelsfällen Fragen noch zuzulassen, nicht aber, den Anforderungen genügende Fragen zurückzuweisen[131]. Das wiederum bestärkt die schon oben dargelegte Vermutung, daß § 94 EG die Befugnisse des Präsidenten, wie sie der ratio des § 232 StPO 1845 zu entnehmen sind, nicht erweiterte. Vielmehr unterlagen etliche Kommentatoren — nicht nur des badischen Rechts — dem Fehler eines zumindest ungenauen Sprachgebrauchs, zum Teil wohl aber auch schlicht einer falschen Vorstellung des *Begriffs* der diskretionären Gewalt. Sie setzten unzutreffend schon die vom Gesetz dem Vorsitzenden verliehene Befugnis der Leitung der Verhandlung mit der diskretionären Gewalt in eins, dergestalt, daß jede Maßnahme des Vorsitzenden mit diesem Etikett versehen wurde. Damit aber werden Sinn und Bedeutung der diskretionären Gewalt maßlos überdehnt. Und eben dies zeigt sich — abgesehen von den schon oben aufgeführten Erwägungen —, wenn man die Frage stellt, wer denn in der Verhandlung auftretende Streitfragen zu entscheiden habe.

---

128 Hierüber bestand in der Doktrin Einigkeit; vgl. nur *von Daniels*, S. 181. Die Zurückstellungsbefugnis folgt aus seinem Recht, die Ordnung des Verfahrensablaufs zu bestimmen, also aus seiner Sachleitungsgewalt.

129 *Höchster*, S. 304; s. schon o. A I 4 a ee bei FN 97.

130 Vorträge, S. 63. Nach *Bekk*, Preßgesetz, S. 98, zu § 52 des PreßG v. 1851, gehört die Zulassung von Fragen gem. § 232 StPO 1845 «zur „Leitung der Verhandlung", hinsichtlich deren der § 52 sich auf die St.P.O. beruft».

131 Hier zeigt sich die Richtigkeit der Annahme *Oetkers*, S. 96, daß mit dem unklar schillernden Schlagwort der diskretionären Gewalt ein klarer Begriff nicht zu verbinden war. Der Begriff geistert durch die Kommentierungen der Partikulargesetze, die ihn aus dem CIC übernommen hatten, ohne daß der Versuch unternommen wurde, ihn einer Klärung zu unterziehen; übrigens hält *Oetker* Art. 270 CIC für einen Ausdruck der diskretionären Gewalt. Vgl. auch *Fuchs*, S. 72, 77 f. — *Glaser*, ArchCrimR NF 1851, S. 192 FN 30, rügt, daß die diskretionäre Gewalt im frz. Staatsrat 1804 noch nicht einmal eine Debatte veranlaßt habe. Zu Grund und Grenzen der diskretionären Gewalt ausführlich *Kleinfeller*, Functionen, S. 235 ff.; die Arbeit enthält wohl das Beste, was hierzu geschrieben worden ist.

c) Die Zuständigkeit des Gerichtshofs zur Entscheidung über die Zurückweisung

Notwendigerweise ist der Vorsitzende als Leiter der ganzen Verhandlungen de facto derjenige, der die Zurückweisung einer Frage durch Verweigerung, sie zu stellen, verfügt. Was aber kann und muß die Verteidigung tun, wenn sie eine solche Weigerung für unrechtmäßig hält? Sowohl die StPO als auch das EG schweigen zu dieser Problematik[132]. Die Antwort ergibt sich jedoch „aus der Natur des schwurgerichtlichen Verfahrens", wie *Roßhirt*[132] sagt, der dazu ausführt: „Der Schwurgerichtshof[133] entscheidet weiter über alle sich bietenden *rein rechtlichen* Streitfragen, insbesondere auch über bestimmte, bezüglich des *Verfahrens* von der Staatsanwaltschaft oder dem Angeklagten gestellte und aus dem *Gesetze*[134] abgeleiteten Anträge"[135]. Konsequent zählt *Roßhirt*[136] das Zurückweisungsrecht — i. S. einer Letztentscheidung! — nicht zu den die Verhandlungsleitung betreffenden Aufgaben des Präsidenten. Übrigens rechnet auch er § 94 EG nicht zur diskretionären Gewalt, die er ganz auf § 93 EG beschränkt; darüber hinaus betont er, daß auch derjenige, der die diskretionäre Gewalt im weitesten Sinne auffasse, sie nicht zum Mittel machen könne, den Richter über das Gesetz zu erheben.

Es entspricht das — Kompetenz des Schwurgerichtshofs für die Entscheidung aller wesentlichen Streitfragen im Laufe der Verhandlung — ganz der für den Geltungsbereich des CIC schon dargestellten Rechtslage und der Paxis des französischen Cassationshofs[137]. Aus dessen oben schon mitgeteilter Entscheidung[138] folgt zum einen, daß jede Frage

---

132 *Roßhirt*, Magazin 5 (1861) 409, 417 f. Das gilt auch für den CIC; dazu *Höchster*, S. 391 f. *Hélie* VII, S. 360, hebt hervor, daß das Gesetz hier nicht hinreichend präzise sei. Seine weiteren Ausführungen entsprechen denjenigen *Roßhirts*.

133 Im Unterschied zum Geschworenen- bzw. Schwurgericht sind damit nur die Berufsrichter incl. des Präsidenten gemeint.

134 Hervorhebungen bei *Roßhirt;* allerdings wird bei ihm nicht ganz klar, ob er Probleme des Fragerechts unter „rechtliche Streitfragen" einordnen würde. Immerhin bemerkt er aber, S. 421, daß der Präsident in keiner Weise die durch das Gesetz verliehene Freiheit der Verteidigung beengen dürfe.

135 S. auch *Mayer*, S. 157 ff.; undeutlicher hingegen *Haager*, Ann. 18 (1851) 359: Der Schwurgerichtshof „erkennt überhaupt über die einzelnen vorkommenden Zwischenfragen, insofern diese Entscheidung nicht in der Befugniß des Präsidenten liegt". Stellt man bzgl. der Zurückweisungsbefugnis allein auf § 232 StPO ab, so wäre, da dort nicht ausdrücklich von einer Befugnis die Rede ist, der Schwurgerichtshof zuständig; bezieht man aber § 94 EG mit ein, so wäre auch eine andere Interpretation möglich.

136 Magazin 5 (1861) 412 ff.

137 Welche dem badischen Recht hier „zum Vorbilde gedient hat", wie *Roßhirt*, Magazin 5 (1861) 418, bemerkt.

138 Bei *Höchster*, S. 392 in Note b. Die Entscheidung ist zitiert auch bei *Mittermaier*, GS 2 (1850) 2. Bd., S. 486 FN 2.

zugelassen werden muß, deren Verwerfung das Verteidigungsrecht beschränken würde, zum anderen, wie auch *Höchster*[139] in Übereinstimmung mit der in Frankreich h. M.[140] folgert, daß die Entscheidung als Aufgabe in die Kompetenz des Assisen*hofs* fällt, weil dieser alle *streitigen Incidentpunkte*[138] zu entscheiden habe. *Mittermaier*[141] führt bei seinem schon oben (A I 4 a ee bei FN 94) dargestellten Résumé der französischen Praxis aus, es sei eine „wichtige Frage ..., ob über die Zurückweisung einer vom Vertheidiger beantragten Frage an den Zeugen der Präsident allein entscheiden kann. Nach einem arrêt v. 22. Septbr 1847 muß, wenn der Vertheidiger gegen den Beschluß des Präsidenten einen Recurs erhebt, der Assisenhof entscheiden, weil anerkannt ist, daß diese Befugniß des Vertheidigers, Fragen zu stellen, mit den Rechten der Vertheidigung wesentlich zusammenhängt". Daß dem Gerichtshof entsprechende Befugnisse nach der ratio legis auch in Baden zustehen mußten, wird schon durch das Gesetz selbst nahegelegt, insofern nämlich dem Gerichtshof in etlichen wichtigen Fragen die Beschlußkompetenz ausdrücklich zugewiesen war[142]. Auch das Oberhofgericht anerkannte eine entsprechende Funktion des Gerichtshofs[143]. Mithin war es der Verteidigung gestattet, bei Zurückweisung einer Frage beim Gerichtshof deren Zulassung per Beschluß zu beantragen[144]. Stellte allerdings der Verteidiger einen entsprechenden Antrag nicht, so wurde die Zurückweisung seitens des Präsidenten rechtsbeständig und war, wie sich noch zeigen wird, nicht mehr mit Erfolg angreifbar[145].

---

139 *Höchster*, S. 392, sowie schon 245 f., 309, 378.

140 Vgl. nur *Lacuisine*, S. 307, 374, 379 ff., 398; *Hélie* VII, S. 359 ff.; weitere Nachw. bei *Kleinfeller*, Functionen, S. 294 FN 15.

141 GS 1 (1850) 2. Bd. S. 486 FN 2.

142 Z. B. §§ 37 Abs. 2, 93 Abs. 2, 96 Abs. 3, Abs. 4 EG; dazu *Mayer*, S. 158 f.; *Roßhirt*, Magazin 5 (1861) 417 f.

143 Vgl. nur die in Ann. 28 (1862) 1 ff., von *Ottendorf* mitgeteilte Entscheidung und die Erläuterungen von *Stempf*, ebda, S. 4 ff. Zur Beschlußproblematik findet sich übrigens unter allen publizierten Entscheidungen keine einschlägige. Entweder arbeiteten die (Unter-)Gerichte in diesem Bereich fehlerfrei oder aber deren Entscheidungen wurden vom Oberhofgericht nicht überprüft.

144 Zur diesbezüglich deutlicheren Regelung in der StPO v. 1864 s. u. A II 2 d bb.

145 Die Wahrnehmung dieses Rechts, den Schwurgerichtshof um Entscheidung zu ersuchen, setzte also einen gewandten und kundigen Verteidiger voraus. An solchen mangelte es seinerzeit offenbar vielerorts; das deutet z. B. *Mittermaier*, Gesetzgebung, S. 459 FN 41, an; vgl. auch die interessante Entscheidung in Blätter 7 (1860) 376 ff. — Zwischen der Einreichung (irgend-) einer Verteidigungsschrift und der Teilnahme an einer mündlichen und öffentlichen Verh. liegen zudem Welten. Von letzterer versprach man sich übrigens auch eine Hebung des Ansehens der Advokatur, das seinerzeit sehr ramponiert war.

d) Fazit zum Verhältnis des § 94 EG zu § 232 StPO

aa) Auf der Basis des EG

Damit kann auch abschließend zum Verhältnis des § 94 EG zu § 232 StPO 1845 Stellung genommen werden. Hinsichtlich des Zurückweisungsrechts besteht für den Präsidenten keine diskretionäre Gewalt. Vielmehr übt er diese Befugnis im Rahmen seiner Sachleitungsgewalt vorbehaltlich einer anderen Entscheidung des Gerichtshofs aus. Widerspricht der Staatsanwalt einer vom Präsidenten für statthaft erachteten Frage des Verteidigers, so entscheidet auf Antrag des Staatsanwalts der Schwurgerichtshof ebenso, wie wenn der Präsident die Stellung einer Frage der Verteidigung verweigert und diese den Gerichtshof um Entscheidung ersucht[146]. Die Befugnis des Präsidenten ist also lediglich eine „vorläufige"; endgültig wird sie erst und nur dann, wenn keiner der zum Widerspruch Befugten einen Gerichtsentscheid fordert. Mithin erweitert § 94 EG die Machtbefugnisse des Präsidenten in bezug auf § 232 StPO nicht[147]. Die oben dargestellte, verbreitete gegenteilige Auffassung beruht nach allem auf einer Verkennung der Aufgabenteilung zwischen Vorsitzendem und Gerichtshof; sie zeiht das Gesetz einer völligen Überdehnung der Macht des Präsidenten, deren sich jenes nicht schuldig gemacht hat. Immerhin ist aber einzuräumen, daß nach dem Vorgang anderer Gesetze[148] und der einschlägigen Diskussionen jedenfalls dem Gesetzgeber des EG eine deutlichere Regelung des Gemeinten möglich gewesen wäre.

bb) Bestätigung durch die badische StPO von 1864

Hier waren die Befugnisse des Vorsitzenden betreffs der Verhandlungsleitung, Sitzungspolizei und der diskretionären Gewalt sowie des

---

146 „Solche Anträge bilden eine Grundlage für eine eigentlich richterliche Thätigkeit, während die oben der Wirksamkeit des Gerichtshofs gegenübergestellten Gewaltbefugnisse des Präsidenten mehr administrativer Natur sind", so *Roßhirt*, Magazin 5 (1861) 423, der dort auch darauf hinweist, daß „diese Art der Wirksamkeit des Gerichtshofs (nämlich auftauchende streitige Inzidentpunkte zu entscheiden) von der dem Präsidenten zukommenden Leitung der Verhandlungen und von dessen discretionärer Gewalt (!) wohl getrennt zu halten" sind.

147 Zur Bedeutung der Protokollierung in diesem Zusammenhang s. u. A II 3 b bei FN 176 und A II 3 f. FN 203. Zur Kritik an § 91 EG s. *Brauer*, Hauptbestimmungen, S. 226 f.

148 Dazu s. sogleich bb und u. B IV. — Übrigens war selbst die diskretionäre Gewalt i. S. des § 93 EG eine begrenzte: der Anlaß zur Erhebung neuer Beweise mußte sich nämlich im Laufe der HVerh. ergeben haben; vgl. SitzB. III, S. 29 ff. (32); 56 ff. (59); 308 ff. (312 f.); IV, S. 420 ff. (423). Gefahr drohte auch von der Praxis, Aussagen von Zeugen aus der Voruntersuchung zu verlesen, wenn jene nicht erschienen waren. Dazu *Temme*, Archiv 3 (1856) 417 f. mit Anm. 1, sowie S. 435 f. mit Anm. 1 (zu SitzB V, S. 466 f.); ein krasser Verstoß des preuß. OT ist nachzulesen in GA 5 (1857) 541 ff., teilw. abgedruckt auch bei *Temme*, Archiv 5 (1858) 368 f.

„Beschleunigungs- und Konzentrationsgebots" in den §§ 229 - 231 geregelt. Gem. § 237 Abs. 1 war auch dem Angeklagten und seinem Verteidiger die unmittelbare Befragung gestattet. Nach Abs. 2 war es dem Vorsitzenden vorbehalten (nunmehr auch gegenüber dem Staatsanwalt!), „unangemessene Fragen zu verwerfen"[149]. § 259, die Vorschrift über das Protokoll, gedachte ausdrücklich auch der *Entscheidungen* über Anträge des Staatsanwalts und des Verteidigers, wohingegen nach § 236 StPO 1845 i. V. m. § 91 EG der Präsident nur die Aufzeichnung derartiger Anträge zu verordnen hatte. Daß das Gericht über eine beantragte Frage zu entscheiden hatte, ergab sich mittelbar auch aus § 373 Ziff. 4[150]. Bemerkenswert ist noch, daß *Ammann*[151] die Befugnis des Vorsitzenden nach § 237 Abs. 2, unangemessene Fragen zurückzuweisen, offensichtlich für überflüssig hält, indem er hierzu ausführt: „Der Vorsitzende wäre übrigens schon nach § 231 berechtigt, einzuschreiten ...". § 231 StPO 1864 entspricht wörtlich § 94 EG[152]. Das stimmt im Ergebnis mit dem oben Ausgeführten überein. Doch ist die Normierung in § 237 Abs. 2 auch dann sinnvoll, weil sie gegenüber denjenigen Autoren, die in § 231 StPO (= § 94 EG) eine Regelung der diskretionären Gewalt sehen, klarstellt, daß die Befugnis in § 237 Abs. 2 mit der diskretionären Gewalt in keinem Zusammenhang steht. Nahm man eine solche hingegen zutreffend nicht an, so konnte man mit *Ammann* in § 237 Abs. 2 StPO 1864 eine gegenüber der allgemeinen in § 231 eigentlich überflüssige „spezielle" Regelung sehen.

Was aber war zu tun, wenn der Gerichtshof die Zurückweisung bestätigte oder gar den Antrag nicht beschied? Standen der Verteidigung solchenfalls Mittel zu Gebote, entsprechende (Nicht-)Bescheidungen mit Aussicht auf Erfolg anzugreifen? Für die Lösung dieses Problems ist entscheidend, wie die im EG vorgesehenen Rechtsmittel ausgestaltet waren.

3. Die Nichtigkeitsbeschwerde gem. § 115 EG

a) Überblick

Als Rechtsmittel[153] sah das EG den „Rekurs" gegen (bezirks-)amtliche und hofgerichtliche Erkenntnisse in der bisherigen Form vor (§§ 110 ff.

[149] In § 240 Abs. 2 des E 1862 war noch angefügt gewesen: „und die eigene Weiterführung der Befragung jederzeit wieder zu übernehmen". Zu dieser ursprünglich in der deutschen Gesetzgebung preußischen Schöpfung s. *Oppenhoff*, S. 361 Anm. 24 ff.

[150] Dazu s. a. unten A II 3 d - f.

[151] StPO, S. 177.

[152] Man hatte lediglich das Attribut „öffentliche" vor „Verhandlungen" gestrichen.

[153] Vernachlässigt werden kann hier das in § 296 StPO vorgesehene Be-

EG[154]), der hier nicht weiter interessiert, sowie gegen schwurgerichtliche Erkenntnisse die „Nichtigkeitsbeschwerde" gem. § 115 EG. Mit dieser Beschwerde zum Oberhofgericht konnte der Angeklagte u. a. geltend machen, daß bei der Schlußverhandlung oder der Urteilsfällung wesentliche Vorschriften des Verfahrens verletzt worden seien, § 115 I Ziff. 2 EG[155]. Damit stellt sich das Problem, ob die Zurückweisung einer Frage der Verteidigung nach § 232 StPO eine Verletzung wesentlicher Verfahrensvorschriften i. S. des § 115 I Ziff. 2 EG sein kann, wenn und soweit der Gerichtshof sie bestätigt hat.

Die Bedeutung der Vorschrift sowie ihre Formulierung waren in den Beratungen des EG umstritten. Vor allem war man darüber uneinig, ob eine Vorschrift so allgemein gehaltenen Inhalts nicht zur Rechtsunsicherheit führen müsse.

b) Zur Bedeutung des Begriffs der „wesentlichen Vorschriften des Verfahrens"

Mittermaier hatte in seinem Bericht vor der II. Kammer[156] die Möglichkeit, alle Nichtigkeitsgründe abschließend zu regeln, als „unserem Gesetz fremd" und unsicher verworfen und angeregt, auf § 474 des Entwurfs von 1835 zurückzugreifen, der eine genauere Definition enthalten hatte. Dort hieß es u. a.: „Als wesentlich i. S. des § 473[157] gelten 1) diejenigen Vorschriften, deren Verletzung eine Beschränkung des Angeklagten im Gebrauche solcher gesetzlichen Befugnisse oder Prozeßhandlungen, welche als Theil oder Mittel der Vertheidigung erscheinen, ... enthält ..."[158]. Die Mehrheit der Kommission entschloß sich jedoch, eine nähere Bezeichnung dessen, was „wesentlich" sein sollte, nicht aufzunehmen, vielmehr die Würdigung des Einzelfalles dem *Er-*

schwerderecht, da es im schwurgerichtlichen Verfahren unanwendbar war; vgl. *Bekk*, Vorträge, S. 137 ff., 148; *Thilo*, StPO, S. 243, 245 ff.; umfassend *Planck*, S. 591 ff. Zur StPO 1864 s. Oberhofgericht, Ann. 31 (1865) 202.

154 Man scheute u. a. auch die durch regelmäßige Anordnung mündlicher Verhandlung in Rekurssachen anfallende Geschäftslast sowie die Mehrkosten für Offizialanwälte, die bei Mittellosigkeit der Angeklagten von der Staatskasse zu tragen gewesen wären; vgl. die Begründung zum Entwurf des EG, Verh. der II. K 1850/51, Beil. 7, S. 153. Die II. K setzte dann jedoch wenigstens die Einführung des § 111 EG durch; s. a. *Thilo*, Nachtrag, S. 47.

155 Die anderen Gründe, Unzuständigkeit oder falsche Besetzung des Gerichts sowie falsche Auslegung oder Anwendung des materiellen Rechts, interessieren hier nicht weiter.

156 Verh. der II. K 1847/49, Beil. 7, S. 405 f.; s. a. *Haager*, Ann. 19 (1852) 313 ff.; *ders.*, Magazin 2 (1856) 98 ff.

157 § 473 Ziff. 2 E 1835 lautete: „wenn *wesentliche Vorschriften des Verfahrens* verletzt wurden".

158 S. a. *Haager*, Magazin 2 (1856) 90, und den Bericht bei *Mittermaier*, GS 2 (1850) 1. Bd., S. 291 ff., insbes. 301 ff., 311 f. und 315, wo auch § 474 des E v. 1835 abgedruckt ist.

messen des Oberhofgerichts zu überlassen[159]. Man war der Meinung, daß eine vollständige Aufzählung doch nicht möglich sei „und ein Versuch derselben im Gesetze leicht die Richter verführen könnte"[160]. Die Kommission verwarf auch § 36 des Entwurfs von 1848, der sich — wie § 291 StPO 1845 — auf den Satz 6 k des Landrechts berufen hatte[161].

Aktuell bleibt damit, was unter den „wesentlichen Vorschriften des Verfahrens" zu verstehen ist. In Anlehnung an die Rechtsprechung des französischen Cassationshofes vertrat *Mittermaier*[162] die Ansicht, Nichtigkeit müsse die Verletzung jeder Formvorschrift bewirken, deren Beobachtung möglicherweise ein anderes Ergebnis der Rechtsfindung im Interesse des Angeklagten hätte ergeben können. Mit dieser Interpretation stieß er jedoch auf Widerspruch. So meinte *Haager*[163], man werde zu differenzieren haben „zwischen Mängeln wesentlicher Voraussetzungen der Rechtsbeständigkeit des Verfahrens und verletzten Vorschriften des Verfahrens"[164]. Einige Zeit später präzisierte er seine These dahin, es müsse unterschieden werden „zwischen Verletzungen wesentlicher Voraussetzungen der Rechtsbeständigkeit des Verfahrens und des Urtheils, und Verletzungen wesentlicher Vorschriften über Formen des Verfahrens"[165]. In Fällen der ersteren Art sei das Urteil absolut — d. h. ohne weitere Prüfungen — ungültig. Eine solche Nichtigkeit könne durch Verzicht nicht geheilt werden. Hingegen erzeugten Verletzungen wesentlicher Vorschriften über Formen des Verfahrens nur eine relative Nichtigkeit; hier müsse geprüft werden, ob die Verletzung auf das Erkenntnis einen für den Angeklagten nachteiligen Einfluß gehabt habe; und hier sei auch ein Verzicht des Angeklagten möglich. Dieses

---

159 Vgl. *Haager*, Ann. 19 (1852) 315.

160 *Haager*, Magazin 2 (1856) 90.

161 Der Satz lautete: „Wird für gewisse Willens-Erklärungen, Verbindlichkeits-Uebernahmen, oder Beurkundungen ein bestimmtes Verfahren von dem Gesez vorgeschrieben, und es wird solches bey einem Rechts-Geschäft mangelhaft befunden, so wird die Wirksamkeit oder Unwirksamkeit desselben im Ganzen und in einzelnen Theilen von dem Ermessen des Richters abhängig, das sich darnach bestimmt, ob und wieweit damit dennoch die Absicht des Gesezes erreichbar sey; *durgehends nichtig* ist es nur alsdann, wann auf die Nichtbeobachtung ausdrücklich die Nichtigkeit gesetzt, oder das Verfahren für eine nothwendige Feyerlichkeit oder Förmlichkeit erklärt ist". — Zur Einführung des Satzes in § 291 StPO s. *Thilo*, StPO, S. 243; zur Kritik s. die Nachw. bei *Haager*, Magazin 2 (1856) 99, 100 ff. Der Abg. *Christ* betonte, man habe auf den Satz verzichtet, weil er nichts anderes sage als der nachmalige § 115 I Ziff. 2 EG. Dem folgte die Kommission. S. auch *Bekk*, Anmerkungen, S. 102.

162 GS 2 (1850) 1. Bd., S. 319 f., mit zahlreichen Entscheidungen aus der Spruchpraxis des frz. Cassationshofes. So auch schon *Prestinari* in der Sitzung der II. K vom 14. Okt. 1848, zit. bei *Haager*, Magazin 2 (1856) 100 f. Ähnlich § 164 lit. b des Zürcher G v. 1853.

163 *Haager*, Ann. 19 (1852) 319; *ders.*, Magazin 2 (1856) 106 ff.

164 *Haager*, Ann. 19 (1852) 319.

165 *Haager*, Magazin 2 (1856) 107. S. a. *Planck*, S. 542 f.

— schon dem gemeinen deutschen Kriminalprozeß zugrunde liegende — System habe dem badischen Gesetzgeber vorgeschwebt. Auch das französische Recht bedrohe nur Fälle der ersteren Art mit (absoluter) Nichtigkeit (Art. 408 i. V. m. 294, 312, 381 usw. CIC). Zu den Fällen ersterer Art seien die Zuständigkeit und Besetzung des Gerichts zu zählen, das Fehlen des Verweisungserkenntnisses, der Anklage[166], einer erforderlichen Anzeige (i. S. des heutigen Strafantrags), der Öffentlichkeit des Verfahrens sowie die Strafunmündigkeit des Angeklagten[167]. Hierher gehöre auch „der Mangel rechtlichen Gehörs des Angeklagten und wesentliche Beeinträchtigung der Rechte der Vertheidigung, z. B. wenn dem Angeklagten und seinem Vertheidiger nicht das letzte Wort gestattet wird. § 235 d. St.P.O.“[168], oder „wenn dem Angeklagten kein Vertheidiger gestattet oder beigegeben wird, § 83.86.133 (EG), wenn der Vertheidiger in dem Gebrauche der ihm gesetzlich gestatteten Mittel der Vorbereitung der Vertheidigung gehindert, z. B. ihm die Einsicht der Akten verwehrt oder beschränkt“ wird[169]. *Zentner*[170] entnahm den von ihm durchgesehenen Entscheidungen, daß das Oberhofgericht eine Verletzung i. S. des § 115 I Ziff. 2 EG „in jedem Verstoß gegen die *Grundprinzipien* des adoptirten Strafprozesses erkennt, mögen diese im Gesetz ausdrücklich ausgesprochen sein, oder sonst erkennbar zu seinen Grundlagen gehören. So z. B. wenn dem Angeklagten die Vertheidigung abgeschnitten wird“. In derartigen Fällen müsse der Einfluß auf das Urteil nicht mehr geprüft werden. Anders sei dies bei „minderwichtigen *Verletzungen des Verfahrens*“[170]. Über diese lasse sich aus den bisherigen Urteilen nichts abstrahieren. *Haager* führt hierzu aus, relative Nichtigkeit sei bei den Vorschriften der zweiten Art möglich. Sie dien-

---

166 I. d. S. hat das Oberhofgericht das Urteil eines Schwurgerichtshofs für nichtig erklärt, das den Angeklagten einer Tat schuldig gesprochen habe, deretwegen er nicht angeklagt war; Jahrbücher XIII, S. 51 ff.; s. a. ebda, S. 49 und 173.

167 *Haager*, Magazin 2 (1856) 109 f.; *ders.*, Ann. 19 (1852) 320.

168 *Haager*, Ann. 19 (1852) 321.

169 *Haager*, Magazin 2 (1856) 112. Ganz in diesem Sinne betonte später der württembergische E v. 1866, Art. 436 Ziff. 6, daß NB stattfinde, „wenn der Beschuldigte keinen Vertheidiger hatte, obschon ein solcher von Amtswegen zu bestellen war, oder wenn ihm die Vertheidigung abgeschnitten oder gesetzlichen Vorschriften entgegen wesentlich (!) beschränkt, namentlich die Einsicht der Akten ihm selbst oder seinem Vertheidiger verwehrt worden ist“. Der „Bericht“ zum E, S. 238, erläuterte dies dahin, daß im ersten Fall die Verteidigung unabhängig vom Willen des Beschuldigten zu erfolgen habe, nannte für den zweiten Fall als Beispiel die Verweigerung des letzten Wortes und betonte für den letzten, es müsse sich um eine wesentliche Beschränkung handeln. Die Regelung wurde als Art. 441 Ziff. 6 der StPO v. 1868 verkündet. Ähnlich *Schwarze*, Comm. II, S. 167: Ist „der Vertheidiger nicht gehört, beziehentlich ein solcher nicht bestellt oder nicht zugelassen worden“, so fehle es „an einer Grundbedingung zu einem gesetzlichen Verfahren“.

170 Magazin 2 (1856) 198, Hervorhebung dort.

ten u. a. der Gleichförmigkeit, „auch zum Schutz der bürgerlichen Freiheit gegen Willkühr und Uebereilung“[171], doch stehe es im Ermessen des Richters, sie im Einzelfall anzuwenden. Nur wo ihre Nichtbeachtung in concreto Einfluß auf das materielle Resultat haben könne, sei Nichtigkeit möglich. „Denn die Formen sind zum Schutze des materiellen Rechts gegeben. Wenn also das materielle Recht selbst nicht verletzt ist, so ist es unstatthaft, wegen bloßer Formverletzung Nichtigkeit zu erkennen“[172]. Natürlich könne nicht verlangt werden, daß die materielle Rechtsverletzung mit „völliger Zuverlässigkeit“ dargetan werde, wie *Stabel*[173] meine. *Mittermaier*[174] vertrat — bei seinem Ausgangspunkt jedenfalls konsequent — die Auffassung, es müsse ausreichen, daß die „Möglichkeit“ des Rechtsnachteils erwiesen sei, während *Haager*[175] statt dessen nur eine — strengere, d. h. den Interessen des Angeklagten weniger günstige — „Wahrscheinlichheit“ genügen lassen wollte.

Einig war man sich hingegen darin, daß der Verfahrensfehler (der zweiten Art) von der Verteidigung in der Verhandlung gerügt und protokolliert sein mußte, andernfalls die schon erwähnte „Verzichtswirkung“ eintrat[176]. Ungeklärt war aber, was zu diesen Vorschriften relativer Nichtigkeit (i. S. *Haagers*) im einzelnen zu zählen war. Soweit ersichtlich, hat das Oberhofgericht während der Geltung des EG 1851 keine einzige Nichtigkeitsbeschwerde wegen Verkürzung des Fragerechts — durch ablehnenden Entscheid des Gerichtshofs — zu beurteilen gehabt[177]. Das spricht prima facie dafür, daß eine derartige Zu-

---

[171] *Haager*, Magazin 2 (1856) 174.

[172] *Haager*, Magazin 2 (1856) 174 f.; vgl. auch *Schwarze*, GS 15 (1863) 3: Die Formen im mündlichen Verfahren „sind überall nur Mittel, niemals Selbstzweck“. — Eine teilweise andere Differenzierung findet sich bei *Mayer*, S. 84 ff. Zur Kritik an der Formel des § 115 I Ziff. 2 EG s. *Walther*, Rechtsmittel II, S. 62 ff.

[173] Jahrbücher XIII, S. 180, 182.

[174] GS 2 (1850) 1. Bd., S. 319 f., 486 f.; *Brauer*, NB, S. 541 mit FN 48; ebenso später *Schwarze*, GS 15 (1863) 4.

[175] Ann. 19 (1852) 322; *ders.*, Magazin 2 (1856) 177 f.

[176] *Haager*, Ann. 19 (1852) 322 f.; *ders.*, Magazin 2 (1856) 185 f. m. w. N.; *Brauer*, NB, S. 540 mit FN 46. Zum „Verzicht“ s. ferner die Ausführungen von *Stempf*, Ann. 28 (1862) 4 ff.; *Mittermaier*, GS 2 (1850) 1. Bd., S. 318 f. (zur Spruchpraxis des frz. Cassationshofs S. 320 ff.), sowie die in Ann. 21 (1854) 177 ff., 179, mitgeteilten Cassationsrekurse. Zur Wichtigkeit der Protokollierung s. a. die Entscheidung des bad. Oberhofgerichts, Ann. 31 (1865) 87 ff., 88.

[177] Bis 1856 gab es überhaupt keinen „bestimmten Ausspruch“ zu § 115 I Ziff. 2 EG, wie *Zentner*, Magazin 2 (1856) 198, vermerkt. Eine spätere Entscheidung des Oberhofgerichts, Ann. 31 (1865) 88, stellte lediglich — negativ — klar, daß die §§ 230, 242 Abs. 2 StPO 1864 (die in etwa den §§ 93 EG, 237 StPO 1845 entsprachen) dem Vorsitzenden und dem Gerichtshof als mit den Tatsachen des Falles Vertrauten ein Ermessen einräumten. Die Art der Ausübung dieses Ermessens könne niemals als Verletzung wesentlicher Vorschriften des Verfahrens betrachtet werden. S. a. Oberhofgericht, Ann. 31 (1865) 314.

rückweisung nicht als Verletzung einer „wesentlichen“ Förmlichkeit des Verfahrens, noch weniger als wesentliche Beeinträchtigung der Rechte der Verteidigung angesehen wurde. Denn weder kann angenommen werden, daß die Entscheidungen der Schwurgerichtshöfe *sachlich* immer richtig waren, noch, daß den Verteidigern die Möglichkeit einer Nichtigkeitsbeschwerde in solchen Fällen entgangen sein sollte. Dieses Rechtsmittel wurde nämlich ausweislich der in den badischen Zeitschriften und den oberhofgerichtlichen Jahrbüchern mitgeteilten Entscheidungen des Oberhofgerichts sehr häufig ergriffen[178]; hierbei ließen sich die Verteidiger auch von den — statistisch gesehen — relativ geringen Erfolgsaussichten nicht schrecken[179]. — Auch die Materialien und Diskussionen über den Entwurf des EG 1851 geben keinen näheren Aufschluß zur Problematik[180].

c) Die Rechtslage im Geltungsbereich des CIC

Eindeutig geklärt war die Frage im Geltungsbereich des CIC. Dort konnte die Nichtigkeitsbeschwerde „auf Verletzung oder Nichtbeachtung einer ausdrücklich im Antrag gestellten, wenngleich nicht besonders unter Nichtigkeitsfolge[181] gegebenen Vorschrift über das Verfah-

---

[178] Vgl. z. B. die Übersicht bei *Zentner*, Magazin 2 (1856) 118 ff., 187 ff.; *ders.*, Magazin 5 (1861) 124 ff.; s. a. die weiteren Nachw. bei *Brauer*, NB. — Häufig wurde die Zurückweisung gem. § 86 EG beantragter Ladungen von weiteren Auskunftspersonen durch die Anklagekammer mit der NB angegriffen, deren Ladung aber in der Schlußverhandlung — ausweislich des Protokolls — nicht nochmals beantragt worden war. Das führte regelmäßig zur Verwerfung, weil § 115 I Ziff. 2 EG schon nach seinem Wortlaut nicht tangiert sein konnte; vgl. z. B. die in Ann. 21 (1854) 177 ff., mitgeteilte Entscheidung des Oberhofgerichts; dazu auch *Brauer*, NB, S. 540 f., m. w. N. in FN 45. *Mittermaier*, Gesetzgebung, S. 461; *Ottendorf*, Ann. 28 (1862) 14. Sachlich entsprach das der in § 291 Abs. 2 StPO 1845 getroffenen Regelung. — Daneben bildete die — als Verstoß gegen die Mündlichkeit beanstandete — Verlesung von Vernehmungsprotokollen eines Zeugen, der in der Schlußverhandlung befugt die Aussage verweigerte, einen oft (erfolglos!) geltend gemachten Beschwerdepunkt; s. dazu *Ottendorf*, Ann. 28 (1862) 1 ff., und *Stempf*, ebda, S. 4 ff.; *Ruth*, S. 58; *Zentner*, Magazin 2 (1856) 118 ff.; s. aber auch *Zentner*, Magazin 1 (1854) 466 f.

[179] S. die Übersicht im Jahrbuch 1852/53 NF 13, S. 2, die Berichte über die Entscheidungen des Oberhofgerichts als Cassationshof von *Zentner*, Magazin 2 (1856) 118 ff., 187 ff., und Magazin 5 (1861) 122 ff., 406 ff.; *Brauer*, Ann. 21 (1854) 345 FN 1; *ders.*, NB mit erschöpfenden Nachweisen in den FN!

[180] Vgl. den KommB von *Trefurt*, Verh. der II. K 1850/51, Beil. 7, S. 207 ff., sowie die Anträge der Kommission, ebda, S. 229 ff.

[181] Wie schon erwähnt, hatte die Praxis des frz. Cassationshofs den CIC zu einem gemischten System umgestaltet, in dem außer den Vorschriften, deren Verletzung ausdrücklich mit der Folge der Nichtigkeit belegt war, auch andere anerkannt wurden, bei denen der Hof nach den Umständen des Einzelfalls entschied; hierzu *Höchster*, S. 488 ff., und sehr instruktiv zur Entwicklung *Mittermaier*, GS 2 (1850) 1. Bd., S. 293 ff.; vgl. auch *Schwarze*, GS 15 (1863) 4; *Hélie* VII, S. 359 ff.; zur Auslegung des Art. 408 CIC eingehend *Hélie* VIII, S. 457 ff.

ren"[182] gestellt werden. Nach Art. 408 CIC hatte Nichtigkeit einzutreten, wenn im Lauf des Verfahrens ein vom Angeklagten (oder seinem Verteidiger) gestellter Antrag auf Ausübung einer gesetzlichen Befugnis entweder gar nicht beschieden oder die Entscheidung positiv verweigert wurde[183]. Auf den Inhalt des Antrags kam *hier* nichts an, es sei denn, das Gericht hätte dem Antrag wegen Gesetzwidrigkeit unter keinem denkbaren Gesichtspunkt entsprechen dürfen. Der Fehler bewirkte also zwingend die Vernichtung des Urteils. Zu Befugnissen der genannten Art zählte man auch das Fragerecht der Verteidigung i. S. des Art. 319 CIC. Die bei *Mittermaier*[184] mitgeteilte Entscheidung des Cassationshofes in Paris vom 22. September 1847 stellte fest, daß nach Zurückweisung einer Frage der Verteidigung seitens des Präsidenten auf Antrag der Assisenhof über die Zulässigkeit entscheiden muß. Darüber hinaus war es der Verteidigung ausweislich dieser Entscheidung des Cassationshofes aber auch möglich, nach Erwirkung eines — ablehnenden — Beschlusses des Assisenhofs Cassation zu begehren mit der Behauptung, die zurückgewiesene Frage habe für die Sache Bedeutung haben können. Teilte der Cassationshof — wie im vorliegenden Fall — diese Ansicht, so fiel das erstinstanzliche Urteil der Vernichtung anheim. Mit anderen Worten: Die Zulässigkeit einer von der Verteidigung begehrten Fragestellung unterlag der rechtlichen Würdigung auch des Cassationshofes, weil durch eine unberechtigte Zurückweisung der „freie Lauf der Vertheidigung" wesentlich beeinträchtigt („verletzt") sein konnte.

d) Die Behandlung nach dem EG

Die entscheidende Frage ist: Entspricht die französische Auffassung der Rechtslage in Baden? Folgt man den begrifflichen Unterscheidungen *Haagers*, die in den Gesetzgebungsverfahren und der Wissenschaft auch anderer deutscher Staaten große Beachtung fanden[185], so könnte in der Verwerfung einer Frage allenfalls eine relative Nichtigkeit gesehen werden. Denn soweit der „Mangel der Vertheidigung" als Beispiel absoluter Nichtigkeit genannt wird, sind damit Fälle der in § 86 Abs. 2 EG beschriebenen Art gemeint, daß nämlich dem Angeklagten *von Amts wegen* ein Verteidiger beizugeben ist, wenn er selbst keinen

---

182 So *von Daniels*, S. 212; zu Art. 456 des G v. 1795, dem Vorläufer des Art. 408 CIC, s. *Dufour* II, S. 4.

183 Vgl. *Höchster*, S. 489 f.; dazu auch *Mittermaier*, GS 2 (1850) 1. Bd., S. 316 ff.

184 GS 2 (1850) 2. Bd., S. 486; der zugrundeliegende Fall ist o. A I 4 a ee wiedergegeben.

185 So z. B. in Sachsen; *Schwarze*, Comm. I, S. 163 f., bedient sich ausdrücklich der Ausführungen *Haagers*.

benennt. Diese Vorschrift *muß* beachtet werden, eben „bei Strafe der Nichtigkeit“, denn die Verteidigung ist in Schwurgerichtssachen — modern gesprochen — eine notwendige[186]. Nämliches gälte z. B. auch für „den Mangel rechtlichen Gehörs“, denn dieses gehört zu den Grundlagen des mündlichen Verfahrens, das u. a. gerade auch seiner Gewährung dient. Die Versagung des letzten Wortes verstieße schließlich unmittelbar gegen § 235 Abs. 2 StPO 1845. Diese Befugnis ist, wie auch der Wortlaut zeigt, nicht beschränkbar, wenn auch seitens des Angeklagten verzichtbar[187].

Die oben beschriebene Charakterisierung „relativer Nichtigkeiten“ paßt nun aber nicht recht zur Verweigerung einer Fragestellung. Zudem: Wenn der Schwurgerichtshof eine Entscheidung trifft, sind das Verfahren und seine Förmlichkeit nicht „verletzt“, sondern eingehalten. Die rechtliche Einordnung der Entscheidung in das vorhandene System ist — „positivistisch“ (in einem schlechten Sinn) betrachtet — nicht möglich: Materiellrechtliche Vorschriften sind nicht tangiert, das Verfahren ist nicht verletzt, weil die vorgeschriebene Form beachtet ist, und doch bedeutet die Zurückweisung einer — unterstellt — berechtigten Frage eine u. U. erhebliche Benachteiligung des Angeklagten. Es hat den Anschein, als ob diese Konstellation, nämlich Prüfung einer formell ordnungsgemäßen Entscheidung auf ihre inhaltliche Richtigkeit, kein Fall der Nichtigkeit i. S. des § 115 I Ziff. 2 EG, mithin der Prüfung durch das Oberhofgericht als Cassationshof entzogen sei. Danach hätte sich das Oberhofgericht eine Kompetenz zur durchgreifenden Überprüfung eben dieser „sachlichen Richtigkeit“ nach dem Beispiel des französischen Cassationshofes erst im Wege der — wie immer zu bewertenden — Rechtsfortbildung (ver-)schaffen müssen, eventuell unter Berufung auf das vom Gesetzgeber hinsichtlich der Beurteilung relativer Nichtigkeit ja explizit eingeräumte vollumfängliche Ermessen[188]. Vor einem abschließenden Urteil über die hier diskutierte Pro-

---

[186] Vgl. aber die Entscheidungen bei *Temme*, Archiv 2 (1855) 431, und SitzB II, S. 294, wo in einem Fall notwendiger Verteidigung nach anfänglich beantragter Vertagung wegen Fehlens des Verteidigers gleichwohl die Möglichkeit eines Verzichts bejaht wurde. Zu Recht nennt *Temme*, Archiv 2 (1855) 429 FN 1, diese Entscheidung bedenklich, weil auch in Bayern der Grundsatz der absoluten Notwendigkeit der Verteidigung bei schweren Verbrechen anerkannt sei. S. a. die Nachw. bei *Mittermaier*, GS 2 (1850) 1. Bd., S. 489; ferner *Temme*, Archiv 2 (1855) 432 f.

[187] Insofern ist *Haagers* Einordnung anfechtbar.

[188] Dies wäre um so leichter möglich gewesen, als *Haager*, Ann. 19 (1852) 319, selbst einräumt, daß seine begriffliche Scheidung in zwei Arten von Nichtigkeiten nicht aus dem Gesetz entnommen werden könne, das „beide Fälle untereinander“ werfe. Zur unbestreitbaren Einräumung des Ermessens hinsichtlich § 115 I Ziff. 2 EG s. *Mittermaier* in seinem KommB, Verh. der II. K 1847/49, Beil. 7, S. 406; *Bekk*, Anmerkungen, S. 102; *Zentner*, Magazin 2 (1856) 199; *Thilo*, StPO, S. 243.

blematik ist es sinnvoll, auch die Regelung der badischen StPO von 1864 und ihre Auslegung mit in die Betrachtungen einzubeziehen, denn es ist naheliegend, daß bei dieser Gesamtreform des Strafverfahrens auch die bisherige Regelung und ihre (Nicht-)Bewährung diskutiert wurde.

e) Die Nichtigkeitsbeschwerde nach der StPO von 1864

Für den Verurteilten war die Nichtigkeitsbeschwerde in § 373 geregelt; die Vorschrift war in sieben Ziffern gegliedert. Ziffer 3 entsprach dem bisherigen § 115 I Ziff. 2 EG. Neu eingeführt war unter Ziff. 4 ein für die zu klärende Frage wichtiger Nichtigkeitsgrund: „wenn das erkennende Gericht versäumt oder verweigert hat, über schriftliche oder zu Protokoll gegebene Anträge, welche den Gebrauch einer vom Gesetz erteilten wesentlichen Befugniß bezwecken, eine Entscheidung zu geben". Diese Regelung war im Entwurf von 1862 noch nicht vorgesehen gewesen. Dort lautete § 346 Ziff. 4: „wenn bei der Schlußverhandlung oder der Urtheilsfällung wesentliche Vorschriften des Verfahrens verletzt worden sind und wenn anzunehmen ist, daß diese Verletzung einen dem Angeklagten nachtheiligen Einfluß auf das Urtheil geäußert habe"[189]. Erst in dem neuen Entwurf, den *Stabel* am 10. Februar 1863 der II. Kammer vorlegte, hatte der dortige § 371 die Fassung, die als § 373 im Jahre 1864 Gesetz wurde[190]. Die Begründung[191] führte aus, daß sich das bisherige System, d. h. die Feststellung der Wesentlichkeit einer verletzten Verfahrensvorschrift dem Oberhofgericht zu überlassen, in der seitherigen Anwendung bewährt habe und daher beizubehalten sei. Allerdings habe man „aufgrund gemachter Erfahrungen und nach dem Vorbild anderer Gesetzgebungen" das System „erweitert und vervollständigt". Die Nichtigkeitsgründe, so fährt die Begründung fort, „lassen sich unter folgenden Gesichtspunkten zusammenfassen:

1. Mängel in der Besetzung des Gerichts und in Bezug auf dessen Gerichtsbarkeit (Ziff. 1, 5);
2. Mangel der formellen Voraussetzung des Verfahrens (Ziff. 2); Verletzung processualischer Rechte der Betheiligten durch Verweigerung einer Entscheidung darüber (Ziff. 4); Verletzung wesentlicher Vorschriften des Verfahrens bei der Hauptverhandlung oder Aburtheilung (Ziff. 3);

---

[189] Gegenüber § 115 I Ziff. 2 EG lag darin keine echte Verbesserung, denn die Ziff. 1 - 3 erfaßten nicht alle „absolut" wirkenden Gründe, so daß die übrigbleibenden scheinbar zu den „relativen" wanderten.

[190] Zur Vorgeschichte der StPO v. 1864 vgl. *Ammann*, StPO, S. 12 ff.

[191] Verh. der II. K 1861/63, Beil. 4, S. 897 ff., 922. Vgl. auch *Brauer*, NB, S. 523 ff.

3. unrichtige Anwendung des Gesetzes auf die festgestellten Thatsachen (Ziff. 6, 7)".

Nur die unter Ziff. 1, 2 und 5 bezeichneten Mängel hätten ihrer Natur nach unbedingt die Nichtigkeit zur Folge[192]. Der Berichterstatter *Haager* führte zu § 371 Entwurf 1863 (= § 373 StPO 1864) aus, es müsse immer ein Fehler in der Rechtsanwendung vorliegen. „Auf falsche Entscheidung der Thatfrage, auf irrthümliche Würdigung von Thatsachen (!) kann die Nichtigkeitsbeschwerde nicht gegründet werden"[193]. Man habe, so fuhr er fort, über den alten allgemeinen Grundsatz des § 115 EG hinaus einige speziellere aufgeführt, wie sie in den neueren Gesetzen von Oldenburg (1857) Art. 416, Frankfurt (1856) Art. 327 und mehreren Entwürfen vorgesehen seien. Nach einigen Bemerkungen zu § 371 Abs. 1 Ziff. 3 Entwurf 1863, die sachlich mit den schon oben dargestellten früheren Stellungnahmen übereinstimmen, wandte sich *Haager* der Erörterung der Ziff. 4 zu. Wie bei Ziff. 3, so hätten auch bei Ziff. 4 nicht alle Verletzungen ihrer Natur nach unbedingt die Nichtigkeit zur Folge. Es müsse sich um Anträge handeln, „welche den Gebrauch einer vom Gesetz ertheilten *wesentlichen* Befugniß bezwecken"[194]. Er bemerkte, daß gegen entsprechende Säumnisse des Untersuchungsrichters oder der Anklagekammer nicht die Nichtigkeitsbeschwerde ergriffen werden könne, sondern das Rechtsmittel der Beschwerdeführung, oder aber es werde der jeweilige Antrag vor dem erkennenden Gericht wiederholt. Alsdann folgt der zentrale und das oben schon Angedeutete bestätigende Satz: „Und hat das erkennende Gericht eine Entscheidung gegeben, so findet wieder keine Nichtigkeitsbeschwerde statt, wenn auch den Anträgen nicht entsprochen worden ist"[195].

Mit dieser Interpretation *Haagers*, der nicht widersprochen wurde und die *Ammann* (der neben *Stabel* an der Entstehung der StPO 1864 wesentlichen Anteil hatte) in seinen Kommentar übernahm[195], ist auch der letzte Zweifel beseitigt. Die nach dem Wortlaut des § 373 StPO 1864 immerhin denkbare Möglichkeit, Ziff. 4 als „absoluten", Ziff. 3 hingegen als „relativen" (Auffang-)Nichtigkeitsgrund zu sehen, widerspricht, wie nun offensichtlich ist, der Intention, die man mit diesen Regelungen

[192] Begründung, wie FN 191, S. 923.

[193] Verh. der II. K 1861/63, Beil. 6, S. 683. Ob *Haager* sich hier *nur* auf das materielle Recht beziehen wollte, wird in seinen Ausführungen nicht klar.

[194] Wie FN 193, S. 689; ebenso *Brauer*, NB, S. 544.

[195] Wie FN 193, S. 684. *Ammann*, StPO, S. 258, fügt dem noch hinzu: „Noch weniger wegen Abweisung von Beweisanträgen, wegen Gebrauchs oder Nichtgebrauchs der diskretionären Gewalt des Vorsitzenden"; s. a. *Brauer*, NB, S. 542 mit FN 51. Beiläufig anders aber hinsichtlich der Verweigerung der Vorladung von Entlastungszeugen Oberhofgericht, Ann. 31 (1865) 196. Das G differenzierte also zwischen absolut und nur relativ wirkenden Nichtigkeitsgründen und unterschied die relativen danach, ob die Formen des Verfahrens betroffen waren oder aber Befugnisse (prozessuale Rechte) der Beteiligten.

verfolgte. Wenn der Begriff „wesentlich" in beiden Ziffern die Relativität des Nichtigkeitsgrundes anzeigen und bei erfolgter Ablehnung eines Antrags keine Nichtigkeitsbeschwerde stattfinden soll, dann kann Ziff. 3 eben nicht im Anschluß an die Verneinung der Ziff. 4 (hilfsweise und sekundär) herangezogen werden. Und dies — obwohl vor Einführung der Ziff. 4 die hier geregelten Verfahrensverstöße über Ziff. 3 erledigt werden mußten. Dies ist wenig erstaunlich. Der Grund ist darin zu sehen, daß die „Prüfungslücke", die oben unter der Geltung des § 115 I Ziff. 2 EG festgestellt wurde, eben auch weiterhin vorhanden ist, ja sein soll. Ist sie nämlich sozusagen mit in die Ziff. 4 gewandert, so ist diese eine abschließende Regelung des Bereichs „Verletzung processualischer Rechte des Betheiligten durch Verweigerung einer Entscheidung darüber". Anders gewendet: Die Klarstellung durch Spezialisierung als solche trägt in den Bereich der — entlasteten — generellen Vorschrift nichts inhaltlich Neues hinein. Da Derartiges auch — wie gezeigt — nicht beabsichtigt war, verbleibt es bei dem hier dargelegten Ergebnis[196]. Hatte der Gerichtshof sich geweigert, über die beantragte Zulassung einer vom Vorsitzenden zurückgewiesenen Frage zu entscheiden oder das auch nur versehentlich unterlassen, so war die Nichtigkeitsbeschwerde zulässig. Begründet war sie, wenn nicht ausgeschlossen werden konnte, daß die beantragte Frage auf das Urteil einen Einfluß hätte haben können. War dies zu verneinen, weil aufgrund der Sachlage nach Auffassung des Oberhofgerichts auch die Zulassung der Frage das Ergebnis nicht hätte beeinflussen können oder weil die Frage auch durch den Gerichtshof nicht hätte zugelassen werden dürfen, so war die Nichtigkeitsbeschwerde als unbegründet zurückzuweisen. Im ersten Fall „beruhte" das Urteil nicht auf der Unterlassung des Gerichtshofs — keine Relevanz bzgl. des Inhalts des Urteils —, im zweiten konnte das Urteil von dem Fehler des Gerichtshofs schon nicht betroffen sein, weil dieser die Zurückweisung des Vorsitzenden von Rechts wegen gar nicht korrigieren durfte. Der Unterschied zur früheren Regelung des § 115 I Nr. 2 EG bestand also nur darin, daß derartige Fälle dort über die „Verletzung wesentlicher Vorschriften des Verfahrens" zu erledigen waren, wozu seinerzeit auch der Anspruch der Verteidigung zählte, im Falle eines Streits über eine in Antrag gestellte Frage eine Entscheidung des Gerichtshofs zu erhalten.

Die oben zitierte, die Erläuterungen zu § 371 Entwurf 1863 einführende Bemerkung *Haagers*, auf irrtümliche Würdigung von Tatsachen

---

[196] „Das Vorbild dieser Bestimmung (§ 373 Ziff. 4 StPO 1864) findet sich in Art. 408, Abs. 2 des Code d'instruct. crim., woraus sie auch von verschiedenen andern deutschen Gesetzgebungen entlehnt worden ist. Eigentlich könnte dieselbe wohl als schon unter der allgemeinen Bestimmung der Ziff. 3 mitbegriffen betrachtet werden, wie dieß auch unter der Herrschaft des Gesetzes vom 5. Febr. 1851, § 115, Ziff. 2 geschah ...", so *Brauer*, NB, S. 543.

könne die Nichtigkeitsbeschwerde nicht gegründet werden, gibt übrigens Anlaß zu der Vermutung, daß man der Auffassung war, das Oberhofgericht könne bzw. dürfe „Tatsachen“, die in ihrer Bewertung von der Einschätzung des Tatrichters nicht (mehr) getrennt werden könnten, aufgrund seiner Funktion, nur die Anwendung des materiellen und formellen Rechts zu kontrollieren, nicht überprüfen[197]. Das würde bedeuten, daß man auf der prozessualen Seite mehrere Tatsachenbegriffe zu unterscheiden hätte. Nämlich einmal Tatsachen, deren Protokollierung der höheren Instanz quasi die Tatsachenkenntnis des Tatrichters verschafft[198] und so unmittelbar eine Entscheidung erlaubt, und zum anderen solche Tatsachen, bei denen dies nicht der Fall ist[199]. Doch soll das nicht weiter verfolgt werden, da die Bedeutung der getroffenen Regelung schon geklärt ist.

f) Ergebnis

Nach dem badischen Entwurf einer StPO von 1863, der mit einigen hier nicht interessierenden Änderungen 1864 Gesetz wurde, konnte die nunmehr zur unmittelbaren Fragestellung berechtigte Verteidigung gegen die Zurückweisung einer Frage durch den Vorsitzenden einen Gerichtsentscheid beantragen. Verwarf auch der Gerichtshof die Frage, so waren die Mittel der Verteidigung erschöpft. Eine deshalb an das Ober-

---

197 In dieser Richtung *Brauer*, NB, S. 540 f., bezogen auf die Verweigerung einer beantragten Vorladung von Zeugen zur Hauptverhandlung. Ist die zur Wahrung der Rechte des Angeklagten erforderliche Protokollierung erwirkt, „so kann wegen nachweislicher Verletzung wesentlicher Vorschriften des Verfahrens bei der Hauptverhandlung selbst *nach Umständen* die Nichtigkeitsbeschwerde mit Erfolg erhoben werden; freilich ist in dieser Hinsicht nicht außer Acht zu lassen, daß die Beurtheilung der Erheblichkeit von Beweismitteln in weitem Maße dem Ermessen des urtheilenden Gerichts anheimfällt“. S. a. Blätter 2 (1855) 264 f.; 7 (1860) 375; SitzB I, S. 168 f.; II, S. 199, 409 f., 431 ff.; IV, S. 129 ff., 420 ff. *Walther*, LB, S. 438 (Hervorhebung dort), erläutert, der Cassationshof habe „weder die Richtigkeit der Thatfrageentscheidung in der Hauptsache selbst, noch solche factische Voraussetzungen zu prüfen, worauf gerichtliche *Zwischenbescheide* beruhen“. S. ferner *Becker*, S. 49 f., 51, und *Roßhirt*, Ann. 31 (1865) 87 ff.

198 Wo also die Entscheidung richtig oder falsch unmittelbar aufgrund der Protokollmitteilung getroffen werden kann, ohne daß es einer weiteren Bewertung oder gar Ermittlung der Sachlage bedarf. Zu differenzieren wäre also zwischen Unzulässigkeit und Unerheblichkeit. In ersterem Fall käme eine Überprüfung in Frage. Beim Fragerecht wären zu unterscheiden unzulässige, z. B. beleidigende oder verleumdende, und unangemessene, sachfremde bzw. ungeeignete Fragen.

199 Höchst bemerkenswert im Zusammenhang mit dem Fragerecht ist auch eine Erwägung *Brauers*, NB, S. 542 (Hervorhebung dort), zum sachlichen Bereich der NB: „Wo es sich um eine Anordnung handelt, deren Anwendung *ganz* in das *Ermessen* des Vorsitzenden oder des Gerichts gestellt ist, kann von einer Beschwerde wegen verletzter Vorschriften des Verfahrens nicht wohl die Rede sein“. Dieser Gesichtspunkt wurde anderwärts, wie sich noch zeigen wird, deutlicher herausgestellt, s. u. B IV 2 b.

hofgericht gerichtete Nichtigkeitsbeschwerde wäre zu verwerfen gewesen. Diesem war mithin eine Überprüfung der inhaltlichen Richtigkeit (Rechtmäßigkeit) des Zurückweisungsbeschlusses des Untergerichts versagt. Es konnte nur prüfen, ob ein solcher ergangen war[200].

Hatte hingegen der Gerichtshof die Entscheidung des Antrags verweigert oder ihn auch nur versehentlich nicht beschieden, so war die Nichtigkeitsbeschwerde nach § 373 Abs. 1 Ziff. 4 StPO 1864 zulässig. Begründet war sie alsdann, wenn anzunehmen war, daß die Verletzung der Vorschrift „möglicherweise einen Einfluß auf das ergangene Urtheil geübt" hatte[201]. Hieraus ist für die Rechtslage zur Zeit der Geltung des EG 1851 zu folgern:

Da in diesem Bereich bis auf die Befugnis zur unmittelbaren Befragung, die aber durch ein Zurückweisungsrecht des Vorsitzenden in § 237 Abs. 3 sowie das sich aus § 231[202] der StPO 1864 ergebende Konzentrations- und Beschleunigungsgebot abgesichert war, keine inhaltlichen Änderungen eingetreten sind, insbesondere die Ausprägung des § 373 Abs. 1 Ziff. 4 StPO 1864 keine sachliche Neuerung, sondern lediglich eine spezialisierende Klarstellung darstellen sollte, ist zu schließen, daß schon im Geltungsbereich des EG 1851 nach eben diesen Regeln prozediert worden war, daß man insoweit also der Rechtsprechung des französischen Cassationshofes *nicht* folgte.

Gegen die Zurückweisung einer Frage durch den Präsidenten konnte die Verteidigung den Gerichtshof um Entscheidung anrufen. Wurde durch diesen eine Entscheidung (gleichgültig welchen Inhalts) gegeben, so waren die Möglichkeiten der Verteidigung damit ausgeschöpft, da dem Oberhofgericht die Prüfung der inhaltlichen Richtigkeit des Beschlusses versagt war. Wurde die Entscheidung verweigert, so hatte der Verteidiger gem. § 236 Abs. 1 StPO 1845 auf Protokollierung anzutragen, nötigenfalls den schriftlich formulierten Antrag dem Gericht zu den Akten zu übergeben, womit die Nachprüfbarkeit durch das Oberhofgericht sichergestellt war[203].

---

[200] Dies entspricht der Einschätzung *Plancks*, S. 535, nach dem die deutschen Gesetze bloß verlangten, *daß* das Gericht ausdrücklich entscheide, einerlei wie. „Auf die Richtigkeit der Entscheidung kommt nichts an"; vgl. auch *Planck*, S. 170 f. S. aber auch u. B IV 3 c.

[201] So *Haager* in der Begründung zu § 371 E 1863, Verh. der II. K 1861/63, Beil. 6, S. 923. Der Verteidiger hatte darauf zu achten, daß er auf Protokollierung antrug, um den Fehler offenkundig zu machen, worin wiederum für das Gericht die Möglichkeit lag, das Versäumte nachzuholen; dazu auch *Brauer*, NB, S. 539 ff., 543 f.

[202] Die Vorschrift entspricht § 94 EG.

[203] Das Oberhofgericht ließ übrigens für das Vorhandensein eines Nichtigkeitsgrundes neben dem Sitzungsprotokoll in Ausnahmefällen auch den Freibeweis zu; vgl. *Bekk*, Anmerkungen, S. 103; *Mittermaier*, Magazin 1 (1854) 252 f. Zu § 259 StPO 1864 *Brauer*, Ann. 33 (1867) 121; *ders.*, NB, S. 540 mit FN 46.

B. Einordnung in den historischen Zusammenhang

I. Die Entwicklung des Strafverfahrensrechts bis zum 19. Jahrhundert

1. Das Strafverfahren als privatinitiierte Veranstaltung

Im Rahmen dieser Arbeit die Entwicklung des Verfahrensrechts im einzelnen aufzuzeigen, ist weder möglich noch angestrebt; doch ist dies auch nicht erforderlich, weil es unter einer kaum mehr überblickbaren Zahl historisch orientierter Arbeiten[1] zwei herausragende gibt, auf die global verwiesen werden kann: zum einen *Robert von Hippels* Werk[2], zum anderen *Eberhard Schmidts* eingehende, komplexe Darstellung der Entwicklung auch des deutschen Strafprozeßrechts[3]. So mag der Hinweis genügen, daß die alte germanische Betrachtung des Rechtsverhältnisses zwischen Täter und Verletztem eine privatrechtliche war, die dem Verletzten und seiner Sippe das Recht zur Rache gab, das durch einen Sühnevertrag abgelöst werden konnte[4]. In späterer Zeit wurden die Klagen auf dem (öffentlichen) Thing zwischen den Parteien in einem formellen Verfahren verhandelt[5]. Der Verletzte oder seine Angehörigen leiteten das Verfahren durch Klageerhebung ein, dem Beschuldigten stand die Gegenrede zu. Kam es nicht zur Überführung durch klägerischen Beweis[6], so wurde der Reinigungseid geleistet oder im Wege des Gottesurteils (Zweikampfes) entschieden.

2. Die Strafverfolgung im öffentlichen Interesse

Mit dem Erstarken des fränkischen Königtums kam die Vorstellung auf, daß die Verbrechensverfolgung eine Staatsaufgabe sei, die nicht der Privatinitiative überlassen bleiben dürfe. Im 11. und 12. Jahrhun-

---

[1] Vgl. die Nachw. bei *Glaser* 1, S. 49 ff., und S. 18 FN 1.

[2] *Von Hippel*, Deutsches Strafrecht, Bd. 1.

[3] *Eb. Schmidt*, Geschichte.

[4] *Von Hippel*, S. 42; *Planitz / Eckhardt*, S. 61 ff.; *Buchda*, HRG I, Sp. 171 ff.

[5] *Mitteis / Lieberich*, S. 40 ff.

[6] Zum Übersiebnen usw. vgl. *Eb. Schmidt*, Geschichte, S. 81 ff. Zu diesem Prozeß und seinen Regeln s. a. *Planitz / Eckhardt*, S. 63 ff.

dert kommt es zur Ausbildung des „Landfriedens“, gegen den zu verstoßen ein Verrat am Staatswesen war[7].

a) Entstehung des Inquisitionsprozesses

Dieser Betrachtung des Verbrechens war der germanische Rechtsgang nicht mehr adäquat[8]. In der Folgezeit entwickelte sich ab dem 13. Jahrhundert der Inquisitionsprozeß „im Wege einer form- und gestaltlos sich bildenden Rechtsgewohnheit“[9]. Die Rezeption brachte „für den schon vorher in Deutschland gang und gäbe gewordenen Inquisitionsprozeß die Form und die Gestaltung, mit anderen Worten die Ordnung ..., deren er nach seiner ganzen bisherigen Entwicklung entbehrt hatte“[10]. Sie führte — durch die Wormser Reformation von 1498, *Schwarzenbergs* Bamberger Halsgerichtsordnung von 1507 sowie die Peinliche Gerichtsordnung Karls V. — die Formstrenge ein, die sich im Verfahren weltlicher italienischer Gerichte[11] herausgebildet hatte. In deren Ausprägung sollte der Inquisitionsprozeß das Strafverfahren bis zum Ende des 18. Jahrhunderts und noch bis ins 19. Jahrhundert hinein in den deutschen Ländern und Städten beherrschen. Seine wesentlichen Merkmale seien kurz aufgezeigt.

Er hat zur Voraussetzung, daß die gesamte Verfolgung einer Straftat auf amtlicher Initiative beruht, die vom ersten Auftauchen eines Verdachts bis hin zum Urteil alle Fäden in der Hand hält. Entscheidend ist, daß der Beweis nicht mit formalen Beweismitteln, sondern mit rationalen Erkenntnismitteln geführt werden muß. Der Inquirent forscht nach der Wahrheit der Tatsachen. Offizial- und Instruktionsmaxime machen also den Inquisitionsprozeß aus[12]. Da der Inquisitions-

---

[7] Dazu *Hattenhauer*, S. 131 ff. m. w. N.; *Rüping*, Grundriß, S. 15 f.; *Planitz / Eckhardt*, S. 109 ff., 134 ff. *Hierin* sieht *Eb. Schmidt*, ZStW 60 (1941) 424, den großen Umbruch in der Entwicklung, nicht in der späteren Rezeption.

[8] *Eb. Schmidt*, Geschichte, S. 87; s. a. *Rüping*, Grundriß, S. 6 ff., und *Planitz / Eckhardt*, S. 111 ff.

[9] *Eb. Schmidt*, Geschichte, S. 87; sehr instruktiv belegt das am Beispiel Frankfurts *Vogt*, S. 234 ff. S. ferner *Buchda*, HRG I, Sp. 1559 ff.

[10] So *Eb. Schmidt*, ZStW 60 (1941) 423 ff., 427. Dieser Sicht — einem Bruch mit der bisherigen Auffassung z. B. *Bieners*, S. 119 ff., der Inquisitionsprozeß sei überhaupt erst durch die Rezeption übernommen worden, dazu die Nachw. bei *Vogt*, S. 236 FN 2 — folgen *Henkel*, S. 33 f.; *Schlosser*, HRG, Sp. 378 ff.; *Walder*, S. 33 mit FN 32; *Mitteis / Lieberich*, S. 280. — Zur Rezeption *Henkel*, S. 35 ff., und vor allem *Eb. Schmidt*, Geschichte, S. 108 f., 114 ff., 122 ff., 125 ff., 130 ff.; zu *Biener*, ebda, S. 286 f. Nach *Hepp*, Zeitschr. für deutsches Strafverfahren NF 3 (1846) 396, ist der Inquisitionsprozeß in Württemberg erst 1806 eingeführt worden.

[11] Diese hatten ihrerseits auf den Prozeß zurückgegriffen, wie er wohl u. a. von *Innozenz* III geformt worden war, wie *von Hippel*, S. 88 f. vermutet; s. a. *Biener*, S. 38 ff., 89 ff.

[12] Vgl. nur *Küper*, Richteridee, S. 107 ff.; *Eb. Schmidt*, Geschichte, S. 86 f. und *Planitz / Eckhardt*, S. 305 ff.

prozeß auf die Erlangung der materiellen Wahrheit gerichtet war, die Beweislage aber oft viel zu wünschen übrigließ, war alles auf die Erlangung eines Geständnisses, notfalls mittels der Folter, ausgerichtet[13]. Im Falle des Geständnisses wurde der Täter auf dem „endlichen Rechtstage" in einem öffentlichen und förmlichen Verfahren durch Schöffen verurteilt[14]. Dieses abschließende „Verfahren" hatte aber nur noch den Sinn einer förmlich-offiziellen Verurteilung[15]. Es war nur noch leere Form, der letzte Rest des alten germanischen Gerichtstages, dem eine verfahrensmäßige Bedeutung — vor allem im Hinblick auf Verteidigung — nicht mehr zukam[16]. Der Inquisitionsprozeß stellt sich als ein von polizeilichem Zweckmäßigkeitsdenken beherrschtes Verfahren dar. Von Rechten des Beschuldigten im heutigen Verständnis ist nicht die Rede. Bis zum Ende der gemeinrechtlichen Epoche vermochte es der Inquisitionsprozeß nicht, Normen zum Schutze des Beschuldigten in sein System zu integrieren[17]. Es entsprach dies ganz der Lage der Bürger in den Staaten, in denen diese Prozeßform herrschte. Wo keine Verfassung von Rechten der Landesbürger gegenüber der Staatsgewalt sprach, da war auch kein die Rechte des einzelnen sicherndes und schützendes Verfahrensrecht zu erwarten. Aus dieser Erfahrung stammt denn auch die Erkenntnis, daß das Strafprozeßrecht nichts anderes ist als angewandtes Verfassungsrecht[18]. Der Inquisitionsprozeß ist der handgreiflichste Ausdruck (verfassungs-)rechtlicher Ungesichertheit des Individuums und wurde zwangsläufig zu einem der Ausgangspunkte der Aufklärungsbewegung[19].

b) Die Gestalt des Inquisitionsprozesses

Als diese Bewegung am Horizont heraufzog, fand sie im Inquisitionsprozeß ein Verfahren vor, in dem der Beschuldigte Objekt eines gegen

---

[13] Zur Entwicklung der Folter *Eb. Schmidt*, Geschichte, S. 91 ff.; *Glaser* 1, S. 81 ff.; s. ferner *Nessel*, S. 233 ff.

[14] *Eb. Schmidt*, Geschichte, S. 100.

[15] Zur Kritik *Leue*, Anklage-Proceß, S. 69: der öffentliche Rechtstag sei „ein Gaukelspiel mit leeren Formen". S. ferner *Eb. Schmidt*, ZStW 60 (1941) 426; *ders.*, Geschichte, S. 100; *Schlosser*, HRG I, Sp. 380; *Roxin*, S. 382.

[16] Zu Fragen des Geständniswiderrufs *Eb. Schmidt*, Geschichte, S. 100 ff.

[17] Wie FN 16, S. 72; vgl. auch *Globig / Huster*, S. 410 ff., 423 ff.; s. ferner *von Stemann*, ArchCrimR NF 1852, S. 69 ff., insbes. 71 f.

[18] *Sax*, S. 966 ff., und schon *Zachariae*, Gebrechen, S. 3.

[19] *Sax*, S. 968; *Henkel*, S. 45; *Planitz / Eckhardt*, S. 307 f. Zur Entwicklung in Frankreich s. *Haber*, Öffentlichkeit, S. 18 ff., 21 ff., 41 ff. Zwei Beispiele schildert *Noeller*, Erinnerung, S. 145 ff. Die Deutschen, wenn sie die Macht hätten, ihre Angelegenheiten selbst zu ordnen, würden so schnell wie möglich den geheimen Untersuchungsprozeß abschaffen und den mündlichen und öffentlichen Anklageprozeß vor Schöffen einführen, so *Leue*, Schöffen-Gericht, S. VII, der „jury" mit Schöffengericht übersetzt.

ihn gerichteten Verfahrens war, das — geheim betrieben — selbst ihm nicht anzeigte, in welcher Richtung er sich verfehlt haben sollte[20]. Ein Verfahren, in dem der Inquirent — nach Abschaffung der Folter[21] — alles darauf anlegte (jedenfalls die Macht dazu hatte), mittels verfänglicher, listiger Fragen dem u. U. ahnungslosen Inquisiten Aussagen zu entlocken, die seiner Überführung dienlich sein konnten. Abgesichert wurde dieses Vorgehen durch die Pflicht des Beschuldigten, die Wahrheit zu sagen, welche mit Lügenstrafen sanktioniert war. Der Inquisit wurde während des Untersuchungsverfahrens von seiner Umwelt isoliert, die Wahrnehmung seiner Interessen durch einen Verteidiger war nicht vorgesehen. Führte das Untersuchungsverfahren nicht zu einem Geständnis des Beschuldigten, so sorgte das System der Verdachtsstrafen für „Entschädigung". Der Beschuldigte war — fast völlig rechtlos[22] — dem Inquirenten ausgeliefert. Die erkennenden Richter entschieden nach Abschluß der Untersuchung aufgrund der von dem Inquirenten vorgelegten Untersuchungsakten[23].

Zwar war der Inquirent verpflichtet, auch zugunsten des Beschuldigten zu ermitteln, aber seine zwiespältige Aufgabe mußte ihn — nach Auffassung der Kritiker des Inquisitionsprozesses — hoffnungslos überfordern[24]. Das Verteidigungsrecht war „auf die schnödeste Weise ver-

---

[20] Das Objekthafte eines Verfahrens, das an einem als solches nicht mehr wahrgenommenen Subjekt exerziert wurde, zeigt mittelbar gut die Darstellung der „Vertheidigungskunst" bei *Mittermaier*, Anleitung. S. ferner das LB von *Abegg*. Die dürftigen Möglichkeiten der Verteidigung werden z. B. auch deutlich bei *Kleinschrod*, ArchCrimR 1 (1798) 3. Stück, S. 24 ff., und *Leue*, *Leue*, Anklage-Proceß, S. 175 f.

[21] Dazu *von Hippel*, S. 272, 285; *Henkel*, S. 37 ff.; *Eb. Schmidt*, Geschichte, S. 269 ff.; *Hepp*, Zeitschr. für das Strafverfahren NF 3 (1846) 153 ff., vertritt sogar die Ansicht, der Inquisitionsprozeß des 18./19. Jahrhunderts sei gegenüber dem früheren „im Allgemeinen immer strenger und inhumaner geworden".

[22] Nach Abschluß des Untersuchungsverfahrens konnte er über einen — nunmehr zugelassenen — Verteidiger eine Verteidigungsschrift einreichen („zu den Akten"); vgl. dazu *Abegg*, LB, S. 249 ff., hier 256 f. Dabei blieb es auch in den Partikulargesetzen, wenn und soweit in ihnen keine mündliche Verhandlung vorgesehen war.

[23] Quod non est in actis, non est in mundo. Eine vernichtende Kritik an diesem Verfahren bei *Feuerbach*, S. 164 f.; s. a. *Dernburg*, S. 62 ff., der anschaulich den Vorteil einer mündlichen Verhandlung darstellt. Wesentlich positiver sieht hingegen *Ortloff*, S. 19, den Inquisitionsprozeß in der Gestalt, die er im 19. Jahrhundert gefunden hatte.

[24] Stellvertretend für die damals weit verbreitete Ansicht *Leue*, Anklage-Proceß, S. 100 ff., 110 f.; *Köstlin*, Wendepunkt, S. 85 ff.; *Frey*, Die Staatsanwaltschaft, S. 231 mit FN 3; *Hepp*, Zeitschr. für deutsches Strafverfahren NF 3 (1846) 391 ff., 398 ff.; s. insoweit auch W. *Brauer*, Die Vertheidigung, S. 344. Inzident erkennen das auch die Motive des bad. E 1835 an, auszugsweise abgedruckt bei *Noellner*, Entwurf, S. 99 f.; vgl. ferner die Motive zur öst. StPO 1873 bei *Kaserer* II, S. 14 f., und *Küper*, Richteridee, S. 111 ff., 122 ff. — Erst die Zulassung der Verteidigung schon im Vorverfahren hat später diese Quelle von Benachteiligungen des Angekl. — teilweise — beseitigt. Die

kümmert"[25]. Der Beschuldigte war „schutzlos seinem feindlich gesinnten Inquirenten preisgegeben"[26]. „Daß der gemeinrechtliche Prozeß den Untersuchungsrichter zugleich zum Ankläger macht, ist aber nicht bloß eine Sünde gegen den Begriff der Sache selbst, sondern es hat, wie alle Sünden dieser Art, so auch diese der Angeschuldigte bitter zu büßen"[27].

Vor allem mit dem Einsetzen der Demagogenverfolgungen — verbunden mit „fast frevelhaften Pflichtverletzungen"[28] — zeigte sich der (interessierten) Öffentlichkeit in aller Deutlichkeit, daß der geheime Inquisitionsprozeß als das dem absoluten Herrschaftsstaat adäquate Verfahren[29] eine massive Bedrohung bürgerlicher[30] Freiheit darstellte.

Diskussion hat sich heute zum einen auf § 160 Abs. 2 StPO verlagert; vorweggenommen ist die derzeitige Kritik schon von *Frey*, Der StA, S. 73 f. Nicht unproblematisch ist zum anderen auch die Personalunion von eröffnendem, untersuchendem und entscheidendem Richter. Sie ragt „als deutliches Relikt des Inquisitionsverfahrens in den reformierten Strafprozeß hinein", so *Küper*, Richteridee, S. 204, und eingehend 258 ff. Zu den Gefahren einer Voreingenommenheit s. a. *Hartung*, S. 231 ff., hier 233.

[25] So *Köstlin*, Wendepunkt, S. 77. S. a. *Hepp*, Zeitschr. für deutsches Strafverfahren NF 3 (1846) 394; *Zachariae*, Gebrechen, S. 276 ff.; *von Stemann*, ArchCrimR NF 1852, S. 71 f.

[26] *Zachariae*, Gebrechen, S. 441 f., und insbes. 91 ff.; *Hepp*, Zeitschr. für deutsches Strafverfahren NF 3 (1846) 156 f., insbes. 171 ff., 392 f.; *Würth*, StPO, S. 1 ff.; *Boehlau*, S. 21, 28 f. S. ferner *Glaser* 1, S. 91 ff.; *Eb. Schmidt*, Geschichte, S. 327 f. *Küper*, Richteridee, S. 124, nennt die Konstruktion des Inquisitionsprozesses, die dem (Untersuchungs-)Richter alle — antagonistischen — Aufgaben übertrug, unnatürlich und monströs. — Ob der Untersuchungsrichter auch am Urteilsspruch beteiligt war, hing allerdings von der Bedeutung der Sache und der jeweiligen Verfahrensordnung ab.

[27] *Köstlin*, Wendepunkt, S. 77 f.; *ders.*, Geschwornengericht, S. 119 f. Zur Situation um 1800 vgl. *von Hippel*, S. 311 f. Den Fall *„Qualen"* schildert exemplarisch *Heidenreich*, S. 85 ff.; s. ferner *Schwinge*, S. 81 ff.

[28] So *Zachariae*, Gebrechen, S. 4. Vgl. dazu die Nachw. bei *Schwinge*, S. 45 ff., *Rüping*, Grundriß, S. 82 ff., und vor allem bei *Haber*, ZStW 91 (1979) 600 ff. mit FN 18 - 30; ferner *Eb. Schmidt*, Geschichte, S. 324 f., und zum Zusammenhang mit der richterlichen Unabhängigkeit, ebda, S. 341 f.

[29] Dazu *Zachariae*, Gebrechen, S. 3; *Köstlin*, Geschwornengericht, S. 97 ff., 112; *Hepp*, ArchCrimR NF 1849, S. 369 f.; *von Stemann*, ArchCrimR NF 1852, S. 71; *Glaser* 1, S. 15; *Henkel*, S. 45. Daß diese Einschätzung zutrifft, bestätigt eine Instruktion des öst. Kanzlers Fürst Metternich, die *Haber*, ZStW 91 (1979) 592, in Auszügen wiedergibt. Zur Politik Metternichs s. Golo *Mann*, S. 114 ff., 118 ff.; *Huber* I, S. 530 ff.

[30] Hinzuweisen ist bzgl. dieses Begriffs auf *Haber*, ZStW 91 (1979) 598 ff., der sich anhand vieler Quellen um den Nachweis bemüht, daß die Interessenlage des aufstrebenden Bürgertums nicht mit der des gesamten „Volkes" gleichgesetzt werden darf. — Ob dieser Kampf einer aufstrebenden Schicht um Beteiligung „an der Macht" Emanzipations- oder Freiheitsstreben zu nennen wäre, mag hier dahinstehen.

II. Die Aufklärungsbewegung

1. Die Forderungen der Aufklärung

Die Aufklärung stellte nun der alten überkommenen Macht und ihren sie sichernden Institutionen die Herrschaft des Verstandes entgegen. Als Hebel setzte sie das „Naturrecht“ ein und konfrontierte damit den absoluten Staat. Politisches Ziel der Zeit war die Einführung des konstitutionellen Staates[31]. Von größter Bedeutung für die weitere Weichenstellung in Deutschland wurde die französische Revolution, die in Frankreich zur Schaffung der schon von *Montesquieu* mit Blick auf die englischen Einrichtungen geforderten[32] Schwurgerichte führte, die in mündlicher und öffentlicher Verhandlung entschieden. Hebel der Reformforderung in Deutschland wurde der französische CIC von 1808, der durch die französische Besetzung der Rheinprovinzen (Rheinpreußen, Rheinhessen, Rheinbayern) auch in deutschen Ländern Geltung erlangt hatte[33]. Gegen den Widerstand der (alt-)preußischen Regierung wurde der CIC dort auch nach dem Abzug der Franzosen beibehalten[34]. Selbst die eigens mit dem Ziel der Abschaffung eingesetzte Immediat-Justiz-Commission sprach sich für seine Beibehaltung aus[35]. Mit der Jahrhundertwende und in der Folgezeit wurden die Forderungen nach mündlichem und öffentlichem[36] Verfahren, der Einführung der Staatsanwaltschaft, aber auch der Schwurgerichte immer lauter[37]. Insbesondere die Einführung der Schwurgerichte wurde allmählich zu

---

31 *Huber* I, S. 314 ff., 375 ff.; *ders.* II, S. 30 ff.; *Planitz / Eckhardt*, S. 284 f.; s. ferner *Coing*, S. 96 f.

32 Dazu *von Hippel*, S. 312. Bemerkenswerterweise setzte sich die Mehrzahl der deutschen Juristen vor 1847/48 zwar für die Einführung der Mündlichkeit, Öffentlichkeit und Anklageform ein, verwarf aber die Institutionalisierung einer Gerichtsbarkeit mit Laienbeteiligung und zog „die Urtheilsfällung durch rechtsgelehrte Richter nach einer möglichst reduzirten Beweistheorie“ vor; vgl. hierzu die Nachw. bei *Dollmann*, S. 10 f.; s. a. *Hepp*, ArchCrimR NF 1849, S. 368 f.; *Abegg*, ArchCrimR NF 1849, Beil., S. 13 f.; *von Kries*, S. 60.

33 Vgl. nur *Eb. Schmidt*, Geschichte, S. 324 ff., und die Arbeit von Schwinge; s. auch *Christ*, S. 40 ff. Zur Entwicklung des frz. Rechts *Berner*, S. 51 ff.

34 Dazu *Abegg*, LB, S. 45 f.; *Köstlin*, Geschwornengericht, S. 99 ff. S. ferner *von Hippel*, S. 312; *Henkel*, S. 56 f.

35 *Landsberg*, Einleitung und S. 1, 121, 169 ff., 202 ff.; Resultate s. 205 ff.; *von Tippelskirch*, GA 3 (1855) 448 ff. *Von Stemann*, ArchCrimR NF 1852, S. 74, hält den CIC gegenüber dem engl. Recht für vorzugswürdig, wenngleich es in der Durchführung Mängel gebe. S. a. *Schwinge*, S. 19 ff., 36 ff.

36 Zu den verschiedenen Phasen der Inhaltsbestimmung der Gerichtsöffentlichkeit s. *Haber*, ZStW 91 (1979) 618 ff. Zu den Beschränkungen in der preuß. Rheinprovinz vor 1848 s. *von Tippelskirch*, GA 3 (1855) 451 mit FN 3.

37 Nachw. für den Juristenstand bei *Dollmann*, S. 10 f.; die Gegner des Schwurgerichts sind aufgeführt bei *Hye*, Vorträge, S. 4 ff.; s. a. die Schilderung bei *Schwinge*, S. 38 ff., und *Henkel*, S. 52 ff..

einem Politikum ersten Ranges[38]. Man sah in ihnen ein Bollwerk gegen die Willkür einer allmächtigen Justiz[39]. Der entscheidende Durchbruch gelang am 27. Dezember 1848, als die Einführung der Schwurgerichte in „die Grundrechte des deutschen Volkes“ aufgenommen wurde[40]. Die deutschen Staaten verpflichteten sich zur Einführung der Schwurgerichte.

2. Die Durchführung der Reform

Als der „Bundesbeschluß in Betreff der Grundrechte des deutschen Volkes“[41] vom 23. August 1851 diese Grundrechte wieder kassierte, war der entscheidende gesetzgeberische Schritt schon getan, die Schwurgerichte waren weitgehend eingeführt. Von Nachteil war nur, daß man trotz vieler Mahner[42] den französischen Prozeß zum nahezu ausschließlichen[43] Vorbild nahm. Als nach jahrzehntelanger Diskussion die Frage

[38] Dazu z. B. *Köstlin*, Geschwornengericht, S. 130 ff.; *Hye*, Vorträge, S. III ff., 91 ff., 171 ff.; *Liepmann*, S. 162 ff. Zum liberal bürgerlichen Jurymodell mit seiner durch Zensus begrenzten Öffentlichkeitsrepräsentanz s. *Haber*, ZStW 91 (1979) 611 ff. m. vielen Nachw. Zur rechtspolitischen Gretchenfrage, wer die Urliste erstellen soll und auf welcher Grundlage s. *Geib*, S. 128 f. — Verstärkt wurde die Forderung durch den zunehmenden staatlichen Druck mittels Zensur und Strafverfolgung, so *Haber*, ebda, S. 628; vgl. auch *Gall*, B. Constant, S. 78.

[39] Vgl. für Frankreich während der Revolutionszeit *Buchner*, Geschworneneericht, S. 93 ff., und *Haber*, Öffentlichkeit, S. 203 ff., 214 ff., sowie zur Geschichte des frz. Schwurgerichts die Diss. von *Cramer*.

[40] In § 46; vgl. dazu *Noellner*, Die Grundrechte, S. 365 ff.; *Zachariae*, Hdb. I, S. 16 mit FN 3; *von Hippel*, S. 313. Die Grundrechte sind für Baden abgedruckt im RegBl. 1849, S. 13 ff., sowie im Rahmen der „Verfassung des deutschen Reiches“ vom 28. März 1849 im RegBl. 1849, S. 245 ff., hier 266 ff. In *Zachariae*, Verfassungsgesetze, fehlen sie; ihre Verbindlichkeit war nämlich politisch heftig umstr. Zu ihrer Nichtgeltung in Bayern trotz Publikation im RegBl. s. die Entscheidung des Cassationshofs, SitzB I, S. 295 f. Aufschlußreich zur Rechtslage in den deutschen Staaten nach Auflösung des Reiches ist *Zachariaes* „Vorrede“. — Zur Entstehung und Geltung der Frankfurter Grundrechte s. *Huber* II, S. 774 ff., 782 ff. Zur Entwicklung der Grundrechte allgemein s. ferner *Bernhardt*, HRG I, Sp. 1843 ff.

[41] Hierzu *Noellner*, Juristen, S. 24 mit FN 1; *Huber* III, S. 136 ff.

[42] Vor allem *Mittermaier*, der sich in zahllosen Abhandlungen für das englische Prozeßrecht einsetzte und vor den Mängeln vor allem des inquisitorischen Vorverfahrens, wie es im CIC angelegt war, unermüdlich, wenn auch erfolglos warnte; in der badischen Ständeversammlung waren neben *Mittermaier* auch andere für die englische Gesetzgebung eingetreten, z. B. *von Andlaw*, Verh. der I. K 1847/49, Prot. 2, S. 255 ff. Der Abg. *Brauer*, ebda, S. 258, wies demgegenüber auf die zu große Belastung für die Bürger hin, da in England alle Verfahren mit Jury verhandelt würden. — Zur Kritik am CIC, der versuche, Freiheit und Despotismus zu verschmelzen, s. a. *Geib*, S. 91 ff. und passim, sowie *Leue*, Entwurf, S. 7 ff.

[43] Relative Eigenständigkeit bewahrte hingegen die Gesetzgebung Braunschweigs. S. a. das Gesetz für Zürich 1853 von *Rüttimann*.

der Schwurgerichte plötzlich — 1848 — zur Entscheidung anstand, wurde offenbar, daß über dem Streit um die obersten Prinzipien — vor allem um die Frage, ob der Prozeß sich am Anklageprinzip oder am Untersuchungsprinzip zu orientieren habe — die Details zu wenig diskutiert worden waren. So wurden jetzt die französischen Formen fast unbesehen en bloc übernommen[44]. Erst in der Folgezeit gerieten die Mängel ins Blickfeld[45].

Vier Ziele waren es, die die Reformbewegung der Zeit einigten: Ersetzung des geheimen, nur nach Zweckmäßigkeitskriterien auf Erfolg ausgerichteten Inquisitionsprozesses durch ein Verfahren, in dem das Gericht das Urteil aufgrund öffentlicher und mündlicher Verhandlung gewinnt, Einführung der Staatsanwaltschaft verbunden mit der Anklageform[46] und schließlich Laienbeteiligung durch Bildung von Schwurgerichten. Ungut wirkte sich hierbei aus, daß von vielen die Forderung nach Schwurgerichten als Synonym für die nach mündlicher und öffentlicher Verhandlung verstanden wurde; die Mahnungen, daß die Schwurgerichte nicht notwendige Voraussetzung für mündliche und öffentliche Verfahren seien[47], fruchteten nichts. Abgesichert wurden diese Forderungen durch den Wunsch nach Trennung von Justiz und Verwaltung, Unabhängigkeit der Richter und Beseitigung der Kabinettsjustiz[48].

---

[44] Dazu *Noellner*, Hessen, S. 283 f.; *ders.*, VO, S. 398; *Ortloff*, S. 20; *von Tippelskirch*, GA 2 (1854) 23 f.; *Glaser* 1, S. 165 f., und die Nachw. in den nächsten FN.

[45] Vgl. hierzu *Mittermaier*, Gesetzgebung, S. 9, 10 ff.; *ders.*, Der württembergische E, S. 5 ff.; *ders.*, Erfahrungen, S. 3 ff.; *Sundelin*, GS 12 (1860) 21 ff. Am deutlichsten kritisierten den inquisitorischen Charakter des frz. Verfahrens *Hoepfner*, S. 11 f., 56, und *Krause*, S. 31. Zu den von *Mittermaier* besorgten, bis in die RStPO durchschlagenden, Problemen vgl. z. B. *Hugo Meyer*, S. 18 f., 46.

[46] Nicht dem viel weitergehenden, das ganze Verfahren (um-)gestaltenden Anklageprinzip. Zu den Unterschieden zwischen Anklage- und Untersuchungsprozeß und den denkbaren Mischformen vgl. *Planck*, S. 146 ff., 342 ff., und *Ortloff*, S. 20 ff. Zur Vereinbarkeit des Untersuchungsprinzips mit der Anklageform auch *Köstlin*, Geschwornengericht, S. 112 ff.; *Geib*, S. 104 ff., 115. Vgl. auch *Küper*, Richteridee, S. 193 ff. mit vielen Nachw.

[47] Vorgetragen z. B. von *Abegg*, LB, S. 47 f.; *ders.*, Beiträge, S. 7 ff.; *Nessel*, S. 255; *Zachariae*, Gebrechen, S. 22. Vgl. ferner *Fölix*, der sich für Mündlichkeit (S. 9), aber gegen Öffentlichkeit (S. 33) und Schwurgerichte (S. 101, 116 ff.) ausspricht.

[48] Zu dem denkwürdigen Streit zwischen Friedrich dem Großen und seiner Justiz um das Bestätigungsrecht vgl. *Friedreich*, S. 18 f., *Eb. Schmidt*, Geschichte, S. 273 ff., *Coing*, S. 84 ff., und *Rüping*, Grundriß, S. 68 f. *Ortloff*, S. 120 ff. mit FN 7, folgert aus der Beseitigung der Kabinettsjustiz mit beachtlichen Gründen die Weisungsfreiheit der StA. *Friedreich*, S. 18 ff., leitet aus ihr die Existenz und Bedeutung des frz. Cassationshofs ab. Exemplarisch zum Bestätigungsrecht — dargestellt am Beispiel Brandenburg-Preußen — die Monographie von *Regge*.

Die Forderungen waren bestimmt von dem Ziel, dem Beschuldigten die rechtliche Stellung zurückzugeben, die der Inquisitionsprozeß ihm im Verlaufe der Entwicklung völlig genommen hatte; geprägt waren sie von den leidvollen Erfahrungen mit einer die Menschenwürde häufig mißachtenden Gerichtsbarkeit. Man verlangte die Abschaffung der Entscheidung nach Aktenlage in geheimer Sitzung, welche dadurch doppelt mittelbar war, daß den erkennenden Richtern von einem Berichterstatter aus der Untersuchungsakte nur das vorgetragen wurde, was er für wesentlich hielt. „Der Richter, welcher bei uns hinter Schloß und Riegel sitzt und entscheidet, weiß gar nichts von dem zu entscheidenden Prozeß und er erfährt und liest auch nichts weiter von demselben, als was der Referent in langsamem und schläfrigem Vortrag zu sagen für gut findet, und was davon dem zuhörenden Richter gerade im Gedächtnis bleibt“[49]. Gefordert wurde die mündliche Verhandlung nicht nur als formaler Schlußpunkt, sondern als Hauptsache in dem Sinne, daß grundsätzlich nur das dort in Anwesenheit des Angeschuldigten und seines Verteidigers Verhandelte Grundlage des Urteils bilden durfte. Diesem sollten hierbei mannigfache Möglichkeiten der Einflußnahme auf Beweismittelbestimmung und den Inhalt der Beweiserhebung, aber auch auf den Verfahrensablauf insgesamt zukommen. In diesem Sinne sollte der Verteidigung das Recht eingeräumt sein, eine Beweisperson auch für ihre Verteidigungszwecke auszunutzen, was durch das Fragerecht, ein essentielles Recht der Verteidigung, sichergestellt werden sollte.

III. Der Gang der Strafverfahrensreform in Deutschland im Überblick

1. Vorbemerkung

Nachdem die gegenläufigen Entwicklungslinien schon oben aufgezeigt sind, bedarf es im folgenden nurmehr einer Betrachtung hinsichtlich der Ausgestaltung des Fragerechtes und des Kontextes, in dem es geregelt war, was bedeutet, vor allem auf die Entwicklung des münd-

[49] So der Abg. *von Itzstein*, Verh. der II. K 1822, Prot. 6, 2. Teil, S. 20 f.; ähnlich *von Liebenstein*, zit. bei *Gall*, B. Constant, S. 80. Metaphern wie „die todten Buchstaben der Untersuchungsakten“, so *Friedreich*, S. 11, oder das „todte Bild aus leblosen Acten“, so *Vogel* im KommB vor der I. K 1843/44, Beil. 3, S. 161, machten unter den Befürwortern der mündlichen Verh. die Runde. Vgl. auch *von Waechter*, Beiträge, S. 61 ff., 80, und *Leue*, Anklage-Proceß, S. VIII, 80 ff., 113 ff. S. dagegen *Abegg*, LB, S. 308 f., der sich gar dazu versteigt, in einer Verlesung der (Vernehmungs-)Protokolle eine für „das individuelle Interesse gefährliche Verzögerung“ zu sehen. Auch diese Methode hat Tradition: die Beschneidung der Rechte wird mit den „Interessen des davon Betroffenen“ begründet.

lichen (weniger des öffentlichen) Strafverfahrens zu achten, verbunden mit der Einrichtung des prozessualen Gegenspielers der Verteidigung, der Staatsanwaltschaft. Augenmerk verdient insonderheit nach dem oben Gesagten die Stellung des Vorsitzenden im Verfahren, das Problem der Anfechtbarkeit seiner prozeßleitenden Verfügungen sowie schließlich die Erfassung der Gesetze, die die Schwurgerichtsbarkeit einführten unter Berücksichtigung eventueller Besonderheiten hinsichtlich des Fragerechts. Nicht geleistet werden kann eine detaillierte Untersuchung spezifischer Eigenheiten bestimmter Verfahrensrechte; soweit möglich, wird versucht, dem immerhin anmerkungsweise Rechnung zu tragen.

2. Reformgesetze bis 1848

Die großen Kodifikationen in deutschen Staaten, die zu Beginn des 19. Jahrhunderts erschienen, das österreichische Gesetzbuch von 1803[50], die Criminalordnung von 1805 für Preußen sowie der 2. Teil des StGB für Bayern von 1813, ließen von den neuen Strömungen noch wenig verspüren. Für die preußische Criminalordnung konstatiert Eberhard *Schmidt*[51], daß sie keine neue Entwicklung anbahnt, sondern die Epoche des gemeinen schriftlichen Inquisitionsprozesses abschließt. Gleiches gilt für das bayerische StGB von 1813[52]. Zum letzten Mal entsteht in diesen Gesetzen ein geschlossenes Bild des — teilweise humanisierten — Inquisitionsprozesses, wie er in Deutschland Jahrhunderte geherrscht hatte.

Den Einschnitt für die weitere Entwicklung des Strafverfahrens brachte die französische Gesetzgebung, insbesondere der CIC von 1808, in dem — gerade auch für die 1791 neugeschaffenen Schwurgerichte — der öffentliche und mündliche Prozeß institutionalisiert war[53]. Zum ersten Mal gab es auf dem Kontinent wieder einen Ansatz von Garantien

[50] Zur Entwicklung der Gesetzgebung in Österreich s. *Eb. Schmidt*, Geschichte, S. 258 f., 279 ff., sowie *Hye*, Grundsätze, S. 1 ff. Zur Kritik an dem im GB v. 1803 „mit Unrecht auf die Spitze" getriebenen Untersuchungsprinzip „auf Kosten der persönlichen Freiheit und Strenge" s. die Motive zum öst. E-StPO 1873 bei *Kaserer* II, S. 5.

[51] Geschichte, S. 271; s. a. die positive Würdigung bei *Nessel*, S. 45.

[52] *Eb. Schmidt*, Geschichte, S. 279 f.; dazu auch *Glaser* 1, S. 121. Viel Sympathie für das Verfahren nach diesen Gesetzen äußert *Ortloff*, S. 19. — Zu *Feuerbachs* Bedeutung s. *Eb. Schmidt*, Geschichte, S. 232 ff., zu dessen Reformplänen ebda, S. 280, zu seiner Stellung zu den Schwurgerichten S. 333; dazu auch eingehend *Schwinge*, S. 6 ff.

[53] Vgl. zum frz. Strafverfahren überhaupt *Höchster*, hier S. 4 ff., und *Dernburg*, S. 19 ff. Dabei darf nicht übersehen werden, daß der CIC im Verhältnis zu dem G über das schwurgerichtliche Verf. vom 16. - 29. Sept. 1791 die Rechtsstellung des Angeklagten erheblich abgeschwächt hatte. Zum Hintergrund s. *Haber*, Öffentlichkeit, S. 41 FN 30, und *Cramer*, S. 49 ff., 54 ff.

für den Beschuldigten, war er nicht mehr einer übermächtigen anonymen Macht hilflos ausgeliefert. Zwar griffen diese Sicherungen erst in der Hauptverhandlung, war das Ermittlungsverfahren inquisitorisch wie je[54], doch war der entscheidende Anfang gemacht. Die staatliche Gewalt war gezwungen, den Beschuldigten als Person, als Widersprechenden zur Kenntnis zu nehmen. Wenn auch, wie dargelegt, dem Beschuldigten in dem Präsidenten weiterhin ein mit vielen Befugnissen ausgestatteter — potentieller — Gegner[55] gegenüberstand und ihm in dem Staatsanwalt ein neuer erwuchs, so war er doch der Maschinerie der Justiz nicht mehr völlig preisgegeben. Die strenge Regelung des Verfahrens machte den Ablauf berechen- und beeinflußbar; die Befugnis, durch Anträge und Wahrnehmung des Fragerechts in das Verfahren gestaltend einzugreifen und schließlich die Beteiligung von Laien an der Urteilsfindung sowie die Öffentlichkeit der Verhandlung verschafften Schutz, beschränkten die vorherige unkontrollierte Allmacht der staatlichen Behörde[56].

In Deutschland verstärken sich — wie schon erwähnt — die Forderungen nach Mündlichkeit, Unmittelbarkeit und Öffentlichkeit des Verfahrens sowie nach Einführung der Staatsanwaltschaft[57]. Es fehlt

---

[54] Das darf, wie schon hervorgehoben, in seinen Auswirkungen nicht unterschätzt werden! Vgl. hierzu z. B. *Hänle*, GS 6 (1854) 2. Bd., S. 41 f., und *von Tippelskirch*, GA 2 (1854) 313 ff. Für eine gründliche Voruntersuchung hingegen *Abegg*, Entwurf, S. 95 ff. m. w. N., der damit natürlich nicht dem mißbräuchlichen Inquirieren das Wort reden will. S. a. *von Stemann*, ArchCrimR NF 1852, S. 69 ff., der (S. 75) am frz. CIC eine „gewisse Einseitigkeit in der Durchführung des Untersuchungsprincips" moniert, aber andererseits (S. 77) betont, es dürfe dieses nicht mit der Gestalt verwechselt werden, „welche dasselbe im gemeinrechtlichen Inquisitionsverfahren angenommen hatte". Dem versuchte in Baden, wie o. erwähnt, § 29 EG Rechnung zu tragen. Zur Voruntersuchung beachtlich *Geib*, S. 104 ff.; s. a. *Degener* II, S. 48 f.

[55] Selbstverständlich mußte das im Einzelfall nicht so sein; man darf nicht angesichts der notwendig polemisch eingefärbten Kampfschriften in den Fehler verfallen, in der damaligen Justiz nur und ausschließlich eine — nach heutiger Wertung — Rechtsbeugungsmaschine sehen zu wollen. Aber Willkür war eben in großem Ausmaß möglich und in politischen Prozessen, an deren Einleitung und Ausgang die Staatsführung ein Interesse hatte, auch vielfältig vorgeführt. Hiergegen richtete sich die Kritik jedenfalls in vollem Umfang zu Recht; dies räumt selbst der gediegen-konservative *Abegg*, ArchCrimR NF 1849, Beil., S. 63 f., inzident ein. Vgl. auch *Hye*, Vorträge, S. 240 f. Zum Pro und Contra der Einschätzungen der Integrität des Inquirenten vgl. die Nachw. bei *Rüping*, Gehör, S. 65 FN 258.

[56] Zur Entwicklung in Frankreich vgl. außer den Arbeiten von *Haber* und *Cramer* auch *Glaser* 1, S. 145 ff., und *von Kries*, S. 55 ff.

[57] Vgl. dazu *Abegg*, Beiträge, S. 20 ff. und passim, sowie die Darstellung bei *Haber*, ZStW 91 (1979) 590 ff., 598 ff. Besonders rege war, wie schon gezeigt, die Diskussion in Badens Wissenschaft und Ständeversammlung; dazu auch *W. Hahn*, S. 11 f. Nirgendwo sonst auch waren die revolutionären Gärungen 1848/49 stärker als in diesem Land, wie *Bader*, S. 21, zutr. bemerkt.

freilich auch nicht an Gegnern, die am bisherigen Verfahren festhalten wollen, sei es aus (straf-)juristischen, sei es aus national-politischen oder auch aus verfassungspolitischen Gründen. So gab es eine nicht unbedeutende Richtung, die sich vor allem gegen den französischen Einfluß auf die deutsche Gesetzgebung stemmte, exemplarisch verkörpert durch *Temme*[58]. Daneben versuchte etwa der preußische Justizminister *von Kamptz*, die Entwicklung durch Vorlage seines Gesetzentwurfes von 1841 aufzuhalten, in dem der Inquisitionsprozeß nochmals als geschlossenes System dargestellt und gerechtfertigt wurde[59]. Einen ersten zaghaften Versuch in der neuen Richtung machte die württembergische StPO von 1843, in der ein mündliches Schlußverfahren für schwere Fälle eingerichtet war (Art. 251 ff.). Doch erschien dieses als notdürftig aufgepfropft auf das inquisitorische Ermittlungsverfahren[60]. — Es spiegeln sich hier die heftigen Kämpfe zwischen den Regierungen und den Ständeversammlungen wider, in denen die Regierungen mit Zähigkeit am Hergebrachten festzuhalten gedachten[61].

Eine Ausnahmeposition auch in der letzteren Hinsicht nahm die Entwicklung in Baden ein, über die hier aber nicht mehr gesagt zu werden braucht, als daß der badische Entwurf einen bedeutenden legislatorischen Beitrag zur Diskussion um die Reform des Verfahrensrechts darstellte und zugleich eine erste Vorstellung davon verschaffte, wie ein reformiertes Prozeßrecht aussehen könnte. Nie in Kraft getreten, ist dieser Entwurf als ein Meilenstein reformerischen Denkens und Willens aus der weiteren Diskussion nicht mehr hinwegzudenken[62].

---

[58] Vgl. sein Vorwort im Archiv 1 (1854) 1 ff., insbes. 5 f. und 12. Besonders deutsch-national Gesinnte bekämpften alles aus Frankreich Kommende als schlecht und verwerflich; dazu *Gall*, B. Constant, S. 54 f. Deutlich, aber an der Sache orientiert, *Geib*, S. 92 ff. Für alle Seiten — freilich nicht alle Streiter — galt, was im politischen Meinungskampf wohl immer berücksichtigt werden muß: die vorgetragenen Argumente decken sich nicht (vollständig) mit den Zielen, deren Erreichung sie dienen sollen. Exzellent hierzu im Hinblick auf den Kampf um die Schwurgerichte *Dernburg*, S. 1 ff., insbes. 6 ff.; s. a. *Hye*, Vorträge, S. 98 ff., 172 ff., und *Köstlin*, Geschwornengericht, S. 172 ff. — Zur Eigenständigkeit des Rechtlichen gegenüber dem Politischen s. *Abegg*, ArchCrimR NF 1847, S. 106 ff.

[59] S. die Vorbemerkungen zum Revidierten E für Preußen von 1841, 2. Teil, Motive, S. I ff., die sich mit der Mündlichkeit, S. II ff., der Öffentlichkeit, S. XXX ff., und einem „öffentlichen Ministerium im Strafprozesse", S. XLVI ff., befassen und sie jeweils zu widerlegen suchen.

[60] Zum Verfahren nach Art. 251 ff. s. *Holzinger*, Comm. I, S. 102 ff., II, S. 692 ff.; *Zachariae*, Gebrechen, S. 11 m. w. N. in FN 3, 225 ff. Zum Hintergrund des „kläglichen Resultats" *Glaser*, Grundlagen, S. 16 f.; *Hepp*, Zeitschr. für deutsches Strafverfahren NF 3 (1846) 154. Kritisch auch *Fölix*, S. 24 ff.; vgl. ferner *Haber*, ZStW 91 (1979) 595 ff. mit FN 10.

[61] Vgl. z. B. *von Kries*, S. 60. Zum staatspolitischen Hintergrund der Reformdiskussion s. *Huber* II, S. 502 ff., 682 ff.

[62] Zur Beurteilung *Zachariae*, Gebrechen, S. 10 ff., 242 ff.; *Noellner*, Entwurf, S. 86 ff.; *Hye*, Vorträge, S. 240, hält die StPO 1845 für eine „halbe

In Preußen gingen die Überlegungen in Richtung „Einführung eines mündlichen und modifiziert öffentlichen Strafverfahrens mit Staatsanwaltschaft, jedoch ohne Geschworenengerichte“[63]. In dem Gesetz vom 17. Juli 1846 — geltend für das Kammergericht und die Kriminalgerichte zu Berlin — wurde die mündliche Verhandlung vor dem erkennenden Gericht eingeführt (§ 15), jedoch nur eine auf Justizpersonen beschränkte Öffentlichkeit vorgesehen (§ 17). Zwangsmittel gegen den Angeklagten wurden in § 18 ausdrücklich untersagt, die freie Beweiswürdigung sowie die Pflicht zur Begründung der Urteile durch § 19 vorgeschrieben. Während der Voruntersuchung war ein Verteidiger nicht zugelassen (§ 48). Bei der Vernehmung der Zeugen hatte dann der verhandlungsleitende Richter gem. § 57 auf die Anträge auch der Verteidigung Rücksicht zu nehmen[64]. Soweit ersichtlich, war dieses Gesetz auf deutschem Boden[65] die erste wirksame Kodifikation, in der der Verteidigung Mitwirkungsrechte bei der Einvernahme der Zeugen zu-

---

Maßregel“; ähnlich die Einschätzung bei *von Kries,* S. 60 ff. Zurückhaltend auch *Rüping,* Gehör, S. 69; s. ferner *Haber,* ZStW 91 (1979) 596 f. mit FN 10. Der badische Jurist *Brauer* zog in GS 2 (1850) 2. Bd., S. 563, folgendes Résumé: Längst beschlossene zeitgemäße Verbesserungen, vor allem im Gerichtswesen, nämlich der Strafrechtspflege und der Gerichtsverfassung, mußten infolge des Aufstands im Frühjahr 1849 aufgeschoben werden, was um so mehr zu beklagen sei, „als das Großherzogthum sonst nicht gewohnt, in Bezug auf zeitgemäße Einrichtungen zurückzustehen, hienach in die Lage kömmt, hinter fast allen deutschen Staaten zurückzubleiben“. — Sicher, der Purist hat gut werten; aber in der Relation zum Umfeld Badens *war* der E ein Meilenstein. „Endlich sind sie erschienen — die badischen Gesetze über *Strafrecht, Strafproceß* und *Gerichtsverfassung* — diese solange bearbeiteten, solange bekämpften und solange geschützten Gesetze! Wie werden sie auf diesen Gesetzen herum kriechen und recentionelle Sylben stechen, und Jagd machen auf gehäufte Consonanten, auf vergessene Puncte, auf logische und grammatische Häckeleien ... Ich sehe in diesen *neuen badischen Gesetzen* aufrichtige, entschiedene — *Fortschritte!!*“, so *Frey,* Der StA, S. 1 f. (Hervorhebungen dort).

[63] So der Titel einer umfassenden Denkschrift, die der damalige Justizminister *von Savigny* 1846 vorlegte; sie ist auszugsweise abgedruckt in GA 6 (1858) 469 ff., und GA 7 (1859) 577 ff. Zu ihrer Würdigung s. *Eb. Schmidt,* Geschichte, S. 330. Ähnliches schwebte *Zachariae,* Gebrechen, S. 4 ff., 7, vor, der auf eine Verschmelzung dieser Prinzipien mit den „*bewährten* Einrichtungen des gemeinrechtlichen Criminal-Processes“ setzte; in dieser Richtung auch*Abegg* in vielen Arbeiten. Für einen völligen Neuaufbau hingegen *Geib,* S. 44, und *Köstlin,* Geschwornengericht, S. 102 ff.

[64] Diese Vorschriften galten nicht bei Verfahren vor dem Einzelrichter.

[65] Zu diesem G vgl. insbes. *Abegg,* ArchCrimR NF 1847, S. 103 ff., 155 ff., sowie die Arbeit von *Nessel.* — Schon im bad. PreßG v. 1831 war freilich gem. §§ 33, 43 ff. ein öffentliches und mündliches Verfahren im Wege des Anklageprozesses vorgesehen. Dem Angeklagten und seinem Verteidiger stand nach Abschluß der Voruntersuchung, bei der gem. § 49 das Schlußverhör wegfiel, die Einsicht in die Akten nach § 56 zu. Gem. § 60 Abs. 3 hatten sie das Recht, an die Zeugen und Sachverständigen Fragen zu stellen, „indem sie sich deßhalb an den Präsidenten wenden“. Diese Befugnis stand auch dem Privatkläger zu.

gestanden wurden. Durch die VO vom 7. April 1847 wurde das Gesetz auch auf andere Kriminalgerichte in Preußen ausgedehnt.

3. Reformgesetze von 1848 bis zur RStPO

„Das Jahr 1848 bringt wie für die Verfassungsgeschichte Deutschlands so auch für die Strafverfahrensgeschichte eine *Wendung von epochaler Bedeutung:* Im Anschluß an die von der Frankfurter Nationalversammlung proklamierten „Grundrechte des Deutschen Volkes" verkündeten die von den Länderparlamenten geschaffenen Länderverfassungen feierlich *Grundsätze für die Neugestaltung der Rechtspflege:* Beseitigung der Kabinettsjustiz, Recht auf den gesetzlichen Richter, Schutz der persönlichen Freiheit gegen willkürliche Verhaftung und Durchsuchung, Öffentlichkeit und Mündlichkeit des Verfahrens, Anklageverfahren, Einsetzung von Geschworenengerichten für politische Strafsachen und Pressevergehen"[66].

Eine Welle von Gesetzen und Verordnungen — vorzüglich zur Einführung der Schwurgerichte — bricht herein. In Preußen[67], Hannover[68], Braunschweig[69], Kurhessen[70], den Thüringischen Staaten[71] und teilweise Bayern[72] wird das ganze Strafverfahren in Einklang mit dem schwurgerichtlichen System neu geregelt. Kurze Zeit gilt dies auch für Österreich, das Königreich Sachsen (für Preßsachen) sowie Sachsen-Altenburg.

In anderen Staaten, wie z. B. Baden[73] und Württemberg[74], wird das Schwurgerichtssystem in das alte Gerichtssystem eingeschaltet, ohne daß dieses umfassend reformiert wird.

In einigen Ländern, vor allem in Österreich ab 1853, wird das öffentliche und mündliche Verfahren mit Staatsanwaltschaft, aber ohne Schwurgerichte, eingeführt[75]. Nur wenige, wozu vor allem die freien

---

[66] *Henkel*, S. 56, Hervorhebungen dort. Zur Bedeutung der Presse s. *Gall*, B. Constant, S. 81 ff. Zur Entstehungsgeschichte der Preßgesetze, dargestellt am Beispiel Preußens, s. *Hartmann*, S. 1 ff. Im weiteren wird von den besonderen Verfahren in Preßsachen abgesehen.

[67] VO vom 3. Jan. 1849, bestätigt und ergänzt durch das G vom 3. Mai 1852.

[68] G v. 24. Dez. 1849 (Bildung von Schwurgerichten) sowie StPO vom 8. Nov. 1850.

[69] G v. 21. Aug. 1849 (GVG) und G v. 22. Aug. 1849 (StPO).

[70] G v. 31. Okt. 1848.

[71] StPO von 1850, im Laufe dieses Jahres von den einzelnen Staaten (mit unwesentlichen Abweichungen) übernommen.

[72] G v. 10. Nov. 1848.

[73] EG vom 5. Feb. 1851.

[74] G v. 14. Aug. 1849.

[75] Die ausweislich des kaiserlichen Patents provisorische und nur für die

Städte[76], aber auch Mecklenburg-Schwerin und Mecklenburg-Strelitz gehörten, hielten noch länger am hergebrachten geheimen Untersuchungsverfahren ohne wesentliche Änderungen fest[77].

In den späteren fünfziger Jahren zogen einige andere Staaten und Städte mit Reformgesetzen nach[78]. Anfang der sechziger Jahre schließlich entstanden etliche neue Strafverfahrensgesetze, mit denen die partikulare Strafprozeßgesetzgebung ihren Abschluß fand[79].

4. Zusammenfassung

Soweit die Strafprozeßgesetze reformiert wurden, siegte das Prinzip der mündlichen Verhandlung. Zumeist war auch (für die damaligen Verhältnisse) weitgehende Öffentlichkeit vorgesehen. Die Untersuchung oblag dem auf Förderung der materiellen Wahrheit verpflichteten Vorsitzenden (Präsidenten), der hierfür in Anlehnung an das französische Recht mit weitgehenden Befugnissen ausgestattet war. Bemerkenswert ist, daß nach den meisten Gesetzen ein Verteidiger erst nach Abschluß der Voruntersuchung zugelassen war[80].

Kronländer, in denen bisher das GB vom 3. Sept. 1803 galt, wirksame StPO vom 17. Jan. 1850 mit Schwurgerichten wurde durch die VO vom 11. Jan. 1852 betreffs Aufhebung der Schwurgerichte wesentlich geändert und durch die neue StPO vom 29. Juli 1853 völlig aufgehoben. Im Königreich Sachsen war durch das G v. 18. Nov. 1848 das Geschworenengericht für Preßsachen zu einer temporären Geltung gelangt. Das G v. 1855 — wie schon der E 1853 — ignorierten dieses G vollständig. *Schwarze*, ArchCrimR NF 1855, S. 174 f., begründete den Wegfall der Schwurgerichte mit „traurigen Rückerinnerungen"; s. a. *Bluhme*, S. 26. Auch die StPO 1854 für Sachsen-Altenburg schaffte die Schwurgerichte wieder ab, was *Ortloff*, S. 82 f. mit FN 8, begrüßte.

[76] Lübeck, Bremen, Hamburg; ebenso Frankfurt, wo das G v. 15. Mai 1856 eine Änderung herbeiführte. Bremen zog 1863 mit einer Provisorischen StPO nach. Der Senat in Lübeck hatte am 23. Mai 1857 einen E vorgelegt, in Hamburg geschah das am 14. April 1862. Die StPO für Hamburg datiert vom 30. April 1869.

[77] Vgl. dazu *Boehlau*, S. 21 ff. In Mecklenburg-Schwerin führte die VO vom 1. Jan. 1856 teilweise eine mündlich-öffentliche Verh. mit StA ein. Der gemeine deutsche Strafprozeß galt in Mecklenburg-Strelitz, Schaumburg-Lippe und Lippe-Detmold bis zum Erlaß der RStPO; vgl. dazu Motive 1874, S. 1 ff., 4. S. a. *von Kries*, S. 62.

[78] Oldenburg, StPO v. 2. Nov. 1857; Königreich Sachsen, StPO v. 13. Aug. 1855; Hannover, StPO v. 5. April 1859.

[79] Z. B. die badische StPO 1864, die preußische von 1867, die sächsische von 1868 sowie die württembergische von 1868; dazu s. u. IV 3 d.

[80] Anders Braunschweig, StPO 1849, § 7; dazu *Degener* II, S. 47 f. Zürich 1853, § 64, mit Erläuterung bei *Rüttimann*, S. 98 f.; Hessen-Nassau 1849, §§ 70 - 72, wo schon während der Voruntersuchung Verteidigung und sogar Akteneinsicht zugelassen war, freilich nach Ermessen des Richters; s. dazu die pessimistische Kritik *Mittermaiers* in ArchCrimR NF 1849, S. 323. — Zur diesbezüglichen Rückschrittlichkeit der Regelungen im übrigen Partikularrecht s. nur *Hepp*, Zeitschr. für deutsches Strafverfahren NF 3 (1846) 171 ff., *von Tippelskirch*, GA 2 (1854) 314, 330 f., und *Zachariae*, Gebrechen, S. 276 ff.

IV. Die das Fragerecht betreffenden Regelungen der Partikulargesetze im einzelnen

1. Die Behandlung des Fragerechts

In allen Ländern, die sich neue Strafverfahrensgesetze gaben, wurde das Fragerecht auch für den Angeklagten und seinen Verteidiger institutionalisiert. Wie sich aus den obigen Ausführungen zur badischen Rechtsentwicklung schon ergab, war das eine Konsequenz des neuen Verfahrenstyps der mündlichen Hauptverhandlung[81], die vor allem auf den gewandelten Anschauungen über die Stellung des Angeklagten im Verfahren beruhte, was notwendig „wesentliche Erweiterungen der Rechte der Vertheidigung"[82] implizierte. War das im Grundsatz auch allgemein anerkannt, so war die Durchführung — wie bei vielen anderen Sachfragen gleichermaßen zu beobachten — durchaus nicht einheitlich[83]. Ausgeklammert wird im folgenden das aus dem englischen Recht stammende Kreuzverhör (cross-examination), das in einigen wenigen Gesetzen — fakultativ — vorgesehen war, aber schon seinerzeit, wie auch später für den Geltungsbereich der RStPO bis heute hin, keine Bedeutung erlangte[84].

---

[81] Der „Schlußverhandlung"; bei schweren Delikten war sie immer vorgesehen. Besonderheiten bzgl. ihrer jeweiligen Durchführung bleiben außer Betracht.

[82] So die Begründung des badischen E von 1863, Verh. der II. K 1861/63, Beil. 4, S. 905. Zur nämlichen Einschätzung *Abegg*, ArchCrimR NF 1849, Beil., S. 6 f. m. w. N. in FN 7; *ders.*, Entwurf, S. 87 f. Zu Einzelheiten vgl. den folgenden Text.

[83] Die Dynamik der Entwicklung des Prozeßrechts — vor allem ab Mitte der fünfziger Jahre des 19. Jahrhunderts — minutiös nachzuzeichnen, ist nicht Ziel der Arbeit. Hierfür ist auf die Standardwerke *von Hippels* und *Eb. Schmidts* zu verweisen Der Schwerpunkt der folgenden Erörterungen liegt auf den hier interessierenden sachlichen Fragen, weniger auf den zeitlichen Zusammenhängen der Entwicklung im ganzen und den einzelnen Ländern nebst den dazugehörenden politischen Hintergründen.

[84] Preuß. G 1852, Art. 77; dazu *von Stemann*, Strafverfahren, S. 183 m. w. N. in FN 3; *Oppenhoff*, S. 362 f. Vgl. auch Art. 313 des E 1866 für Württemberg nebst Bericht, S. 191, sowie § 194 E 1873 mit Begr. der Motive, S. 166 ff. Zu den Gründen gegen das Kreuzverhör vgl. nur *Würth*, StPO, S. 432 f.; s. a. *Zachariae*, Hdb. I, S. 331 mit FN 16, und *Schlink*, GS 1 (1849) 1. Bd., S. 356; gegen ihn *Glaser*, ArchCrimR NF 1851, S. 200 ff., 208. Eine vom sonstigen kontinentalen Recht stark abweichende Regelung kannte das Zürcherische G v. 1853, §§ 232 ff., das überhaupt mehr dem englischen und transatlantischen Rechtsgang verpflichtet war; zu ihm *Rüttimann*, S. 194 ff., 247 ff., sowie die ausführliche Bespr. von *Osenbrüggen*, Krit. Zeitschr. 1 (1853) 407 ff., und *Orelli*, Krit. Zeitschr. für Rechtswissenschaft und Gesetzgebung des Auslandes 25 (1853) 418 ff., 26 (1854) 1 ff. Zum engl. Kreuzverhör vgl. *Mittermaier*, Das engl. Strafverfahren, S. 416 ff. Etliche Gründe, die zum Scheitern des neuen Instituts (nicht nur) in Preußen beitrugen, sind aufgeführt bei *von Tippelskirch*, GA 4 (1856) 6 f. S. aber auch *Leue*, Entwurf, S. 272: „Dies

a) Der badischen Rechtslage entsprechende Regelungen

Ein Teil der Gesetze[85] folgte — teilweise bis in die Formulierung hinein — Artikel 319 CIC und gestand dem Angeklagten und seinem Verteidiger nur ein mittelbares Fragerecht zu; so z. B.:

Hessen-Darmstadt 1848, Art. 141 Abs. 3,

Kurhessen 1848, § 91,

Landgrafschaft Hessen 1850, § 102 Abs. 3,

Österreich 1850, § 278,

Großherzogtum Oldenburg, Entwurf 1850, Art. 147 Abs. 2,

Mecklenburg-Schwerin 1856, § 31 Abs. 4,

Großherzogtum Hessen (Darmstadt), Entwurf 1860, Art. 295 Abs. 2.

Würth[86] führte zu § 278 des österreichischen Gesetzes von 1850 aus, die Mittelbarkeit diene „zur Vermeidung jeden Mißbrauches des Vertheidigungsrechtes". „Die Erfahrung hat in Frankreich, als in den deutschen Rheinländern hinlänglich gezeigt, wie nothwendig eine Bestimmung dieser Art zum Schutze der Zeugen und zur Hintanhaltung unnöthigen Scandales ist". Hingegen kritisierte der hessische Advokat *Bopp*[87] das ungleiche Verhältnis zur Verteidigung, „das so grell herantritt, und sich namentlich in der Verschiedenheit in Bezug auf unmittelbare Befragung der Zeugen und Sachverständigen geltend macht". Er sah den Grund hierfür in einer „sklavischen Nachahmung der napoleonischen Gesetzgebung".

b) Gesetze, die auch der Staatsanwaltschaft nur ein mittelbares Fragerecht einräumten

Andere Gesetze gaben auch der Staatsanwaltschaft nur ein mittelbares Fragerecht, lösten sich also insoweit von der Bedeutung, die der CIC dieser Behörde zugestand. Hierzu zählten z. B.:

Verhör durch die Partheien ist eine mangelhafte Methode und führt nicht zur völligen Aufklärung der Sache. Denn es erfolgt nur in bestimmten Fragen und Antworten, nicht in geordneter Erzählung und was nicht gefragt ist, das wird auch nicht beantwortet. Will man versichert sein, daß alle Umstände vollständig und nach allen Seiten hin erörtert werden, so muß der vorsitzende Richter die Verhandlungen nach der Kenntniß leiten, die er bereits aus den Akten hat."

[85] Die im folgenden nur mit dem Jahr ihrer Verkündung bezeichnet werden.

[86] StPO, S. 451 f.; er ist der Autor der StPO von 1850, wie er selbst, StPO, S. 44, mitteilt. Zu *Würth*, der im 33. Lebensjahr in wenig mehr als zwei Monaten die öst. StPO schuf, s. a. *S. Mayer*, Hdb., S. 6 FN 1.

[87] GS 7 (1855) 54; kritisch zum CIC insoweit auch *Dernburg*, S. 40, und *Glaser*, ArchCrimR NF 1851, S. 200 ff.; s. ferner *Geib*, S. 123 ff., und *Leue*, Entwurf, S. 271 f.

Hannover 1850, § 136 Abs. 8,

Sachsen-Weimar usw. 1850, Art. 241,

Sachsen-Altenburg 1854, Art. 226 Abs. 1[88],

Königreich Sachsen 1855, Art. 287 Abs. 2,

Oldenburg 1857, Art. 265 § 2,

Hannover 1859, § 143 Abs. 5,

Hamburg, Entwurf 1862, § 162 Abs. 1.

Zur Begründung führten z. B. die Motive zum Entwurf einer StPO für das Königreich Sachsen von 1853[89] aus, man habe „behufs einer Gleichstellung der Anklage und der Vertheidigung und in Rücksicht auf die mannigfachen Beschwerden, zu denen jene Verschiedenheit in den betreffenden Ländern Veranlassung gegeben hat, den Staatsanwalt ebenso wie den Vertheidiger zur Angabe der Fragen bei dem Vorsitzenden verpflichtet". „Diese, principiell wichtige *Gleichheit* der Befugnisse des Staatsanwalts und des Angeklagten in der Hauptverhandlung (bei welcher also eine hiervon verschiedene öffentliche Stellung des Staatsanwalts, vgl. § 106, 107, sich nicht geltend macht)", sei, so betont *Schletter*[90], auch dadurch gewahrt, „daß das *Fragerecht beider* gleichmäßig der *Überwachung des Vorsitzenden* unterstellt ist, Art. 287, 2". Hinsichtlich der Handhabung durch den Vorsitzenden fügte *Schwarze*[91] an, es sei empfehlenswert, soweit der Vorsitzende gegen die Zulässigkeit der Frage nichts zu erinnern habe, ohne Wiederholung die Vernehmungsperson unmittelbar zur Beantwortung aufzufordern.

Die Art der Durchführung der Fragerechtsregelung fand letztlich ihren Grund also nicht in der Tatsache der Beteiligung von Laien — Schwurgerichte waren z. B. in der StPO von 1855 für das Königreich Sachsen nicht vorgesehen —, sondern bestimmte sich danach, ob man der Staatsanwaltschaft auch in der Hauptverhandlung eine besondere Stellung einräumen zu müssen glaubte oder vielmehr — wie in den zuletzt aufgeführten Gesetzen — meinte, *hier* eine Gleichstellung von Anklage und Verteidigung gewähren zu müssen. Bemerkenswert ist, daß der sächsische Gesetzgeber vor stattgehabten Mißbräuchen der der Staatsanwaltschaft eingeräumten Befugnisse infolge der insoweit an Art. 319 CIC orientierten Gesetze nicht die Augen verschloß und dem

---

[88] Mit der Besonderheit, daß der Vorsitzende „nach Ermessen" auch unmittelbare Fragestellung gestatten konnte.

[89] S. 262, abgedruckt auch bei *Schwarze*, Comm. II, S. 84.

[90] LB, S. 162 f., Hervorhebungen dort. Ebenso *Leonhardt*, S. 145, der darin auch einen Schutz der Zeugen sowie eine Beschleunigung des Verfahrens sieht, weil so „viele unnütze Fragen ... ungestellt bleiben" werden.

[91] Comm. II, S. 84 f.

einen Riegel vorschob. Man begnügte sich also nicht mit Appellen an diese Behörde und dem Glauben an ihre Seriosität. Nicht die Institution als solche, sondern ihre Vertreter wurden zum Maßstab genommen, eine realistische Einschätzung.

c) Gesetze, die Verteidigung und Staatsanwaltschaft das Recht unmittelbarer Befragung gewährten

Schließlich gab es Kodifikationen, die sowohl der Verteidigung als auch der Staatsanwaltschaft ein unmittelbares Fragerecht einräumten, wie z. B.:

Sachsen (Königreich) 1848, § 30,

Bayern 1848, Art. 164 Abs. 1,

Hessen-Nassau 1849, Art. 140 Abs. 1, 141 Abs. 1,

Württemberg 1849, Art. 127 Abs. 1, Entwurf 1866, Art. 312,

Braunschweig 1849, § 56 Abs. 2[91a],

Österreich 1853, § 243,

Sachsen-Weimar usw. 1854, Art. 64 Abs. 1,

Frankfurt 1856, Art. 215 Abs. 3,

Coburg-Gotha 1857, Art. 241,

Bremen 1863, Art. 95 § 403,

Baden 1864, § 237.

Von Scheurl[92] sah in der Bestimmung des bayerischen Art. 164 Abs. 1 „eine nicht unwesentliche Erweiterung der Vertheidigungsbefugnisse dem französischen Verfahren gegenüber . . ., worin der Angeklagte und sein Vertheidiger immer nur durch Vermittlung des Präsidenten Fragen an die Zeugen richten dürfen, so daß die Befragung selbst doch nur von Seite des Präsidenten geschehen kann. Es soll dadurch ein möglicher Mißbrauch des Fragerechts verhütet werden, den unser Gesetz weit humaner nicht überall gleich voraussetzt". Auch *Walther*[93] bemän-

[91a] Die Vorschrift war eine Kann-Regelung; ebenso Braunschweig 1858, § 56 Abs. 2. Zur Stellung des Angekl. in diesem Staat s. die von großem Bemühen um Rechtsstaatlichkeit geprägten Ausführungen bei *Degener* II, S. 47 ff.

[92] S. 96; ebenso für Baden, § 237 StPO 1864, die Begr. zum E 1863, Verh. der II. K 1861/63, Beil. 4, S. 905.

[93] LB, S. 285. Das Repertorium von 1862, S. 114, weist zu Art. 164 nur die Motive aus, wonach das Recht der Verteidigung nicht beschränkt werden darf, aber auch nicht zur Einschüchterung der Zeugen mißbraucht werden soll. Daß es keine Entscheidungen des Cassationshofs gibt, spricht wiederum für die endgültige Entscheidungsmacht des Gerichtshofes. Der Antrag muß lediglich verbeschieden werden, worauf auch Repertorium, S. 179 Nr. 3, 4 zu Art. 231 Ziff. 8, hindeutet; vgl. auch u. bei FN 132.

gelte „die deßfallsigen Beschränkungen des Angeklagten im *französischen* und *deutschen* Rechte" als „bedeutende Beeinträchtigungen seines Rechts auf freie Vertheidigung. Durch sie wird der natürliche Charakter der Hauptverhandlung als eines Beweisverfahrens wesentlich alterirt". *Hye*[94] kritisierte an dem der Verteidigung in der österreichischen StPO von 1850 nur mittelbar eingeräumten Befragungsrecht, sie habe „dadurch dem *Principe der Gleichhaltung* des Anklägers und Angeklagten im Processe ... ein große Bresche geschossen". „Welch' gewaltiger Unterschied für den Befragten, wenn er auf die ihm nur *einmal* und *unmittelbar* mit den *eigensten* Worten des Fragenden gestellte Frage, in frischem Eindrucke derselben, oder wenn er auf die zuerst aus dem Munde des Fragestellers vernommene, und dann zum *zweitenmale* durch den Mund des Vorsitzenden gehende, und nur zu häufig von diesem verstümmelte und metamorphosirte, Frage zu antworten hat?!" Die wiederholte Frage verliere „an ihrer Frische und an dem überraschenden, und nicht selten eben durch die Ueberraschung zur Wahrhaftigkeit überwältigenden Eindruck auf das Gemüth des Befragten". — „Wie erst, wenn der Vorsitzende durch eine kleine Variante, oder auch nur einen veränderten Accent einzelner Worte (*c'est le ton qui fait la musique!)* den Nerv derselben tödtet, oder der Frage die Spitze abbricht?!" Die Einführung des unmittelbaren Fragesystems für alle am Prozeß Beteiligten erscheine daher als ein „dankenswerther Fortschritt unserer vaterländischen Gesetzgebung im Geiste der — *Gerechtigkeit* ...".

Diese Gesetze gingen also gegenüber den zuvor dargestellten den umgekehrten Weg und sind so Vorläufer der heutigen Regelung. Eine Sonderstellung nahm hingegen das preußische Gesetz von 1852, Art. 51, 76 ein, wo zwar sowohl der Staatsanwaltschaft als auch der Verteidigung das Recht eingeräumt war, Fragen an Zeugen und Sachverständige („Betheiligte") unmittelbar zu stellen, die Ausgestaltung aber unterschiedlich war. Der Staatsanwaltschaft *mußte* dies, der Verteidigung *konnte* es gestattet werden. Hier wirkte sich die starke Position der Staatsanwaltschaft also auch in der Hauptverhandlung aus; „der Staatsanwalt ist auch während der Sitzung dem Gerichte nicht subordinirt, daher auch nicht dessen Anweisungen unterworfen"[95]. Der Verteidigung wurde kein eigenes Recht zuerkannt, „die Gestattung der Selbstbefragung zu erlangen". Der Vorsitzende war befugt, ihr „in dieser Be-

[94] Grundsätze, S. 261, Fortsetzung der FN 1 von S. 260, Hervorhebung dort. Das Recht unmittelbarer Befragung erwies „sich als so nützlich ..., daß seine Uebertragung in den Entwurf nicht einen Augenblick zweifelhaft sein konnte", so die bei *S. Mayer*, Hdb., S. 726, abgedruckten Motive zum IV. E der öst. StPO 1873.

[95] *Von Stemann*, Strafverfahren, S. 148, dazu auch *Oppenhoff*, S. 361 Anm. 24 ff., und *Abegg*, ArchCrimR NF 1849, Beil., S. 82 ff.

ziehung *Beschränkungen* aufzuerlegen, resp. rücksichtlich der Art der Befragung Bemerkungen zu machen"[96]. Die Restriktion ist einigermaßen überraschend angesichts dessen, daß in Art. 77 des Gesetzes von 1852 das Kreuzverhör (fakultativ) institutionalisiert war. Anders verfuhr dann der E 1865. In ihm war das Kreuzverhör nicht mehr vorgesehen, dafür aber in § 248 auch dem Verteidiger das Recht der unmittelbaren Befragung eingeräumt. Dem Angeklagten konnte der Vorsitzende eine derartige Befragung erlauben.

2. „Rechtsmittel" der Verteidigung

a) Antrag auf Gerichtsentscheid

In den meisten Gesetzen war positiv die Befugnis des Präsidenten vorgesehen, ihm unangemessen erscheinende Fragen zurückzuweisen, und für diesen Fall der Verteidigung die Möglichkeit eingeräumt, den Gerichtshof anzurufen; so z. B.:

Bayern 1848, Art. 164 Abs. 2, Abs. 3,

Hessen-Nassau 1849, Art. 141,

Württemberg 1849, Art. 127 Abs. 2, Abs. 3,

Hannover 1850, § 136 Abs. 9,

Sachsen-Weimar usw. 1850, Art. 241,

Österreich 1850, § 266,

Österreich 1853, § 243 i. V. m. § 227,

Sachsen-Altenburg 1854, Art. 217,

Sachsen-Weimar usw. 1854, § 64 Abs. 3,

Königreich Sachsen 1855, Art. 287 i. V. m. Art. 278,

Oldenburg 1857, Art. 265 § 2,

Coburg-Gotha 1857, Art. 241 Abs. 3,

Hannover 1859, § 143 Abs. 9,

Großherzogtum Hessen, Entwurf 1860, Art. 295 Abs. 2[97],

Hamburg, Entwurf 1862, § 162 Abs. 2,

Bremen 1863, Art. 95 § 404,

---

[96] *Oppenhoff*, S. 362 Anm. 28; *von Stemann*, Strafverfahren, S. 151; *Löwe*, Strafprozeß, S. 273. Daß das „kann" nicht Willkür und Belieben des Vorsitzenden bedeuten sollte, hebt *Abegg*, ArchCrimR NF 1849, Beil., S. 124, hervor. Anders dann die Regelung in der StPO 1867, § 237.

[97] Für das Kreuzverhör auch Preußen 1852, Art. 77 Abs. 2.

Württemberg, Entwurf 1866, Art. 312 Abs. 2, Abs. 3,

Preußen 1867, § 251[98].

Was für das badische Prozeßrecht von 1851 oben erst ermittelt werden mußte, war in der Gesetzgebung der Mehrzahl der Länder mithin ausdrücklich geregelt. Damit war für diese Kodifikationen zugleich klargestellt, daß die Zurückweisung einer Frage *nicht* in den Bereich der diskretionären Gewalt des Vorsitzenden fiel. Denn wo ein Antrag eine Frage betrifft, „deren Entscheidung seiner discretionären Gewalt ausdrücklich überlassen ist, (so ...) ist die Frage mit seiner Entscheidung definitiv erledigt. Nur wo dieß nicht der Fall ist, kann der Antragsteller bei der Zurückweisung seines Antrags von Seiten des Vorsitzers eine förmliche *Entscheidung des Richtercollegiums* verlangen"[99]. Das Recht, Fragen zurückzuweisen, war also keine dem Vorsitzenden originär und ausschließlich zustehende materielle Entscheidungsbefugnis, sondern nur die Folge seines gesetzlichen Auftrags, die Verhandlung zu leiten und „die nächste *Entschließung* auf alle *Anträge* auf Vornahme einer gerichtlichen Handlung oder gegen solche Vornahme erhobene *Widersprüche*" zu fassen[100]. Die Motive zum sächsichen Entwurf von 1853 bemerkten zu Art. 268 (dem späteren Art. 278 der StPO von 1855): „Durch diese Bestimmung wird jede Willkürlichkeit des Vorsitzenden, welche den Rechten der Anklage oder der Vertheidigung

---

[98] Eine — vor allem auf das Verhältnis zur StA zielende — Besonderheit kannten die preuß. Gesetze. Dort war nämlich nicht positiv ausgesprochen, daß der Vorsitzende unzulässige usw. Fragen — auch des StA — zurückweisen könne, sondern ihm die Befugnis eingeräumt, die Befragung jederzeit wieder selbst zu übernehmen und das Verhör zu schließen, vgl. Art. 76 Abs. 2, 77 Abs. 2 G v. 1852; § 248 Satz 3 E 1865; § 237 Abs. 2 StPO 1867; (ähnlich Coburg-Gotha 1857, Art. 241 Abs. 3); dazu *von Stemann*, Strafverfahren, S. 151, mit dem Hinweis, daß auch der StA dieser Einschränkung unterlag. § 251 StPO 1867 garantierte dem von einer solchen Maßnahme Betroffenen dann einen Gerichtsentscheid. § 196 E 1873 vereinigte schließlich diese Modelle, indem er die Zurückweisungsbefugnis neben diejenige stellte, das Verhör zu schließen. Zur Regelung in der württembergischen StPO 1868 s. u. d cc.

[99] *Walther*, LB, S. 289, Hervorhebung dort. *Abegg*, Entwurf, S. 150 FN 183, hebt — bezogen auf § 98 Preußen 1849 — hervor, dies gelte auch, wo das G es nicht ausdrücklich bestimme, was nicht überall richtig verstanden werde. Eine aufmerksame Betrachtung könne lehren, „daß alle Rechtsentscheidungen, zu denen nothwendig, als Grundlage für das Urtheil, auch die Prüfung des Geständnisses gehört, dem Gerichtshofe zustehen, und nicht zu den Geschäften der Prozeß-Leitung gehören, die dem Vorsitzenden zugewiesen sind". S. a. die Entscheidungen des bay. Cassationshofs, SitzB II, S. 196 ff., 263 ff., sowie III, S. 163 ff.; vgl. ferner Blätter 7 (1860) 376 ff. Für die spätere Zeit s. *Voitus* I, S. 37, und *Kleinfeller*, Functionen, S. 284 ff.

[100] So *Schletter*, LB, S. 164; *Walther*, LB, S. 312; vgl. auch *Würth*, StPO, S. 435. *Schwarze*, Comm. II, S. 85, hält Beschränkungen des Fragerechts „nur bei voller Gewißheit der Unerheblichkeit" für gerechtfertigt, was sich anfänglich nicht immer gleich übersehen lasse.

nachtheilig werden könnte, vermieden"[101]. *Würth*[102] kommentierte § 266 des österreichischen Gesetzes von 1850 im nämlichen Sinn. Alle Zwischenfragen im Laufe des Verfahrens, die das Gesetz nicht ausdrücklich dem Vorsitzenden zur Entscheidung vorbehält, entscheidet das Gericht. So mußte die Verteidigung, wenn der Vorsitzende eine Frage als unangemessen oder sachfremd zurückwies, die förmliche Entscheidung des Gerichts fordern[103]. — Ebenso verfuhr man im Schwurgerichtsverfahren in Preußen[104], restriktiv freilich insoweit, als ein Protest gegen die Anordnung (Verweigerung) nicht ausreichen sollte, eine Entscheidung des Gerichtskollegiums zu erwirken, sondern nur ein förmlicher Antrag auf „Entscheidung des Gerichtshofs".

b) Keine weitere Beschwerde während der Verhandlung

Einigkeit bestand schließlich darüber, daß es ein selbständiges, die weitere Verhandlung hemmendes Rechtsmittel gegen ein solches Zwischenerkenntnis des Gerichtshofs nicht geben konnte, die Verhandlung vielmehr fortzusetzen und das Endurteil zu fällen war[105]. „Widersprüche der Parteien können das Verfahren nicht aufhalten, da außerdem der Chikane völlige Freiheit gewährt würde. Die Rechte der Parteien werden dadurch nicht beeinträchtigt, da es ihnen unbenommen bleibt, ihre etwaigen Beschwerden durch die Nichtigkeitsbeschwerde gegen das Enderkenntniß noch geltend zu machen"[106]. — Das zeigt im übrigen auch die Ausgestaltung des (einfachen) Beschwerderechts gegen richterliche Verfügungen. Dieses Rechtsmittel diente der Überprüfung eventueller Fehler oder Mängel des Vorverfahrens (der Voruntersuchung bzw. der Beschlüsse der Rats- oder Anklagekammer), nicht aber derjenigen „von den erkennenden Gerichten aufgrund der stattgefundenen Hauptverhandlung erlassenen Vorbescheide oder Zwischenentscheidungen"[107], die nur zugleich mit dem Endurteil durch die dann zulässigen Rechtsmittel angegriffen werden konnten[108].

---

[101] Motive, S. 259; abgedruckt auch bei *Schwarze*, Comm. II, S. 72.

[102] StPO, S. 437.

[103] *Würth*, StPO, S. 437.

[104] Vgl. *Oppenhoff*, S. 358 Anm. 3, 4 zu Art. 76 des G v. 1852 und § 117 VO 1849

[105] So *Würth*, StPO, S. 437.

[106] So die Motive zum sächsischen E 1853, S. 259.

[107] Vgl. z. B. Art. 389 Oldenburg 1857; dem schloß sich der württ. E 1866, Art. 421 an; ebenso dann die württ. StPO 1868, Art. 425.

[108] Zur Rechtslage in Baden während der Geltung der StPO 1864, §§ 412 ff., vgl. *Ammann*, S. 280 f. Eine besondere NB gegen die Entscheidung des Bezirksgerichts im Anklageverfahren nach Art. 229 ff., was der „Versetzung in den Anklagestand" entsprach, kannte Sachsen 1855, Art. 242 ff.

Insoweit könnte allerdings der oldenburgischen Regelung des Beschwerderechts, der sich der württembergische E 1866 anschloß, eine Sonderstellung zukommen. Art. 389 verwies den durch einen während der Hauptverhandlung ergangenen *Vorbescheid* oder eine *Zwischenentscheidung* Beschwerten auf das gegen das Endurteil zulässige Rechtsmittel. Art. 390 gab gegen „sonstige Verfügungen und Beschlüsse" des erkennenden Gerichts oder des Vorsitzenden das Beschwerderecht „unter Beschränkung des Artikels 391". Nach Art. 391 Ziff. 2 fand die Beschwerde „nicht statt[109] ... gegen die während der Hauptverhandlung von dem Vorsitzenden des Gerichts ergriffenen Maasregeln und erlassenen Verfügungen, welche nach den Bestimmungen des Gesetzes von dem Vorsitzenden ergriffen oder erlassen werden können, sowie gegen die Entscheidung, welche das Gericht hinsichtlich jener Maasregeln und Verfügungen des Vorsitzenden abgegeben hat (Art. 261 § 2, 265 § 2, 267 § 2, 322)". Art. 265 § 2 lautete: „Der Staatsanwalt, der Beschuldigte und dessen Vertheidiger müssen, wenn sie die Stellung von Fragen wünschen, den Vorsitzenden darum ersuchen. Dieser weiset die beantragte Stellung unangemessener Fragen zurück, vorbehaltlich der Entscheidung des Gerichts im Falle des Widerspruchs". In Oldenburg differenzierte man also zwischen der Nichtigkeitsbeschwerde zugänglichen Vorbescheiden und Zwischenerkenntnissen einerseits und sonstigen Verfügungen und Beschlüssen andererseits, die der (einfachen) Beschwerde zugänglich waren. Indem die Entscheidung des Gerichtes zur Stellung (Verweigerung) einer Frage den Beschlüssen zugeordnet und über Art. 391 auch von der (einfachen) Beschwerde ausgenommen war, war sie offenbar[110] der Nichtigkeitsbeschwerde nach Art. 416 — von vornherein! — entzogen. Der „Bericht" zum württembergischen Entwurf 1866[111] begründete das hinsichtlich der „Verfügung des Gerichts auf gegen die Zurückweisung (einer Frage) erhobene Einsprache" so: Es „ist für die Sache selbst ein besonderer Vortheil nicht zu erlangen, auch der Eingriff in die Befugniß der Parteien kein so bedeutender, daß deßhalb ihr Schutz durch Beschwerde nöthig wäre". Das ist schon

[109] Schärfer formulierte der württembergische E 1866, Art. 422: „Die Beschwerde findet *überhaupt nicht* statt ...". Im übrigen entsprach er sachlich völlig dem oldenburgischen Art. 391, worauf auch der Bericht zum E 1866, S. 232, abhob. Die Regelung wurde 1868 als Art. 426 verkündet; vgl. auch Bremen 1863, Art. 136 § 5.

[110] *Abegg*, Entwurf, S. 180, umschrieb den Bereich der NB im allgemeinen so: „Dieses Rechtsmittel ... findet gegen alle richterlichen Verfügungen, Beschlüsse und Urtheile statt, gegen welche das Gesetz ein anderes Rechtsmittel nicht zuläßt, ohne jedes Rechtsmittel ausdrücklich auszuschließen". Den umgekehrten Weg ging E 1873, § 240. Hier ging die Beschwerde des in Rede stehenden Bereichs in der Revision auf; s. Motive 1872, S. 213. Dem folgt § 305 StPO n. F.; dazu *Schlüchter*, Rdnr. 656.

[111] S. 232 f. zu Art. 422; ebenso schon Art. 416 des württ. E 1863, dessen Grundlage die oldenburgische StPO v. 1857 gebildet hatte.

in abstracto eine erstaunliche These, um so mehr, als die Bedeutung des Fragerechts und die Gefahr seiner Verkürzung 1867 — als der Bericht entstand — Allgemeingut waren[111a]. Dieser Satz beruht denn auch wohl mehr auf der Erfahrung in Württemberg (wie der Entwurf sie sah) als auf rechtlicher Überlegung. Zur Rechtfertigung des Art. 312 Abs. 2 E 1866, wonach der Vorsitzende bei Mißbrauch des Fragerechts verlangen konnte, „daß ihm die Fragen vorerst angegeben werden, und unangemessene zurückweisen“ konnte, sowie des Abs. 3, wonach „ueber Einsprachen gegen eine solche Zurückweisung ... das Gericht“ zu entscheiden hatte, bemerkte der „Bericht“[112] nämlich, schon der Art. 127 des Schwurgerichtsgesetzes von 1849 habe diese Möglichkeiten gekannt (ebenfalls in Abs. 2 und Abs. 3). „Ein Bedürfniß dieser Bestimmung hat sich bis jetzt schwerlich ergeben. Da sich aber nicht beurtheilen läßt, ob dies nicht mit die Wirkung des Art. 127 war, tragen wir auf Annahme auch der Absätze 2 und 3 an“. Der Entwurf verwehrte also dem durch die Zurückweisung Beschwerten ausdrücklich die Möglichkeit, im Wege der Nichtigkeitsbeschwerde die Kassierung des Urteils zu erreichen und gab dem positivrechtlich — wenn auch systematisch an etwas versteckter Stelle — Ausdruck.

3. Nichtigkeitsbeschwerde gegen den Gerichtsentscheid?

Sehr unterschiedlich verfuhren die partikularen Gesetzgebungen, was die Frage anlangt, ob und inwieweit die Zurückweisung einer Frage der Verteidigung der Überprüfung durch ein höheres Gericht unterlag.

Außer Betracht bleiben soll im weiteren die in etlichen Ländern vorgesehene Möglichkeit des „Rekurses“[113] gegen ein erstinstanzliches Urteil. Der Rekurs führte zur vollen Neuverhandlung, war freilich als Rechtsmittel gegen schwurgerichtliche Entscheidungen nirgends vorgesehen[114]. Als „ordentliches“ Rechtsmittel[115] kannten alle Prozeßgesetze

---

[111a] Der E fiel damit auch hinter das württ. G v. 1849, Art. 193 I Ziff. 2, zurück; vgl. hierzu die Kommentierung bei *Holzinger*, Die Schwurgerichte, S. 282.

[112] S. 191.

[113] Teilweise auch Appellation genannt; gemeint war damit jeweils die heutige Berufung. Zu ihr krit. *Walther*, Rechtsmittel I, S. 114 ff., 121 ff.; II, S. 254 ff. Zum Pro und Contra einer Berufsinstanz s. a. die Motive zum sächsischen E 1853, S. 280 ff. m. w. N. Während der E sich dezidiert gegen sie entschieden hatte, führte die StPO 1855 sie ein; dazu krit. *Schwarze*, Comm. I, S. 12 ff., und *Marquardsen*, Krit. Zeitschr. 4 (1857) 59 f. Für eine Berufungsinstanz dagegen die Anm. zum preuß. E 1865, S. 164 ff.

[114] Bei der Bedeutung, die man dem Wahrspruch der Geschworenen zumaß, wäre es ein Unding gewesen, eine zweite Tatsacheninstanz — womöglich noch ausschließlich mit Berufsrichtern besetzt — vorzusehen. Vgl. dazu *Würth*, StPO, S. 354, 614.

[115] *Walther*, LB, S. 413; *ders.*, Rechtsmittel II, S. 8 ff. Als „außerordent-

die Nichtigkeitsbeschwerde, die Vorläuferin der heutigen Revision. Sie bezieht sich „auf die Formen des Verfahrens und auf die Subsumtion der That unter das Strafgesetz“[116].

a) Zu ihrer Ausgestaltung im allgemeinen

Was die Ausgestaltung der Nichtigkeitsbeschwerde bezüglich der hier interessierenden „Verfahrensrüge“ anlangt, zeigt sich die Vielfalt partikularer Gesetzgebung. Folgende Systeme lassen sich — unter Vernachlässigung von Abweichungen in Einzelfragen — ausmachen[117]:

aa) Das Enumerationssystem

Hier sind alle „bei Strafe der Nichtigkeit“ zu beachtenden Vorschriften im Gesetz selbst aufgeführt. Es gilt das Prinzip des „nur wenn, aber auch immer wenn“, d. h. ein Verstoß führt auf Rüge zur Cassation (Aufhebung des Urteils). Verstöße gegen nicht so bewehrte Vorschriften — mochten sie auch noch so massiv sein — führen nie zur Aufhebung[118]. Diese Technik liegt der französischen *Gesetzgebung* zugrunde und fand Nachfolge auch in deutschen Gesetzen[119]. Der Code vom 3. brumaire (an IV) hatte in 129 Einzelbestimmungen für deren Verletzung die Nichtigkeit angedroht und zusätzlich in Art. 456 noch weitere Nichtigkeitsgründe aufgeführt. Die absehbare Konsequenz: eine Unzahl von Cassationen. Reaktion hierauf war eine Beschränkung auf nur noch einige (zu) wenige, nämlich fünfzehn[120] Vorschriften im CIC. Das

liches“ bezeichneten sie teilweise die Kodifikationen, die eine Berufungsinstanz kannten, so z. B. der preußische E von 1851, § 440, nach *Abegg*, Entwurf, S. 180.

116 *Schwarze*, Comm. I, S. 160; II, S. 148. Nach *Walther*, Rechtsmittel II, S. 11; *ders.*, LB, S. 417: „error in procedendo“ bzw. „error in iudicando“. Zur Begr. der Notwendigkeit von Rechtsmitteln überhaupt *Walther*, LB, S. 403 ff.; *Planck*, S. 505 ff. Einen Überblick über ihre Ausgestaltung in den Partikularstaaten gibt *Brauer*, Hauptbestimmungen, S. 253 ff.

117 Inwieweit es sich um streng zu trennende (trennbare) Systeme handelt, und ob es deren zwei, drei oder vier gibt, mag hier auf sich beruhen; dazu s. *Walther*, Rechtsmittel II, S. 53; *Brauer*, Hauptbestimmungen, S. 251; *Zachariae*, Hdb. II, S. 640 ff., jeweils m. w. N.; *Planck*, S. 537 f., und den schon zit. KommB von *Haager*.

118 Vgl. z. B. die Ausführungen von *Würth*, StPO, S. 615; *Walther*, LB, S. 425 m. w. N., und *Hye*, Grundsätze, S. 244 f. FN 1.

119 Zur frz. Rechtsentwicklung sehr instruktiv *Walther*, Rechtsmittel II, S. 47 ff., sowie die Motive zum sächsischen E 1853, S. 193 ff. Dem CIC folgten nach *Walther*, ebda, S. 53, Hannover 1850, Großherzogtum Hessen v. 28. Okt. 1848, Württemberg 1849 und Hessen-Nassau 1849. Für Hannover 1850, § 215, stimmt das nur bedingt; nach Ziff. 4 fand die NB nämlich statt, „wenn das dem Angeschuldigten gebührende Recht auf Vertheidigung entweder gänzlich abgeschnitten oder wesentlich beschränkt ist“. — Wie auch immer: ein besonderer Wert kommt derartigen Einteilungen nicht zu.

120 Aufgezählt bei *Würth*, StPO, S. 624 FN 1.

wiederum führte zu einer „gesetzesfortbildenden" Rechtsprechung des französischen Cassationshofes, der sich in den „formalités substantielles" (nullités substantielles) das passende Instrument schuf und über diese Praxis den Bereich der Nichtigkeitsbeschwerde wegen Verfahrensfehlern wieder weit ausdehnte[121].

bb) Das Generalklauselsystem

Das Gegenstück bilden die deutschen Gesetze, die *nur* das Prinzip der Zulässigkeit der Nichtigkeitsbeschwerde wegen Verletzung „wesentlicher" Formen kennen, alles übrige aber der Praxis überlassen. Zu diesen, das nachmalige „französische Recht an Unbestimmtheit gleichsam überbietenden Gesetzgebungen"[122] gehörte auch das oben dargestellte badische EG, § 115[123].

cc) Mischformen: abgeschwächtes Enumerationssystem

Schließlich gibt es Mischsysteme, die einen mehr oder minder großen Katalog von bei Strafe der Nichtigkeit zu beachtenden Vorschriften enthalten, daneben aber auch meist eine generelle Vorschrift nach Art des § 115 I Ziff. 2 EG. In diesen Gesetzen findet sich regelmäßig ein dem oben dargestellten § 373 Ziff. 4 badische StPO von 1864 entsprechender Nichtigkeitsgrund[124], wonach Nichtigkeit eintritt, „wenn das erkennende Gericht versäumt oder verweigert hat, über schriftliche oder zu Protokoll gegebene Anträge, welche den Gebrauch einer vom Gesetz ertheilten wesentlichen Befugniß bezwecken, eine Entscheidung zu geben". Das gilt freilich auch für Gesetze des in aa) beschriebenen Typs, z. B. Art. 408 Abs. 2 CIC; die Praxis des französischen Cassationshofs hat, wie oben gezeigt, aus dem CIC faktisch ein Gesetz i. S. des Mischsystems gemacht.

---

121 S. dazu auch *von Daniels*, S. 99 mit FN 2; *Würth*, StPO, S. 617 FN 1, und *Zachariae*, Hdb. II, S. 608 ff. Ein Beispiel im Zusammenhang mit Art. 266, 293 CIC schildert *Mittermaier*, GS 1 (1849) 2. Bd., S. 395 ff. Zur Rechtsprechung des preuß. OT s. die umfangreiche Übersicht bei *von Stemann*, Strafverfahren, S. 238, 240 ff.

122 So *Walther*, Rechtsmittel II, S. 52. Vgl. demgegenüber die wesentlich positivere Würdigung dieser Technik in den Anm. zum preuß. E 1865, S. 177 ff.

123 S. beispielsweise auch Kurhessen 1848, § 356 und 1851, § 48; Braunschweig 1849 und 1858, § 158, und die Nachw. bei *Zachariae*, Hdb. II, S. 642 FN 17.

124 Z. B. Württemberg 1849, Art. 193 Ziff. 2, Großherzogtum Hessen 1848 v. 28. Okt., § 270 Ziff. 2 und E 1860, Art. 439 Abs. 1 Ziff. 6; Bayern 1848, Art. 231 Ziff. 8; Hessen-Nassau 1849, § 257 Ziff. 2; Landgrafschaft Hessen 1850, Art. 209 Abs. 1 Ziff. 2; Hannover 1850, § 215 Ziff. 5 und 1859, § 221 Abs. 1 Ziff. 5; Sachsen 1855, Art. 350 Abs. 1 i. V. m. 243 Abs. 3; Coburg-Gotha 1857, Art. 306 Ziff. 4.

dd) Gesetze mit spezielleren inhaltlichen Differenzierungen

Nicht zu Zwecken formaler Unterscheidung, sondern aus inhaltlichen Gründen gesondert zu erwähnen sind schließlich noch die Gesetze, die über den zuletzt genannten Nichtigkeitsgrund hinausgingen, indem sie ihm eine Alternative beifügten wie z. B. Art. 459 Ziff. 6 StPO des Großherzogtums Hessen: „oder wenn durch Zwischenerkenntnisse über solche Anträge ein Gesetz verletzt worden ist“[125].

b) Folgerungen: Die Nichtigkeitsbeschwerde war überwiegend unzulässig

Daraus folgt hinsichtlich der Aussichten einer Nichtigkeitsbeschwerde wegen Verweigerung einer Fragestellung durch den Vorsitzenden bzw. deren Zurückweisung:

Die Verteidigung mußte solchenfalls einen Gerichtsbeschluß fordern und, was ganz wesentlich hinsichtlich der Erfolgsaussichten einer Nichtigkeitsbeschwerde war, diesen Antrag protokollieren lassen, da nach fast allen Gesetzen nur das Protokoll Beweis über den Ablauf des Verfahrens inclusive der Einhaltung seiner wesentlichen Förmlichkeiten erbrachte[126]. Verweigerte der Gerichtshof eine Entscheidung über einen entsprechend protokollierten Antrag oder versäumte er eine solche, so führte das zur Vernichtung des Urteils[127]. Insoweit lagen die Gesetze mithin ganz auf der Linie des oben dargestellten badischen Rechts. Doch trennten sich die Wege, wenn der Gerichtshof eine Entscheidung getroffen hatte. Die Mehrzahl der Gesetze in der Auslegung der jeweiligen obersten Gerichtshöfe[128] erkannte die *sachlich* unrichtige Erledi-

---

[125] S. a. Österreich 1850, § 352 lit. d. und 1853, § 298; wie schon gezeigt, auch die Rspr. des frz. Cassationshofes. Anders noch, nämlich wie § 373 Ziff. 4 StPO Baden 1864, der großherzoglich hessische E 1860, Art. 439 Ziff. 6.

[126] Vgl. z. B. Motive zum sächsischen E 1853, S. 197; *Schletter*, LB, S. 224 Anm. 5. Die Wichtigkeit des Sitzungsprotokolls in bezug auf die Einhaltung der gesetzlich geforderten Formen und aller Wendungen des Verfahrens, „z. B. wenn ein Zeuge verhaftet wird, die gestellten Anträge, und die Verfügungen des Präsidenten oder des Assisenhofes“, betont auch *Haager*, Ann. 19 (1852) 322 f. S. ferner SitzB I, S. 106 f.; V, S. 256 ff.; *Temme*, Archiv 2 (1855) 462 f.; 4 (1857) 410 f. — Vgl. auch die Kritik von *Schwarze*, GS 15 (1863) 13, an der strengen Bindung des Beweises an das Protokoll. Zutr. resümiert *Schmid*, Verwirkung, S. 18 f., daß die Bedeutung des Protokolls (Gefahr des Rügeverlustes) zu hoher Aktivität der Verteidigung in der Verh. führen mußte, denn praktisch entschied es über die Erfolgsaussichten einer NB; s. a. *Schmid*, GA 1962, S. 356 f.

[127] Vgl. z. B. GA 2 (1854) 661, 675 f.; *Temme*, Archiv 2 (1855) 462 f.; SitzB I, S. 125 ff. (diese NB war für den Angekl. ein Erfolg: statt zum Tode wurde er schließlich nur zu 6 Mon. Gefängnis verurteilt, s. SitzB III, S. 112 ff.); s. aber auch SitzB II, S. 468 f. Voraussetzung: es besteht eine Befugnis zur Antragstellung; vgl. Blätter 5 (1858) 169 ff. Zu einer Besonderheit der StPO für Sachsen-Altenburg (Art. 198 Abs. 4, 5 gegenüber Art. 260 Ziff. 4) s. Blätter 5 (1858) 174 ff.

[128] Sie hießen Cassationshof (so im Großherzogtum Hessen 1848, Württem-

gung eines solchen Antrags noch nicht als Nichtigkeitsgrund an[129]. Die deutschen Gesetze verlangten zumeist „blos, daß das Gericht ausdrücklich entscheide, einerlei wie, über den gestellten Antrag. Die Nichtigkeit tritt also nur dann ein, wenn das Gericht es unterlassen oder verweigert hat, zu entscheiden. Auf die Richtigkeit der Entscheidung kommt nichts an"[130].

Aus heutiger Sicht ist das ein etwas erstaunliches Ergebnis, denn es wäre ja auch seinerzeit denkbar gewesen, so zu argumentieren, wie dies oben schon für das badische Recht erwogen wurde. Diese Betrachtungsweise aber wäre eben unhistorisch; und zwar deshalb, weil sie — vom heutigen Rechtsverständnis und der Durchbildung der Begriffe und Institute ausgehend — den obersten Gerichtshöfen eine Aufgabe zuschreiben würde, die ihnen nach dem gesetzgeberischen Willen vieler Partikularstaaten offenbar gerade nicht zukam. Die Verhältnisse der Instanzen zueinander waren eben (noch) nicht in allen Punkten so geordnet, wie wir das von den heutigen Verfahrensordnungen gewohnt sind. Deutlich spricht dies *Walther*[131] für Bayern aus. Wenn das Richterkollegium bei der Entscheidung eines ordnungsgemäß gestellten Antrags, durch welchen eine gesetzlich eingeräumte Befugnis der Verteidigung geltend gemacht werden sollte, ein Gesetz verletzt oder unrichtig angewendet habe, so liege darin eine wesentliche Formverletzung i. S. des Art. 231 Ziff. 8. „Insoweit aber die Willfährde bei solchen Anträgen gänzlich dem Ermessen des Präsidenten oder Gerichtshofes überlassen ist, kann wegen Verwerfung des Antrags, z. B. eines Vertagungsgesuchs oder eines Antrages auf Stellung einer Frage keine Nichtigkeitsbeschwerde erhoben werden"[132]. Diese wie auch die dem oben unter bb) beschriebenen System der Generalklausel folgenden Gesetze stellten die Entscheidung über die Frage, wann eine Vorschrift als wesentliche anzusehen sei, in das Ermessen des Cassationsgerichts[133]. Wie anhand des badischen Rechts gezeigt, verstand man unter der Verletzung wesentlicher Förmlichkeiten (bzw. Formen) des Ver-

---

berg 1849, Österreich 1850 usw.), oberster Gerichtshof (z. B. Bayern 1848, Österreich 1853), Oberappellationsgericht (z. B. Sachsen, Oldenburg), Obertribunal (Preußen 1849) oder Strafsenat beim Oberappellationsgericht bzw. Cassationssenat des Oberappellationsgerichts (so Hannover 1850/59).

129 Zutr. *Schmid*, Verwirkung, S. 265. Für Baden wurde dies o. A II 3 gezeigt.

130 *Planck*, S. 535.

131 LB, S. 289 f. i. V. m. S. 312 unter Nr. 4.

132 Hatte der Gerichtshof also auf Einspruch entschieden, so waren die Mittel der Verteidigung erschöpft; s. *Walther*, LB, S. 312. Nicht diskutiert ist das Problem bei *Leonhardt*, S. 145, 197.

133 Zusf. *Planck*, S. 534 ff., 537 ff. Vgl. beispielsweise SitzB I, S. 140 ff. (141); II, S. 331 ff. (332); bad. Oberhofgericht, Ann. 31 (1865) 230 f.; 236 f.; Blätter 2 (1855) 322 ff. (324 f.).

fahrens — besser „Fehler(n) gegen processualische Vorschriften“[134] — vor allem Fälle, die, wenn auch nicht unbedingt im jeweils eigenen Gesetz, so doch in anderen ausdrücklich zur Nichtigkeit führten; d. h. vor allem solche, die die Grundbedingungen des Verfahrens betrafen[135]. Bei den anderen — regelmäßig verzichtbaren, also nicht von Amts wegen zu beachtenden — Verfahrensvorschriften kam es hingegen auf das Verhalten des jeweils Betroffenen, die Entscheidung des Gerichtshofs und die Bedeutung im konkreten Fall an. Wichtig war alsdann, ob dem Gerichtshof durch das Gesetz ein Beurteilungsermessen eingeräumt wurde — dann hatte er den Betroffenen mit seinem Widerspruch zu hören und eine Entscheidung zu geben — oder ob dies nicht der Fall war, dann hatte er die vom Gesetz vorgesehene Folge auszusprechen. Sah man nun aber, wie fast allgemein angenommen und von *Walther* für die bayerische Rechtslage ausdrücklich hervorgehoben, die Zurückweisung einer Frage als im Ermessen des Gerichtshofs stehend an, so blieb als Gegenstand einer Verfahrensverletzung nur noch die Nichtbescheidung einer in Antrag gestellten Frage übrig. Mit anderen Worten: Hatte der Gerichtshof eine Entscheidung gegeben, so war schon keine Verfahrensvorschrift verletzt.

c) Gesetze, welche die Nichtigkeitsbeschwerde auch gegen den Gerichtsentscheid zuließen

Einige Gesetze (bzw. Entwürfe) ließen es aber bei dieser für die Verteidigung mißlichen Lage nicht bewenden. An erster Stelle zu nennen ist hier Österreich 1850, § 352 lit. d[136]. *Würth*[137] führt hierzu aus: Die Nichtigkeit ist auch dann begründet, wenn durch das bei der Hauptverhandlung über eine Bitte der Verteidigung um Stellung einer Frage an einen Zeugen oder Sachverständigen von dem Gerichtshof gefällte Zwischenerkenntnis die Vornahme von Prozeßhandlungen beschränkt oder ganz versagt worden ist, welche auf die Entscheidung der Hauptsiche wesentlichen Einfluß üben konnten. Durch diese Bestimmung sollte der Verteidigung[138] eine Abhilfe gewährt werden, wenn durch Zwischenerkenntnisse des Gerichtshofes die Mittel der Verteidigung „in einer der Absicht des Gesetzes nicht entsprechenden Weise be-

---

[134] So *Walther*, Rechtsmittel II, S. 11 f.; ähnlich *Schwarze*, Comm. II, S. 23: „wesentliche, das Verfahren betreffende Vorschrift“.

[135] Die Füllung der Lücken mancher in einer Zeit des Sturms und Dranges gemachten Vorschriften im Geist des Verfahrens und im Vergleich mit vollständigeren Gesetzen anderer Länder empfiehlt geradezu *Marquardsen*, Krit. Zeitschr. 4 (1857) 82.

[136] S. o. B IV 3 a dd mit FN 125.

[137] StPO, S. 629.

[138] Das Nämliche gilt mutatis mutandis für die StA.

schränkt oder abgeschnitten worden wären, indem es gewagt erschien, solche Zwischenerkenntnisse als völlig unanfechtbar hinzustellen“[139]. Freilich müßten die beantragten Prozeßhandlungen geeignet gewesen sein, eine wesentlich abweichende Entscheidung zu begründen. Die Beurteilung *dieser* Frage sei „der Natur der Sache nach dem vernünftigen Ermessen“ des Cassationshofs zu überlassen. — Ähnliche, wenn auch gesetzestechnisch anders formulierte, Bestimmungen traf die österreichische StPO vom 29. Juli 1853. Nach § 243 hatte nunmehr auch die Verteidigung das Recht, Vernehmungspersonen unmittelbar zu befragen. „Wer immer aus eigener Anschauung das mündliche gerichtliche Verfahren kennt, wird die Bestimmung des § 243 der *neuen* St.P.O., wornach nunmehr auch der *Angeklagte* und sein *Vertheidiger* an *jede* zu vernehmende Person, daher namentlich auch z. B. an die Entlastungs- und Belastungs-Zeugen, so wie an die Sachverständigen; der Vertheidiger überdieß z. B. auch an seinen eigenen Clienten, nämlich an den Angeklagten, vor dem ganzen versammelten Gerichtshofe *unmittelbar* Fragen stellen darf, — — nicht zu gering anschlagen. Darin liegt ... eins der bedeutsamsten Schutzmittel, welches das neue Gesetz mit anerkennenswerthem Gerechtigkeits-Sinne dem Angeklagten eingeräumt, und wodurch es erst der freien Vertheidigung desselben frisches Leben einhaucht, und die Gleichhaltung des Angeklagten mit dem Ankläger (Staatsanwalte) zur Wahrheit macht“[140]. Der Vorsitzende war befugt, jede ihm „unpassend“ erscheinende Frage zurückzuweisen. Nach § 244 war die Verteidigung befugt, alles ihr erforderlich Erscheinende geltend zu machen, mußte aber bei Beschimpfungen Anwesender, nicht zur Sache gehörenden Beschuldigungen u. ä. Disziplinarstrafen gewärtigen oder Wortentzug, äußerstenfalls Entpflichtung und — falls Vertagung notwendig wurde — Auferlegung der Kosten. Nach § 227 hatte der Gerichtshof bei umstrittenen Anträgen sogleich zu entscheiden, „ohne dass gegen seine Entscheidung ein selbständiges, die weitere Verhandlung hemmendes Rechtsmittel zulässig ist“. Gem. § 297 war die „Berufung“ wegen formeller und materieller Fehler möglich. Wegen Formgebrechen fand nach § 298 die Berufung statt, „wenn entweder in dem Verfahren solche Mängel unterlaufen sind, welche auf die Schöpfung des Erkenntnisses Einfluss nehmen konnten; oder wenn

[139] So *Würth*, StPO, S. 629. Noch schärfer gefaßt war § 281 Ziff. 4 öst. StPO 1873, von dem die Motive, bei *Kaserer* II, S. 110, meinten, er gehe noch „viel weiter“ als die entsprechende Vorschrift in der StPO 1850.

[140] *Hye*, Grundsätze, S. 260 f. FN 1, der dies S. 273 als „hochwichtige Abänderung“ der StPO von 1850 bezeichnet. § 249 öst. StPO 1873 behielt diese Neuerung bei und räumte in Satz 2 dem Vorsitzenden ein, „Fragen, die ihm unangemessen erscheinen, zurückzuweisen“. Auf Widerspruch entschied gem. § 238 der Gerichtshof, dessen Entscheidung dann mit der NB nach § 281 Ziff. 4 angegriffen werden konnte.

in dem Erkenntnis selbst wesentliche Förmlichkeiten verletzt worden sind“[141].

Auf den ersten Blick scheint dem auch die Gesetzeslage im Königreich Sachsen (1855) zu entsprechen. Das in diesem Bereich technisch sehr modern wirkende Gesetz verwies den Verteidiger (auch die Staatsanwaltschaft, was hier aber nicht weiter interessiert) bei Zurückweisung einer Frage durch den Vorsitzenden gem. Art. 287 Abs. 2 auf Art. 278, nach dessen Abs. 1 er eine Entscheidung des Gerichts verlangen konnte. Art. 278 Abs. 3 lautete sodann: „Will sich der Antragende oder Widersprechende bei der Entscheidung des Gerichts nicht beruhigen, so kann er seine Einwendungen nur gegen das Enderkenntnis mittelst der gegen dieses zulässigen Rechtsmittel geltend machen“[142]. Art. 350 Abs. 1 erklärte — die Nichtigkeitsbeschwerde insofern ausweislich seiner Überschrift beschränkend — Art. 243 Abs. 2 und 3 für anwendbar. In Art. 243 Abs. 2 fand sich sinngemäß die Generalklausel der Verletzung[143] wesentlicher Verfahrensvorschriften wieder, verbunden mit der ausdrücklichen Ermächtigung des Oberappellationsgerichts, nach Ermessen zu entscheiden[144]; Abs. 3 bestimmte: „Als eine Nichtigkeit ist es insbesondere zu betrachten, wenn das Gericht auf einen Antrag des Angeschuldigten ... eine Entscheidung zu geben verweigert oder unterlassen hat“[145]. Daraus ließe sich folgern: Das Gesetz hält es

[141] *Hye*, Grundsätze, S. 337 FN 3, verteidigt die vom System der öst. StPO 1850 abweichende Generalklauselregelung insoweit überzeugend damit, daß auch das scheinbar taxative System der vormaligen StPO 1850 (wie die ihm entsprechenden Gesetze anderer Staaten) in § 352 lit. d. „in einem der wichtigsten Punkte dieses ihr System wieder verlassen“ habe und eben eine allgemeine Anordnung gegeben, damit also die Unzulänglichkeit der eigenen Aufzählung anerkannt habe. Die Frage, welche Förmlichkeiten als wesentlich anzusehen seien, bleibe „in letzter Auflösung denn doch nur der vernünftigen Beurtheilung des Richters anheimgestellt“. Die Motive zur öst. StPO 1873, bei *Kaserer* II, S. 109 f., bezeichnen denn auch das System der StPO 1850 als „Mittelweg“ zwischen dem Enumerativ- und dem Generalklauselsystem. Zur Würdigung der StPO 1850, an der sich die neue StPO v. 1873 vor allem orientierte, s. S. *Mayer*, Hdb., S. 1 ff., und *Kaserer* II, S. 6 ff.

[142] Zur Kostenersparnis und Verfahrensbeschleunigung war in den Art. 272, 89 ein eigenartiges Institut der „vorläufigen Anmeldung“ der NB vorgesehen, wodurch dem Richter die Möglichkeit gegeben werden sollte, seine Entscheidung noch zu korrigieren; dazu Motive E 1853, S. 199; *Schletter*, LB, S. 225 ff.; *Schwarze*, Comm. I, S. 158. Hinsichtlich des Fragerechts reichte *in der Hauptverhandlung* allerdings der begründete Antrag i. S. des Art. 278 Abs. 1. Zur Präklusion durch — fingierten — Verzicht s. Motive 1853, S. 292 f. Ausführlich zum Verzicht *Planck*, S. 540 ff.; zur heutigen Sicht s. *Schmid*, Verwirkung.

[143] Dazu *Schwarze*, Comm. II, S. 23.

[144] Vgl. Motive zum sächsischen E 1853, S. 194 f.; *Schwarze*, Comm. I, S. 163. *Marquardsen* meinte, das Gericht habe hier eine „umfangreiche Befugniß“ und könne „fast schrankenlos“ eingreifen, Krit. Zeitschr. 4 (1857) 75.

[145] Hinsichtlich des *Fragerechts* können Art. 243 Abs. 2 und Abs. 3 allerdings die NB nicht beschränken, denn in dem Stadium, auf welches sich Art. 243

für möglich, die Verwerfung einer Frage per Zwischenerkenntnis mit der Nichtigkeitsbeschwerde zu bekämpfen. Hätte es das nämlich ausschließen wollen, so wäre der Verweis auf Art. 278 am Ende des Art. 287 Abs. 2 auf Art. 278 Abs. 1 und 2 beschränkt, Abs. 3 also ausgenommen worden, was technisch unproblematisch möglich war. Zum anderen scheint das „insbesondere“ in Art. 243 Abs. 3 anzuzeigen, daß es sich bei der Regelung lediglich um einen absolut wirkenden[146] Spezialfall des Art. 243 Abs. 2 handeln soll. Art. 243 Abs. 3 stellte sich folglich als ein gesetzlich bestimmter Fall einer wesentlichen Formverletzung dar[147]. So scheint hier auf den ersten Blick schon eine Konsequenz gezogen, die in anderen Staaten nicht gezogen worden ist. Doch ist dies allenfalls beschränkt zutreffend. „Die Praxis andrer Länder hat gezeigt, daß die Nichtigkeitsbeschwerde des Angeklagten vorzugsweise darauf gestützt zu werden pflegt, daß die Vertheidigung in ihren Rechten ungesetzlich beschränkt worden sei, insbesondre, daß Anträge auf Beweisaufnahmen aus unzulässigen Gründen zurückgewiesen worden seien. Es ist im Allgemeinen festzuhalten, daß eine Entschließung des Bezirksgerichts, durch welche ein solcher Antrag als *unerheblich* (im Gegensatze von unzulässig) zurückgewiesen worden ist, so wie die Verfügung, kraft welcher nicht vorgeladene Zeugen oder andere Beweismittel erst während der Hauptverhandlung vorgeladen und abgehört usw. sind, nicht als *nichtig* angefochten werden kann“[148].

Zumindest, was die Zurückweisung wegen Unerheblichkeit anlangt, liegt demnach auch dem sächsischen Verfahrensrecht die Betrachtung zugrunde, die oben schon für die badische StPO 1864 dargestellt wurde. Der Inhalt der Entscheidung stand im Ermessen des Instanzgerichts und war der Überprüfung des Oberappellationsgerichts entzogen. Und dies, obwohl ein Fall des Art. 85 Abs. 4, wonach nur „gegen Entscheidungen, welche in diesem Gesetze ausdrücklich in das Ermessen dessen gestellt sind, dem sie das Gesetz zugewiesen hat, ... ein Rechtsmittel nicht zulässig“ ist, *nicht* vorliegt[149]. Ob das Oberappellationsgericht, wie von *Schwarze* offenbar anregend gemeint, anders verfuhr, wenn eine Frage als *unzulässig* zurückgewiesen wurde, konnte nicht geklärt wer-

---

bezieht, hat eine Befragung durch die Verteidigung noch gar nicht stattgefunden.

146 Motive 1853, S. 195.

147 So denn auch *Schletter*, LB, S. 39.

148 *Schwarze*, Comm. II, S. 166, Hervorhebungen dort.

149 Selbst wenn man die Zurückweisung einer Frage nach Art. 287 Abs. 2 als eine Ermessensentscheidung des Vorsitzenden i. S. des Art. 85 Abs. 4 hätte interpretieren können: der Verweis auf Art. 278 verschließt diese Möglichkeit. Kritik des Art. 85 (wohl de lege ferenda) bei *Planck*, S. 591 FN 1.

den. Eine diesbezügliche Entscheidung war jedenfalls nicht zu ermitteln[150].

d) Gesetze aus der Zeit nach 1860

Lediglich kursorisch sei zur Vervollständigung noch auf einige Gesetze zwischen 1860 und der RStPO hingewiesen. Die Darstellung bezieht nicht alle in diesem Zeitraum erlassenen Prozeßordnungen ein; es geht vielmehr nur darum, zwischen den Partikulargesetzen der späten 40er und der 50er Jahre und der RStPO keine Lücke zu lassen, was die gesetzlichen Weiterbildungen angeht und zu zeigen, ob und inwieweit das badische EG 1851 auch diesen neueren Gesetzen (noch) entsprach.

aa) Die preußische StPO von 1867

Nach Eröffnung des Hauptverfahrens war die Verteidigung vollumfänglich zugelassen, insbesondere stand ihr Akteneinsicht zu, § 209. Schon in der Voruntersuchung war sie jedoch gem. § 208 Satz 1 („soll") auf Verlangen zu der Einnahme eines Augenscheines hinzuzuziehen. § 236 Abs. 1 beschrieb die allgemeinen Amtsverrichtungen des Vorsitzenden, nämlich „die Leitung der Verhandlung, insbesondere (!) das Verhör des Angeklagten und der Zeugen, sowie die Aufrechterhaltung der Ordnung ...". Abs. 2 entsprach § 94 EG. § 237 Abs. 1 regelte das unmittelbare Fragerecht von Staatsanwalt und Verteidiger; den beisitzenden Richtern, den Geschworenen sowie dem Angeklagten konnte der Vorsitzende die unmittelbare Befragung überlassen. Gem. Abs. 2 war er „befugt, die Stellung der Fragen in jedem Zeitpunkte wieder selbst zu übernehmen und das Verhör zu schließen". § 242 Abs. 1 bestimmte einen Teil dessen, was im EG Gegenstand des § 93 gewesen war, daß nämlich „kein erheblicher Umstand und kein Beweismittel blos aus dem Grunde unberücksichtigt bleiben (darf), weil der Staatsanwaltschaft oder dem Angeklagten davon nicht frühzeitig genug Kenntniß gegeben sei". Gem. § 250 Abs. 1 entschied „ueber den Umfang des aufzunehmenden Beweises ... zunächst (!) das Ermessen des Vor-

[150] Auch die Motive zum E 1853, S. 291 ff., geben insoweit keinen Aufschluß; — einschlägige Entscheidungen hätten freilich vorausgesetzt, daß das Oberappellationsgericht in Art. 278 überhaupt eine wesentliche Vorschrift erkannt hätte. Die Anordnung der Art. 349, 350 spricht aber eher dafür, daß man wie (z. B.) in Baden und Bayern verfuhr. Vgl. auch § 447 des preuß. E 1851, zit. bei *Abegg*, Entwurf, S. 190 FN 243: „Außer den in § 446 bezeichneten Fällen findet die Nichtigkeitsbeschwerde statt, wenn bei der Hauptverhandlung, oder bei der Fällung des Urtheils Gesetze oder *Grundsätze* des Verfahrens verletzt worden sind, deren Beobachtung durch das Wesen eines die Verfolgung und die Vertheidigung sichernden Verfahrens geboten ist". *Abegg*, ebda, betont, daß mit „Grundsätzen" nicht jegliche Vorschriften des Verfahrens gemeint seien.

sitzenden". Abs. 2 nahm dann sachlich das auf, was in Art. 268, 269 CIC Gegenstand der diskretionären Gewalt war. § 251 schließlich bestimmte für das laufende Verfahren die Letztzuständigkeit des Gerichtshofs, der auf Widerspruch hin eine Entscheidung (mit Begründung) zu geben hatte und gem. Abs. 4 „auch von Amtswegen ... über die Zulässigkeit einer Handlung der Beweisaufnahme in Berathung treten, ingleichen die Erhebung neuer Beweise beschließen" konnte. § 256 traf detaillierte Bestimmungen hinsichtlich des Sitzungsprotokolls, § 389 Ziff. 2 i. V. m. § 390 regelte die Nichtigkeitsbeschwerde wegen Verfahrensverstößen.

Was oben für das badische EG 1851 als geltend erkannt wurde, war hier wesentlich deutlicher geregelt. Die Vernehmung der Zeugen gehörte zur Sachleitung, hatte also mit dem, was in den Bereich der diskretionären Gewalt fiel, nichts zu tun. Gleiches gilt für die dem § 94 EG entsprechende Maxime des § 236 Abs. 2. § 250 Abs. 1 i. V. m. § 251 stellt klar, daß der Vorsitzende zwar die erste Entscheidung trifft (an sich ja eine Selbstverständlichkeit, wenn er die Verhandlung zu leiten hat), aber eben nur zunächst, d. h. vorbehaltlich einer — anderen — Entscheidung des dann angerufenen Gerichts. § 251 Abs. 4 endlich verdeutlicht, daß der Vorsitzende nur (noch) primus inter pares ist, das vorherige, zumindest faktisch, teilweise auch rechtlich bestehende Richterkönigtum jedenfalls in Preußen also ein Ende finden sollte.

bb) Die revidirte StPO für das Königreich Sachsen von 1868

Sie brachte im Verhältnis zur StPO 1855 wenig Neues. Die Verteidigung begann, wenn sie eine notwendige war (funktional durchaus i. S. des heutigen § 140 StPO), gem. Art. 38 b Abs. 1 mit dem Antrag des Staatsanwalts nach Art. 229, der das Anklageverfahren eröffnete (d. h. die badische „Versetzung in den Anklagestand"). Nach Art. 41 c war der Verteidiger dann berechtigt, an Augenscheinseinnahmen, Beschlagnahmen, Leichenbeschauungen usw. teilzunehmen und hierbei Anträge zu stellen. Die Unmittelbarkeit der Beweiserhebung wurde mithin zumindest teilweise auch auf das vor der Hauptverhandlung liegende Stadium hinsichtlich Beweismitteln erstreckt, die in der Hauptverhandlung selbst nicht (mehr) vorgeführt werden konnten, woraus das Antragsrecht des Verteidigers resultiert. Das Institut der Anmeldung der Nichtigkeitsbeschwerde gem. Art. 272, 242, 243 wurde beibehalten. Art. 277 beschrieb die Amtsbefugnisse des Vorsitzenden wie bisher. Abs. 1 entsprach sinngemäß dem eben dargestellten preußischen § 236 Abs. 1 StPO 1867. Art. 277 Abs. 4 - 6 sprachen sich über die Wahrheitsermittlungspflicht und die Einführung neuer Beweispersonen und -mittel aus. Art. 278 StPO 1855 war geblieben. Abs. 1 bestimmte wie bisher: „Wird ein Antrag auf Vornahme einer gerichtlichen Handlung gestellt oder einer solchen widersprochen, so faßt hierauf zunächst (!) der Vorsitzende Entschließung. Es kann jedoch derjenige, welcher durch die Entschließung sich verletzt glaubt, eine Entscheidung des Gerichts verlangen". Art. 287 Abs. 1 war ebenfalls geblieben. Neu eingefügt war in Abs. 2 eine Bestimmung über die Reihenfolge der Ausübung des Fragerechts (nicht des Vernehmungsrechts; das blieb weiterhin dem Vorsitzenden vorbehalten). Abs. 3 entsprach der alten Fassung; lediglich der Verweis auf Art. 278, den die StPO 1855, Art. 287 Abs. 2 am Ende enthalten hatte, war bemerkenswerterweise weggefallen[151]. Neu war auch Abs. 4: „Wegen Unerheblichkeit dürfen Fragen nicht zurückgewiesen werden".

Damit wird die oben dargestellte Interpretation *Schwarzes* ausdrücklich zurückgenommen. Denn indem Art. 287 für das Fragerecht eine spezielle Regelung darstellt, muß Abs. 4 auch für das Gericht (den Gerichtshof) gelten; bezüglich des Fragerechts ist es nämlich nicht möglich, im Rahmen der Entscheidung nach Art. 278 insoweit anders zu verfahren, als in Art. 287 Abs. 4 bestimmt[152]. Die in der Zurückweisung wegen Unerheblichkeit liegende vorweggenommene Beweiswürdigung wurde mithin expressis verbis untersagt. Hierin lag eine wesentliche Änderung, gemessen an dem badischen Verfahrensrecht von 1864. Damit gewinnt auch die Frage nach der Überprüfbarkeit einer Zurückweisung wegen Unangemessenheit (Unzulässigkeit, Unstatthaftigkeit) schärfere Konturen[153]. Wenn nämlich wegen Verletzung des Art. 287 Abs. 4 kassiert werden konnte, so liegt die Vermutung nahe, daß das Oberappellationsgericht auch prüfen konnte, ob eine Zurückweisung als „unangemessen" zu Recht erfolgt war; jedenfalls in Richtung auf eine verkappte Entscheidung über die Erheblichkeit war dies (nunmehr) vorgesehen.

cc) Die StPO für das Königreich Württemberg von 1868

Hier regelte Art. 298 die allgemeinen Amtsverrichtungen des Vorsitzenden, insbes. die Verhandlungsleitung, die Sitzungspolizei, die Bestimmung des Ablaufs und die Vernehmung der abzuhörenden Personen einschließlich des Beschuldigten. Nach Abs. 5 konnte das Gericht,

---

[151] Daß damit die bisher über die Verweisung miterfaßten richterlichen Handlungen des Vorsitzenden bzgl. des Fragerechts nicht mehr mitgemeint sein sollten, kann nicht angenommen werden. Dagegen spricht eindeutig der Wortlaut des Art. 278 Abs. 1.

[152] Anders hätte Art. 287 Abs. 4 auch keinen Sinn; verletzte nämlich der Vorsitzende diese Vorschrift, und durfte das Gericht diese Verletzung sanktionieren, so liefe Art. 287 Abs. 4 letztlich leer.

[153] Art. 349 hatte — anders als Art. 349 StPO 1855 — eine Gleichstellung von StA und Angeklagtem hinsichtlich der Befugnis zur Erhebung der NB vorgesehen.

nach vorherigen Warnungen und fruchtlosem Ordnungsruf durch den Vorsitzenden, sowohl dem Verteidiger als auch dem Staatsanwalt das Wort entziehen, „wenn Dinge zur Sprache gebracht werden, die mit den zu entscheidenden Fragen in durchaus keinem Zusammenhange stehen". Art. 300 Abs. 1 entsprach sinngemäß Art. 268, 269 CIC, Abs. 2 dem Art. 270 CIC. Abs. 4 gewährte gegen Handlungen des Vorsitzenden oder zur Erwirkung von solchen den Anspruch auf Entscheidung des Gerichts. Art. 308 Abs. 1 ermächtigte die (Ersatz-)Richter und (Ersatz-)Geschworenen, nach Erhalt des Wortes, zur unmittelbaren Fragestellung. Abs. 2 Satz 1 gab dem Staatsanwalt, dem Angeklagten und seinem Verteidiger die gleiche Befugnis. Bei Mißbrauch konnt der Vorsitzende nach Satz 2 vorherige Angabe der Fragen verlangen und „unangemessene zurückweisen". „Ueber Einsprachen gegen eine solche Zurückweisung entscheidet das Gericht", Art. 308 Abs. 3. Art. 309 ermächtigte den Vorsitzenden, „auf Antrag des Staatsanwaltes oder (!) des Vertheidigers denselben die Vernehmung der Zeugen ... zu überlassen". Jeder konnte dann die von ihm geladenen Zeugen selbst vernehmen, der Staatsanwalt auch die vom Gericht bestimmten. Abs. 3 gewährte alsdann insoweit das Kreuzverhör. Nach Abs. 4 war der Vorsitzende befugt, „unzulässige Fragen und Antworten abzuschneiden oder zu verbieten; auch kann er sich dem Verhör wieder selbst unterziehen oder dasselbe schließen". Staatsanwalt und Verteidiger konnten gem. Art. 310 den Angeklagten nur vom Vorsitzenden befragen lassen. — Die Beschlüsse der „Raths- und Anklagekammer" waren gem. Art. 423 mit der Beschwerde anfechtbar. Vorbescheide und Zwischenentscheidungen des erkennenden Gerichts während der Hauptverhandlung konnten nach Art. 425 nur zugleich mit dem Endurteil angegriffen werden. Die Beschwerde fand gem. Art. 426 Ziff. 2 „überhaupt nicht Statt ... gegen die während der Hauptverhandlung von dem Vorsitzenden des Gerichts innerhalb seiner Zuständigkeit ergriffenen Maßregeln und erlassenen Verfügungen, sowie gegen Entscheidungen, welche bezüglich solcher Maßnahmen und Verfügungen seitens des Gerichts erfolgt sind (vergl. Art. 298 Abs. 4, 5, Art. 303 Abs. 3, 6, Art. 308 Abs. 2, 3 (!), Art. 363 Abs. 2)". Sie waren „jedem Rechtsmittel ausdrücklich entzogen", vgl. Art. 427[154]. — Art. 441 brachte eine detaillierte Regelung der Nichtigkeitsbeschwerde und in der abschließenden Ziffer 14 die Generalklausel: „wenn in andern als den in Vorstehendem bezeichneten Fällen bei der Hauptverhandlung oder der Entscheidung Grundregeln des Verfahrens oder gesetzliche Vorschriften bezgl. desselben hintangesetzt oder unrichtig angewendet worden sind und es zweifelhaft ist, ob nicht deren Beobachtung zu einer andern Entscheidung geführt haben würde". Für den hier interessierenden Bereich bedarf sie angesichts des Art. 426

[154] Zur Würdigung dieser Regelung s. o. B IV 2 b bei FN 109.

keiner weiteren Erörterung. — Über den diesbezüglichen Stand des badischen EG von 1851 war Württemberg also auch 1868 noch nicht hinausgelangt.

4. Fazit

Nach allem ist festzuhalten, daß zur Zeit der Partikulargesetzgebung die „Verrechtlichung" in den einzelnen Ländern unterschiedlich stark ausgeprägt war. Ließen die genannten österreichischen Gesetze die Nichtigkeitsbeschwerde auch gegen einschlägige versagende Entscheidungen des Gerichtshofs zu, so huldigte die Mehrzahl der in diese Untersuchung einbezogenen Kodifikationen offensichtlich der oben für Baden nachgewiesenen Vorstellung, daß eine Nichtigkeitsbeschwerde ausgeschlossen sei, wenn der Gerichtshof den Antrag — wie auch immer — beschieden hatte. Teils war dies — wie für Oldenburg 1857 angenommen und den württembergischen Entwurf 1866 sowie die StPO 1868 nachgewiesen — positiv geregelt, teils erst aus dem Zusammenhang der Gesetze und ihrer Bewertung zu erschließen. Sachlich lag diesen Gesetzen die Vorstellung zugrunde, die im Bericht zum württembergischen Entwurf 1866 ausgesprochen wurde. Mochte in der Verweigerung einer Frage auch eine Beeinträchtigung der Verteidigung liegen können, so hielt man sie jedenfalls für keine *wesentliche* Beschränkung der Verteidigung, weshalb die Entscheidung dem Gerichtshof allein überlassen bleiben konnte. Was quantitativ unterhalb der totalen Verweigerung blieb, war der Nichtigkeitsbeschwerde entzogen. Von heute aus betrachtet mag die „materielle" Wertentscheidung nach den Erfahrungen ebenso regelmäßig folgenlos bleiben, als generelles Raster war sie aber auf jeden Fall zu grob. Diese Vorstellung und ihre Durchführung könnten u. a. ihren Grund auch darin finden, daß die Cassationsgerichte (wie auch die Gesetzgeber) glaubten, die *sachliche* Richtigkeit einer *tatsächlichen*, wenn auch prozessualen, Annahme nicht überprüfen zu dürfen (zumindest aber nicht zu sollen). Dafür sprechen jedenfalls etliche Entscheidungen verschiedener Cassationshöfe, z. B. zu der Frage, ob der Gerichtshof aus tatsächlich zutreffenden Erwägungen einen Zeugen als nicht ladbar bezeichnet und dessen Aussage aus der Voruntersuchung gegen den Protest der Verteidigung verlesen hatte[155]. Die Ausführungen *Haagers*[156], von *Ammann*[157] sachlich in seinen Kommentar übernommen, zeigen deutlich, daß man jedenfalls im Ergebnis der Auffassung war, daß sich im Anspruch auf eine Zwischenentschei-

---

155 So z. B. SitzB IV, S. 459.

156 Im KommB, Verh. der II. K 1861/63, Beil. 6, S. 684.

157 S. 258.

dung das Recht erschöpfe, der fragliche Bereich mithin einer Nichtigkeitsbeschwerde nach § 373 Ziff. 3 StPO 1864 entzogen sein sollte.

Wenn *Planck*[158] — die Partikularrechte insoweit insgesamt resümierend — nach seiner Bemerkung, daß auf die Richtigkeit der Entscheidung nichts ankomme, fortfährt, „nur für den Angeklagten wird die Ausnahme gemacht, nicht für den Staatsanwalt, daß jenem die weitere (!) Nachweisung zur Begründung der Nichtigkeit gestattet wird, daß die Vertheidigung wesentlich durch die Abschneidung beschränkt worden sei", so bezieht sich das ersichtlich nicht auf die Ablehnung einer einzelnen Frage, sondern auf eine Beeinträchtigung der Verteidigung in (nach damaligem Verständnis) bedeutenderem Umfange. Denn an anderer Stelle[159] führt *Planck* aus: „Streitigkeiten, ob eine Frage gestellt werden soll, die der Vorsitzende verweigert, entscheidet das Gericht". Das Gericht hat „einfallende Streitfragen . . ., wie überall im Laufe der Verhandlung" kollegialisch zu entscheiden[160]. Wenn es aber entschieden hat, ist die Frage erledigt. Denn die abschließende Beweiswürdigung wie ihre inhaltliche Vorbereitung liegen beim Kollegium, weshalb dieses auch die „letzte Entscheidung" zu treffen hat[161]. Die Gedanken aber, die schon in der österreichischen StPO von 1850 ihren Niederschlag fanden, sind unmittelbare Vorläufer der relativen, auf die konkrete Entscheidung bezogenen Aufhebungsgründe[162]. In der „Wesentlichkeit" der Formverletzung war die Figur des heutigen relativen Revisionsgrundes schon angelegt, in seiner eigenständigen, von den absoluten Nichtigkeitsgründen abgehobenen Funktion und — vor allem! — Reichweite aber noch nicht hinreichend erkannt. Dies einzusehen blieb der weiteren Entwicklung vorbehalten[163]. Mit Pate für diese Einstellung mag auch die Einschätzung der Seriosität der Richter gestanden haben, wie sie *Abegg*[164] anläßlich einer Klarstellung dessen be-

158 S. 535.

159 S. 355.

160 S. 353 f.

161 Vgl. *Schmid*, Verwirkung, S. 280 f.; s. a. *Planck*, S. 170 f., Hervorhebungen dort: „Die deutschen Gesetze . . . geben dem Gericht die Befugniß, nach seinem *Ermessen* gestellte Partheianträge zu verwerfen, und begnügen sich meist damit, jener Forderung (auf Gehör) dadurch einen gewissen Einfluß zu gestatten, daß sie das Gericht verpflichten, über den Antrag *ausdrücklich* zu entscheiden". Dieses Ermessen umfasse nicht nur Gründe gesetzlicher Unzulässigkeit, sondern auch solche „der Unzweckmäßigkeit für die Ermittlung der Wahrheit", ebda, FN 2.

162 S. a. *Schmid*, Verwirkung, S. 265 f.

163 Sie fand ihren Schlußstein in der Feststellung der Motive zum E 1873, S. 218: „grundsätzlich ist keine Prozeßvorschrift von der Begründung der Revision ausgeschlossen".

164 Betrachtungen, S. 167, im Hinblick auf richterliche Ergänzung von Lükken des Gesetzes aus „Sinn und Geist der Gesetzgebung und Einzelfallgerechtigkeit".

schrieben hat, was Willkür meint, wenn vom Ermessen des Richters die Rede ist: „Der individuellen Willkühr darf nichts eingeräumt werden. Auch nicht der richterlichen Willkühr — wenn man nicht diese Bezeichnung, die, obschon oft in den Gesetzen selbst gebraucht, so leicht einer Mißdeutung unterliegt, in dem einzig richtigen Sinn nimmt, wonach zunächst der Nachdruck auf das Wort *„richterlich"* gelegt wird, um es sich sofort zum Bewußtseyn zu bringen, daß Richterpflicht, Gewissenhaftigkeit und Gehorsam gegen das Recht überall maaßgebend seyn müssen, woraus sich dann weiter ergiebt, daß jene Willkühr nicht das bedeute, was man sonst gewöhnlich versteht — ein subjektives Belieben ohne objektiven Grund, sondern vielmehr ein eben durch einen solchen anerkannten Grund bestimmtes, einsichtsvolles, die gegebenen Bedingungen berücksichtigendes Ermessen". Die notwendigen Grenzen bestimme das Gesetz. Das Prinzip überall zu erkennen, sei nicht leicht. — Wie anders soll man auch die Tatsache deuten, daß ein Großteil der Partikulargesetze die Bestimmung dessen, was eine Verletzung „wesentlicher Förmlichkeiten" sein sollte, ganz in das Ermessen des jeweiligen obersten Gerichtshofs stellte? Mitgespielt hat freilich auch die — zutreffende — Einschätzung, daß eine auch nur annähernd erschöpfende Regelung der in Frage kommenden Verfahrensverstöße ohnehin nicht möglich ist.

V. Die Rechtslage auf der Basis der RStPO

1. Die Regelungen in den Beratungen zur RStPO

Im III. Entwurf der RStPO von 1874[165] war der hier interessierende Problembereich in den §§ 201 ff. geregelt. § 201 E - RStPO legte Verhandlungsleitung, Vernehmung des Angeklagten und Beweisaufnahme in die Hand des Vorsitzenden. Die Sitzungspolizei war nunmehr im GVG geregelt. Zur Verhandlungsleitung führten die Motive 1874[166] aus, der Entwurf habe dem Vorsitzenden damit „keineswegs jene diskretionäre Gewalt beilegen wollen, wie sie der *Code d'instrucion criminelle* dem Schwurgerichts-Vorsitzenden gewährt" (Art. 268 CIC). Sie sei im Gegenteil unstatthaft, was S. 137 f. hinsichtlich der Beweisantragsrechte eingehend begründet wird. „Hier[167] genügt es, hervorzuheben, daß die zur Sicherung des Verfahrens geschaffenen Förmlichkeiten und die zum Schutz des Angeklagten gewährten Verteidigungsmittel

---

[165] Vgl. *Hahn*, Materialien, S. 28. Mit E - RStPO ist im folgenden immer der III. E 1874 gemeint. Zur Entstehung der RStPO s. *Löwe*, S. X ff.

[166] S. 134, Hervorhebung dort; vgl. auch schon Motive 1872, S. 166, zum I. E 1873. Dazu auch *Schmid*, Verwirkung, S. 228 f.

[167] Bei § 201, Motive 1874, S. 134.

wesentlich an ihrem Werth verlieren würden, wenn dem Vorsitzenden gestattet wäre, sich nach seinem diskretionären Ermessen, so oft es ihm zur Ermittelung der Wahrheit dienlich erscheint, über dieselben hinwegzusetzen".

§ 202 Abs. 1 E - RStPO sah das schon in Art. 77 des preußischen Gesetzes von 1852 eingerichtete Kreuzverhör vor, mit der Modifikation, daß der Vorsitzende auf beiderseitigen Antrag die entsprechende Vernehmung gestatten mußte[168]. Abs. 2 ermöglichte aber, insoweit der württembergischen StPO von 1868, Art. 309, folgend, auch einem Teil allein auf dessen Antrag (fakultativ) die Vernehmung zu übertragen; der andere konnte dann die nämliche Befugnis in Anspruch nehmen. — Blieb es bei der Vernehmung durch den Vorsitzenden, so waren Staatsanwaltschaft und Verteidigung zur unmittelbaren Befragung[169] berechtigt. Ungeeignete und nicht zur Sache gehörige Fragen war der Vorsitzende gem. § 204 Abs. 3 E - RStPO befugt zurückzuweisen[170]. Zweifel über die Zulässigkeit einer Frage hatte das Gericht zu entscheiden, § 204 Abs. 4 E - RStPO[171].

Zur Frage der Revisibilität gem. § 300 des Entwurfs führten die Motive[172] aus, daß grundsätzlich keine Prozeßvorschrift von der Begrün-

---

[168] Das „Oberaufsichtsrecht" i. S. *Oppenhoffs,* S. 363 Anm. 1, verblieb ihm aber auch hier, s. § 204 Abs. 3 des III. E. Interessant hierzu die Diskussion in der Kommission, Mat. zur R-J-G I, S. 65 ff. und 143 f.

[169] Nicht: Vernehmung; diese oblag — wie schon nach den am frz. Recht orientierten Partikulargesetzen — als das weitergehende Recht gem. § 201 dem Vorsitzenden, soweit nicht ein Kreuzverhör nach § 202 stattfinden sollte. Zu dieser Differenzierung zwischen Vernehmung und Befragung vgl. *Alsberg,* GA 63 (1917) 99 ff. — Schon die Motive 1872, S. 168, hoben hervor, das Recht, der zu vernehmenden Person einzelne Fragen vorzulegen, könne für die Beteiligten von großem Wert sein; ebenso z. B. *von Holtzendorff,* S. 415.

[170] Zu den Begriffen in ihrer materiellen Bedeutung z. B. *Alsberg,* GA 63 (1917) 104 ff.

[171] Eine vergleichbare ausdrückliche Regelung hatte im I. E 1873 noch gefehlt. Hier war in § 195 das Fragerecht, in § 196 das Zurückweisungsrecht geregelt. Zu dem Problem, was zu geschehen hatte, wenn ein Fragebefugter mit der Zurückweisung einer Frage durch den Vorsitzenden nicht einverstanden war, schwiegen sowohl der E als auch die beigefügten Motive 1872, S. 166 ff. Wie eben schon hervorgehoben, war lediglich ein diskretionäres Ermessen des Vorsitzenden ausdrücklich verneint, inzident also im Streitfall die Entscheidung „des Gerichts" vorgesehen; s. a. *Kleinfeller,* Stellung, S. 164 ff.; *ders.,* Functionen, S. 262 ff. *Löwe,* S. 603, Note 1 zu § 237, fügte an, im Vergleich zur Mehrzahl der Landesgesetze habe die StPO „die Befugnisse des Vorsitzenden eingeschränkt und diejenigen des Gerichts erweitert". — Nach der hier vertretenen Auffassung hängt der Bereich des Fragerechts freilich ohnehin nicht mit der diskretionären Gewalt zusammen. Danach bestätigt auch die Ansicht *Löwes* die schon mehrfach getroffene Feststellung, daß man sich vielerorts über Bedeutung und Reichweite dieses Ermessens keine hinreichend klare Kenntnis verschafft hatte. Exemplarisch unpräzise ist der Begriff der diskretionären Gewalt verwendet bei *Fuchs,* S. 71 f., 77 f.: er setzt ihn gleich mit der Verhandlungsleitung; s. a. den Text bei FN 166.

[172] Motive 1874, S. 203; s. a. *Hahn,* Materialien, S. 251.

dung der Revision ausgeschlossen sei. Der Erfolg des Rechtsmittels sei aber immer durch einen Zusammenhang zwischen der begangenen Gesetzesverletzung und der Entscheidung selbst bedingt, indem diese auf der Verletzung beruhen müsse. Die Motive zum I. Entwurf 1873[173] hatten die Ablösung der dem französischen Cassationsrekurs nachgebildeten partikularrechtlichen Nichtigkeitsbeschwerde durch die Revision[174] damit begründet, die formale Natur des Rechtsmittels bedinge einerseits häufig die Aufhebung von Entscheidungen, „welche eine materielle Rechtsverletzung durchaus nicht enhalten", während sie andererseits oft dazu zwinge, „einer sachlich begründeten Beschwerde lediglich aus prozessualischen Gründen die Abhülfe zu versagen". Um die Ersetzung durch ein besseres Rechtsmittel deutlich zu machen, habe man den alten Ausdruck nicht mehr aufgenommen. „Der hauptsächlichste Unterschied zwischen dem Rechtsmittel des Entwurfs und der Nichtigkeitsbeschwerde" liege darin, daß dem höheren Richter, der die Sache nur rechtlich zu beurteilen habe, „für die Lösung dieser Aufgabe ... freie Bewegung gewährt" werde und „seiner Thätigkeit möglichst wenig formale Grenzen gezogen" seien[175].

Diese Begründung ist, indem sie die Partikulargesetze hier über einen Kamm schert, nicht ganz überzeugend. Wie oben an mehreren Stellen dargelegt, gab es Gesetze[176], die dem Entwurf und der späteren RStPO in diesem Bereich kaum oder nicht nachstanden, und selbst die Generalklauseln waren nicht so starr angelegt, daß man mit ihrer Hilfe sich nicht auch die Ergebnisse hätte erarbeiten können, die die RStPO nunmehr — freilich eindeutiger — gewährleistete. Hinderlicher als die konkrete Ausgestaltung der Normen war die seinerzeit herrschende Auffassung, den Interessen der Verteidigung sei durch den Spruch des Gerichtshofes hinreichend genügt, verbunden mit der Praxis der Cassationsgerichte, ihre Kompetenz auf derartige Konstellationen nicht zu erweitern. Eindeutig geklärt war das Problem dort, wo die Beschwerdebefugnis ausdrücklich verneint wurde; so verfuhren z. B. der württembergische Entwurf 1866 und ihm folgend die StPO 1868. Hier aber war nicht die Nichtigkeitsbeschwerde zu formal, sondern die materielle Sichtweise in deren Vorfeld schon zu eng, indem man die Folgen eines Zwischenerkenntnisses über die Stellung (Verwerfung) einer Frage als nicht wesentlich einstufte.

---

173 Motive 1872, S. 216.

174 Mit diesem Begriff wurde in manchen Partikulargesetzen die heutige Wiederaufnahme des Verfahrens bezeichnet.

175 Motive 1872, S. 217; s. a. Motive 1874, S. 201 f., die diese Ausführungen übernahmen.

176 Entgegen *Bismarcks* politischer Entscheidung sollen die öst. Gesetze historisch zu den „deutschen" i. w. S. gerechnet werden.

In der ersten Lesung der Kommission meldete *von Schwarze* Bedenken hinsichtlich des Begriffs „beruhen" an[177] und meinte, den positiven Beweis werde der Revisionskläger kaum führen können, weshalb es reichen müsse, daß nach Lage der Sache die Annahme nicht ausgeschlossen sei, daß die Beobachtung der Rechtsnorm zu einer anderen Entscheidung geführt haben würde. *Von Amsberg*[178] entgegnete, wenn das Gericht einen Zusammenhang vermute, werde es nach dem Grundsatz in dubio pro reo (!) aufheben. Im übrigen solle man die Richter nicht gängeln, sondern deren Ermessen freien Spielraum lassen. § 300 des Entwurfs wurde daraufhin unverändert angenommen, von dem Abgeordneten *Bähr* mit der Bemerkung versehen, der Antrag *von Schwarzes* enthalte wissenschaftliche Sätze, die nicht in ein Gesetz gehörten. Wer solche Sätze verstehe, der brauche sie nicht; wer sie brauche, der verstehe sie nicht.

Im Bericht der Kommission[179] wurde zu § 203 E - RStPO hervorgehoben[180], daß der Vorsitzende nur ungeeignete und nicht zur Sache gehörige Fragen zurückweisen dürfe, keinesfalls aber solche, die er nur für unerheblich halte[181]. Zu § 300 E - RStPO wurde bemerkt[182], daß bei Verletzung einer Prozeßvorschrift das Revisionsgericht zu prüfen habe, ob ein Einfluß auf den materiellen Inhalt der Entscheidung anzunehmen oder wenigstens nach Sachlage nicht ausgeschlossen sei und ob bei Beobachtung der Formvorschrift ein anderes Ergebnis hätte eintreten können.

In der zweiten Beratung im Plenum des Reichstags wurden die §§ 201 ff., 300 E - RStPO nicht mehr diskutiert[183]. Eine Änderung vor Inkrafttreten der RStPO erfolgte lediglich hinsichtlich der Bezifferung[184].

2. Die Ausgestaltung des Fragerechts nach der RStPO

Sedes materiae des Fragerechts waren die §§ 237 - 241[185]. Nach § 239 hatte der Vorsitzende den Beisitzern, Geschworenen, Schöffen, der

[177] *Hahn*, Materialien, S. 1024 f.
[178] *Hahn*, Materialien, S. 1025.
[179] Berichterstatter war *von Schwarze*.
[180] *Hahn*, Materialien, S. 1581.
[181] Das entsprach also ganz der in der sächsischen StPO v. 1868 zum Ausdruck gekommenen Ansicht; dazu s. o. B IV 3 d bb.
[182] *Hahn*, Materialien, S. 1605.
[183] *Hahn*, Materialien, S. 1898.
[184] Vgl. *Hahn*, Materialien, S. 2248 ff., 2310 f.
[185] § 237 RStPO ersetzte § 201 des E, führte aber einen neuen Absatz 2 ein, dem der heutige § 238 Abs. 2 entspricht; zu dieser Neuerung *Voitus* I, S. 37; *Löwe*, S. 603, Note 5 zu § 237. § 238 RStPO trat an die Stelle des § 202 E, dessen Abs. 2 gestrichen worden war. Im neueingefügten Abs. 2 war be-

Staatsanwaltschaft, dem Angeklagten und seinem Verteidiger auf Verlangen zu gestatten, Fragen an Zeugen und Sachverständige zu stellen[186]. Bei Mißbrauch war er im Falle des in § 238 eingeführten Kreuzverhörs zur Entziehung befugt, § 240 Abs. 1. Ungeeignete oder nicht zur Sache gehörige Fragen konnte er zurückweisen, soweit die Frage nicht von einem beisitzenden Richter gestellt war, § 240 Abs. 2. Im Streitfalle entschied über die Zulässigkeit das Gericht, § 241.

Über Einzelheiten, insbesondere das Verhältnis der §§ 237 Abs. 2, 241 zueinander, herrschte keine Einigkeit[187]. Einige sahen in § 237 Abs. 2 die allgemeine Regelung[188], die immer dann zum Zuge kommen müsse, wenn sich Widerspruch gegen eine Frage des Präsidenten selbst oder die Zulassung (Nichtbeanstandung) der Frage eines anderen Prozeßbeteiligten erhebe[189], während die speziellere Vorschrift des § 241 immer dann eingreifen solle, wenn sich ein Prozeßbeteiligter gegen die vom Vorsitzenden nicht beanstandete Frage eines anderen Prozeßbeteiligten verwahren wolle[190] oder die Zurückweisung einer eigenen Frage moniert habe. Andere sprachen die Beanstandungsbefugnis nur dem Befragten und dem Präsidenten zu[191], schnitten also z. B. der Verteidigung die Möglichkeit ab, gegen die Zurückweisung eines Protestes durch den Vorsitzenden das Gericht anzurufen[192].

---

stimmt, daß der Vorsitzende nach dem Kreuzverhör weitere Fragen stellen konnte, also die Umkehrung des üblichen Verfahrens festgelegt. § 239 RStPO entsprach § 203 E, verbesserte die Position des Vorsitzenden aber wieder, indem die Frageberechtigten ihre Befugnis erst nach vorherigem „Verlangen" ausüben konnten, was dem Vorsitzenden (wieder) die Möglichkeit gab, die Ordnung des Verfahrensablaufs zu bestimmen.

[186] Die Vernehmung und Befragung des Angeklagten war noch dem Vorsitzenden vorbehalten — die Partikulargesetze waren hierin sehr unterschiedlich verfahren —. Ein Antrag des Abg. *Bähr*, auch die Befragung des Angeklagten in § 239 RStPO aufzunehmen, wurde in den Beratungen der Kommission abgelehnt; dazu *Keller*, StPO, S. 283, Anm. 1 zu § 239. *Keller* folgert, daß es im Ermessen des Vorsitzenden stehe, ob er eine beantragte Frage stellen wolle, und er begründet dies damit, daß sich § 241 nur auf die §§ 238 - 240 RStPO beziehe, die Vernehmung des Angeklagten hingegen erst in § 242 RStPO geregelt sei. Dagegen stelle § 237 RStPO lediglich die Befugnisse des Vorsitzenden als solche fest, sage aber zu Art und Weise der Vernehmung nichts aus. S. a. *Stenglein*, S. 423 f., Note 2 zu § 239 m. w. N., und *von Kries*, S. 5. Zur a. A. eingehend *Voitus* I, S. 33 ff.

[187] Zu differenzieren ist hier bzgl. der Stellung oder Zulassung einer Frage durch den Vorsitzenden einerseits und der Zurückweisung einer Frage andererseits.

[188] So *Stenglein*, S. 425, Note 4 zu § 240; *Glaser* 1, S. 444; s. a. Mat. der R-J-G I, S. 65 zu § 201.

[189] *Stenglein* wie FN 188; *Glaser* 1, S. 444 f.; *Puchelt*, StPO, S. 400.

[190] Vgl. dazu *Glaser* 1, S. 444.

[191] *Löwe*, S. 607, Note 2 zu § 241; *Geyer*, S. 677, § 193. Mit *Löwe* verneint *Glaser* 1, S. 444 mit Note 32, die Anwendbarkeit des § 237 Abs. 2 auf Fragen des Vorsitzenden, gegen *Löwe* führte nach *Glasers* Meinung in solchem Falle aber § 241 zum Gerichtsbeschluß, während *Stenglein*, S. 425, Note 4 zu § 240, auch in diesem Falle § 237 Abs. 2 zur Anwendung gebracht wissen wollte.

Richtig ist nur die Auffassung, die auch den Prozeßbeteiligten das Recht gab, jede Frage, sei es des Vorsitzenden, sei es eines anderen, zu beanstanden[193], sowie gegen eine Zurückweisung Widerspruch zu erheben. Dies ergibt sich eindeutig aus den Materialien[194]. Ob der Widerspruch gegen eine Frage des Präsidenten nach § 237 Abs. 2 zu bescheiden[195] oder aber über § 241 zu erledigen war, mag hier dahinstehen. Versteht man den Begriff der „Anordnungen" i. S. des § 237 Abs. 2 RStPO (= § 238 Abs. 2 StPO n. F.) im weitesten Sinn[196], so fallen an sich auch Fragen des Vorsitzenden an Prozeßbeteiligte darunter[197]. Doch gilt § 242 StPO n. F. jedenfalls nach heutiger Auffassung bezüglich aller Fragen von Fragebefugten an die Vernehmungsperson, wobei die Beanstandungsbefugnis auch dem Angeklagten und seinem Verteidiger zusteht[198]. Zu den heutigen Rechtsmitteln bei Beschneidungen des Fragerechts sei exemplarisch auf *Löwe-Rosenberg*[199] verwiesen.

Betrachtet man den Meinungsstand zur Bedeutung des Fragerechts zur Zeit der Einführung und Geltung der RStPO in ihrer Anfangszeit, so fällt auf, daß die Erkenntnis, daß das Fragerecht „von größter Bedeutung für den Ausgang der Sache sein"[200] kann, bedeutende Kommentatoren gleichwohl nicht dazu bewegen konnte, dem Fragerecht

---

192 So *Löwe*, S. 604, Note 9 zu § 237, i. V. m. S. 607, Note 2 zu § 241; für diesen Fall ebenso *Geyer*, S. 677.

193 Vgl. auch *Keller*, StPO, S. 285, Anm. 3 zu § 241. Zu Besonderheiten bei Fragen an den Angeklagten s. *Löwe-Rosenberg*, § 242 Rdnr. 1, und schon *Voitus* I, S. 33 ff.

194 Vgl. *Hahn*, Materialien, S. 1581, die *Glaser* 1, S. 444, wohl übersehen hat; wie hier heute *Löwe-Rosenberg*, § 242 Rdnr. 1, allerdings mit unrichtigem Quellennachweis. Eingehend *Goldschmidt*, JW 1929, S. 2684 ff., auf dessen Rüge der Quellennachweis bei *Löwe-Rosenberg* zurückzuführen ist.

195 *Glaser* 1, S. 445; *Stenglein*, S. 425, Note 4 zu § 240.

196 *Voitus* I, S. 37 (Hervorhebung dort), bemerkt, der Ausdruck „Anordnung" sei „insofern nicht günstig gewählt, als er sprachlich auf eine solche Willensäußerung des Vorsitzenden hindeutet, nach welcher Seitens eines *Anderen* etwas geschehen solle. Allein die Verbindung, in welcher der zweite Abs. mit dem ersten steht, und die Wahl des allgemeineren Ausdrucks „Sachleitung" giebt zu erkennen, daß alle solche Schritte des Vorsitzenden gemeint sind, welche auf die Herbeiführung der Urtheilsfällung, als Schluß der Hauptverhandlung, abzielen, sobald sie, — gleichviel ob von einem in derselben fungirenden Beamten oder einem sonst bei der Anordnung betheiligten — angefochten werden". Die Entscheidung des Gerichts habe daher — Widerspruch vorausgesetzt — auch dann zu erfolgen, wenn sich der Vorsitzende zu einer eigenen, d. h. von ihm ausgehenden Handlung anschicke, „obwohl der Ausdruck ‚Anordnung' hierauf nicht völlig anpassend ist".

197 Vgl. hierzu *Löwe-Rosenberg*, § 238 Rdnr. 16 ff. und Rdnr. 33, wonach das Gericht den Widerspruch gegen die Beanstandung einer Frage eines fragebefugten Prozeßbeteiligten durch den Präsidenten nach § 238 Abs. 2 StPO erledigt.

198 Vgl. *Löwe-Rosenberg*, § 242 Rdnr. 1, 2.

199 *Löwe-Rosenberg*, § 241 Rdnr. 31 ff.

200 So *Stenglein*, S. 425, Note 2 zu § 241.

(einschließlich der Beanstandung von Fragen anderer Verfahrensbeteiligter) als dem neben dem Antragsrecht bedeutendsten[201] Mittel der „Parteien"[202] auch hinsichtlich seiner Verteidigung gegen möglicherweise unzulässige Eingriffe den nötigen prozessualen Rückhalt zu gewähren. Soweit hierbei das Verhältnis Vorsitzender — Angeklagter (und Verteidiger) in Rede steht, stand diese Sichtweise durchaus in der in dieser Arbeit aufgezeigten Tradition auch der Gesetze, die einen Widerspruch zuließen und zur Bescheidung einen Gerichtsbeschluß vorsahen[203], diesen selbst aber als nicht weiter „revisibel" ansahen, obwohl es sich insoweit um eine an sich nachprüfbare Rechtsfrage handelt. Die Revisibilität derartiger Gerichtsbeschlüsse eingeführt zu haben, ist nicht das geringste Verdienst der RStPO, die insoweit nicht nur die Summe aus den seinerzeit herrschenden Partikularrechtsgedanken zog, sondern sich dort zu Neuerungen entschloß, wo die Waffen allzu ungleich waren. Dem Prozeßrecht, vor allem den von ihm betroffenen einzelnen, konnte dies nur zugute kommen.

---

201 *Alsberg*, GA 63 (1917) 99.

202 Womit selbstverständlich nicht der Parteibegriff des Zivilprozesses gemeint ist; eine Parteistellung kommt (insbes.) dem Angeklagten auch im reformierten Inquisitionsprozeß nicht zu.

203 Soweit nicht einmal ein Anspruch auf Gerichtsbeschluß eingeräumt wurde, fielen diese Kommentatoren sogar hinter den in etlichen Partikulargesetzen erreichten Stand zurück. Warum nur bei Zurückweisung einer Frage das Gericht entscheiden solle, nicht aber auch, wenn die *Zulassung* bestritten wurde, ist materiell unerfindlich, insbes. wenn, wie einhellig angenommen wurde, dem Vorsitzenden keine „diskretionäre Gewalt" zukommen sollte; insoweit freilich ließen die eindeutigen Motive auch keinen Spielraum zu einer anderen Ansicht. RGSt 42, 157, 159, meinte, das Befragungsrecht der Richter incl. des Vorsitzenden solle nach keiner Richtung hin eine Einschränkung erleiden. Anders würden für die Einheitlichkeit der in der Hand des Vorsitzenden ruhenden Leitung große Schwierigkeiten erwachsen; der Gesetzgeber habe zu den richterlichen Personen das „volle Vertrauen", daß „sie das ihnen zugestandene Vernehmungsrecht nicht mißbräuchlich handhaben insbes. keine ungehörigen oder nicht zur Sache gehörigen Fragen stellen ...". Das ist obrigkeitlicher Stil. Die „Begründung" ist bodenlos. *Goldschmidt*, JW 1929, S. 2684 ff., hat das insoweit Erforderliche gesagt; hierauf sei verwiesen; vgl. auch *Eb. Schmidt* I, Rdnr. 243.

C. Schlußbetrachtung

Die Einräumung des Fragerechts an die Verteidigung innerhalb eines mündlichen Verfahrens durch § 232 der badischen StPO 1845 bedeutete einen gewaltigen — wenn auch für Baden teilweise theoretisch gebliebenen — Fortschritt im Bemühen um einen neuen Strafprozeß. Die Einschätzung der Würde und des Rechtes des einzelnen durch die staatliche Gewalt zeigt sich gerade im Strafverfahrensrecht mit aller Deutlichkeit. Die Wichtigkeit der Sicherungen rechtsstaatlichen Prozedierens ist heute Allgemeingut. Die Gerechtigkeit, nach der die (urteilenden) Menschen streben sollen, ist nicht zuletzt auch ein Problem der Form, die Prozesse erst entscheidbar macht[1]. Die badische StPO von 1845 war — jedenfalls von heute aus betrachtet — nur ein Anfang. Sie leitete eine Entwicklung ein, die es erst ermöglicht hat, eine solche Aussage zu treffen. „Der Wendepunkt des deutschen Strafverfahrens" Mitte des 19. Jahrhunderts ist kein lediglich rechtsgeschichtliches Ereignis, dem „nur noch die Historiker ihr Interesse" zu widmen hätten. Vielmehr steht er für eine Neuordnung des Kanons der Werte, die an Aktualität nichts eingebüßt hat. Die Reformforderungen, die Gegenstand jahrzehntelanger unermüdlicher und — auch das darf man nicht vergessen — couragierter Bemühungen waren, wurden um die Mitte des 19. Jahrhunderts — wenn auch bei weitem nicht „lupenrein" — durchgesetzt. Diese zunächst ganz im Vordergrund stehenden prinzipiellen Positionen wurden nach und nach auf wichtige Details ausgedehnt. Die Klärung einer dieser Fragen war Ziel der Arbeit. Sie diente auch dazu, deutlich zu machen, wie wenig selbstverständlich das heute selbstverständlich Erscheinende ist. *Hier* — im weiteren Ausbau der Rechtsstellung des Beschuldigten — liegen denn auch die bedeutenden Verdienste, die sich die Schöpfer der RStPO erworben haben. Hingegen wurde im grundsätzlichen Bereich, der Frage nämlich, welche Prinzipien den Strafprozeß leiten sollen, das im Partikularrecht Erreichte kaum weitergebracht. So lassen sich in der Art und Weise, in welcher ein renommierter Kommentar unserer Tage das Wesen unseres Strafverfahrensrechts beschreibt, unschwer die Prinzipien wiedererkennen, die im 19. Jahrhundert zur Grundlage des reformierten Strafprozesses wurden:

---

[1] Zum Sinn der Prozeßformen z. B. *Schwarze*, Comm. I, S. 156 ff. m. w. N.; *ders.*, GS 15 (1863) 2; *Walther*, Rechtsmittel II, S. 56 ff. m. w. N.

Der deutsche Prozeß ist ein Amtsprozeß, gerichtet auf die materielle Wahrheitserforschung. Er ist nach wie vor von einer inquisitorischen Grundhaltung bestimmt. Der deutsche Prozeß — notwendig ein Kompromiß, wie es auch ein Parteiprozeß wäre — muß die subjektive Stellung des Beschuldigten in menschenmöglichem Maß gewährleisten[2]. Hierzu dient das Fragerecht, das im Interesse der Wahrheitserforschung durch vollständige Ausnutzung der verfügbaren persönlichen Beweismittel besteht. Es gehört zu den rechtsstaatlichen Verfahrensgrundsätzen[3].

Das Bild des Strafrechts wird geprägt durch das Prozeßrecht, in dem sich die „Wirklichkeit" seiner Geltung abbildet. Die Ausgestaltung des Strafprozeßrechts gibt überdies auch Aufschluß über die Verfassung, in der sich das Staatswesen befindet, wie schon die einleitend zitierten Sätze *Zachariaes* eindrucksvoll belegen. Das ist bei jedem gesetzgeberischen Eingriff zu bedenken, denn auch das Prozeßrecht ist ein sensibles Gefüge.

Den Abschluß möge die Würdigung bilden, die *Eb. Schmidt* dem Inkrafttreten des GVG und der StPO am 1. Oktober 1877 gewidmet hat: „Sie enthielten ein Bekenntnis zu den von den Reformern des 19. Jahrhunderts geschaffenen rechtsstaatlichen Grundsätzen einer Strafrechtspflege, die im Zeichen richterlicher Unabhängigkeit und justizförmiger Urteilsgewinnung den Schuldlosen schützen, den Schuldigen einer im Sinne der Zeit gerechten Bestrafung zuführen sollte"[4].

---

[2] KMR-*Sax*, Einleitung I Rdnr. 4, 5.

[3] KMR-*Paulus*, § 240 Rdnr. 2.

[4] Geschichte, S. 346.

Literaturverzeichnis

Abegg, Julius Friedrich Heinrich: Lehrbuch des gemeinen Criminalprozesses mit besonderer Berücksichtigung des Preussischen Rechts. Mit einer Abhandlung über die wissenschaftliche Behandlung des Criminal-Prozesses, Königsberg 1833 (zit.: *Abegg,* LB).

— Beiträge zur Strafprocess-Gesetzgebung, Neustadt an der Orla, 1841 (zit.: *Abegg,* Beiträge).

— Betrachtungen über das Gesetz betreffend das Verfahren in den bei dem Kammergerichte und dem Criminalgerichte zu Berlin zu führenden Untersuchungen, vom 17. Juli 1846, in: ArchCrimR NF 1847, S. 103 ff., 155 ff.

— Betrachtungen über die Verordnung betreffend die Einführung des mündlichen und öffentlichen Verfahrens mit Geschwornen in Untersuchungssachen im Königreich Preußen, in: ArchCrimR NF 1849, Beilageheft.

— Zur Verordnung betreffend die Einführung des mündlichen und öffentlichen Verfahrens mit Geschwornen in Untersuchungssachen im Königreich Preußen, in: ArchCrimR NF 1851, S. 163 ff., 317 ff.

— Der Entwurf einer Strafprozeß-Ordnung für die Preußischen Staaten mit besonderer Berücksichtigung der Gesetzgebungen anderer deutschen Staaten, Halle 1852 (zit.: *Abegg,* Entwurf).

Alsberg, Max: Das Vernehmungs- und Fragerecht der Parteien im Strafprozeß, in: GA 63 (1917) 99 ff.

Ammann, Karl: Mittheilungen über den Proceß gegen *Gustav von Struve* und *Karl Blind* aus Mannheim, wegen Hochverraths, in: GS 1 (1849) 2. Bd., S. 201 ff.

— Gerichtsverfassung und Strafprozeßordnung für das Großherzogthum Baden, Karlsruhe 1865 (zit.: *Ammann,* StPO).

Arnold, Friedrich Christian von: Die Vertagung der Verhandlung im mündlichen Strafverfahren, in: ArchCrimR NF 1855, S. 149 ff.

Bacqua, Napoléon: Codes de la législation française avec des annotations sur les lois les plus usuelles, la définition et l'explication des termes de droit; la corrélation complète des articles des codes, des tables chronologique et alphabétique des matières, édition nouvelle, Paris 1860.

Bader, Karl Siegfried: Zur politischen und rechtlichen Entwicklung Badens, in: Baden im 19. und 20. Jahrhundert, Verfassungs- und verwaltungsgeschichtliche Studien, Band I, herausgegeben von Karl S. *Bader,* Karlsruhe 1948, S. 7 ff.

Becker, o. V.: Nichtigkeitsbeschwerden in Strafsachen, in: Archiv für die Praxis des gesammten im Großherzogthum Oldenburg geltenden Rechts, 7. Band, Oldenburg 1860, S. 49 ff.

Bekk, Johann Baptist: Die Großherzoglich Badische Strafprozeßordnung, Mannheim 1846 (zit.: *Bekk,* StPO).

— Die Bewegung in Baden vom Ende des Februar 1848 bis zur Mitte des Mai 1849, Mannheim 1850 (zit.: *Bekk*, Bewegung).

— Anmerkungen zu dem Großherzoglich Badischen Gesetze über Einführung des Strafgesetzbuchs, des neuen Strafverfahrens und der Schwurgerichte, Karlsruhe 1851 (zit.: *Bekk*, Anmerkungen).

— Mündliche Vorträge über die Großherzoglich Badischen Strafgesetze, einschließlich der Schwurgerichte, und das Verfahren der selben, Karlsruhe 1851 (zit.: *Bekk*, Vorträge).

— Das Großherzoglich Badische Preßgesetz vom 15. Februar 1851, mit Erläuterungen, Karlsruhe 1851 (zit.: *Bekk*, Preßgesetz).

— Die Bewegung in Baden von 1848 - 1849, Ein Nachtrag, Mannheim 1852 (zit.: *Bekk*, Nachtrag).

Berner, Albert Friedrich: Die Strafgesetzgebung in Deutschland vom Jahre 1751 bis zur Gegenwart, Leipzig 1867.

Bernhardt, Rudolf: Grundrechte, in: Handwörterbuch zur deutschen Rechtsgeschichte (HRG), herausgegeben von Adalbert Erler und Ekkehard Kaufmann, I. Band, Sp. 1843 ff., Berlin 1971.

Biener, Friedrich August: Beiträge zu der Geschichte des Inquisitions-Processes und der Geschwornen-Gerichte, Leipzig 1827.

Bluhme, Friedrich: Quellen und Literatur des in Deutschland geltenden Strafprocessrechts. Zugabe zu akademischen Vorträgen, Bonn 1854.

Boehlau, Hugo: Der Mecklenburgische Criminal-Proceß, Wismar, Rostock und Ludwigslust 1867.

Bopp, Philipp: Noch ein Geschworner über das Schwurgericht, in: GS 7 (1855) 1. Bd., S. 46 ff.

Brauer, Eduard: Proben von politischen Processen unter der aufständischen Regierung in Baden, in: GS 2 (1850) 2. Bd., S. 563 ff.

— Ausbeute von Erfahrungen im Schwurgerichtssaal, in: Annalen 20 (1853) 20 ff., 25 ff.; 21 (1854) 345 ff., 353 ff., 361 ff.; 22 (1855) 89 ff.; 23 (1856) 289 ff.

— Die deutschen Schwurgerichtsgesetze in ihren Hauptbestimmungen, Erlangen 1856 (zit.: *Brauer*, Hauptbestimmungen).

— Das Amt des Schwurgerichtspräsidenten vom höheren Standpunkte betrachtet, in: GS 15 (1863) 19 ff.

— Zur Strafrechtspflege, in: Annalen 33 (1867) 121 ff.

— Das Rechtsmittel der Nichtigkeitsbeschwerde nach der Strafprozeßordnung von 1864, in: Jahrbücher für badisches Recht, Erster Band, Mannheim 1867, S. 523 ff. (zit.: *Brauer*, Nichtigkeitsbeschwerde).

Brauer, Wilhelm: Der Amtsrichter als Strafgerichtsbeamter, in: Beiträge zur Erläuterung der neuen Strafgesetzgebung im Großherzogthum Baden, herausgegeben von W. *Brauer* und L. von *Jagemann*, Erster Band, Freiburg im Breisgau 1847, S. 119 ff. (zit.: W. *Brauer*, Der Amtsrichter).

— Die Vertheidigung, in: Beiträge zur Erläuterung der neuen Strafgesetzgebung im Großherzogthum Baden, herausgegeben von W. *Brauer* und L. von *Jagemann*, Erster Band, Freiburg im Breisgau 1847, S. 342 ff. (zit.: W. *Brauer*, Die Vertheidigung).

— Die Voruntersuchung auf der Grundlage des Anklage-Princips, in: GS 1 (1849) 2. Bd., S. 321 ff.

Buchda, Gerhard: Anklage, in: Handwörterbuch zur deutschen Rechtsgeschichte (HRG), herausgegeben von Adalbert Erler und Ekkehard Kaufmann, I. Band, Sp. 171 ff., Berlin 1971.

— Gerichtsverfahren, in: Handwörterbuch der deutschen Rechtsgeschichte (HRG), herausgegeben von Adalbert Erler und Ekkehard Kaufmann, I. Band, Sp. 1551 ff., Berlin 1971.

Buchner, Adolph: Die Einführung des Geschwornengerichts in Frankreich, in: Kritische Zeitschrift für Rechtswissenschaft und Gesetzgebung des Auslandes, 25 (1853) 371 ff. (zit.: *Buchner*, Einführung).

— Die französischen Revolutionstribunale und das Geschwornengericht, Erlangen 1854 (zit.: *Buchner*, Geschwornengericht).

Chapar, Fernand: La cour d'assises, deuxième édition, Paris 1970.

Christ, Heinrich: Entstehung und Grundgedanken des Strafgesetzbuchs für das Großherzogthum Hessen vom 1. April 1842, Diss. Marburg 1968.

Coing, Helmut: Epochen der Rechtsgeschichte in Deutschland, 3. Auflage, München 1976.

Cramer, Doris: Das französische Schwurgericht. Geschichte und Problematik, Diss. Marburg 1968.

Daniels, Alexander von: Grundsätze des rheinischen und französischen Strafverfahrens mit vergleichender Berücksichtigung der auf Mündlichkeit, Öffentlichkeit und Schwurgericht gegründeten neuesten Gesetze und Gesetzesentwürfe, Berlin 1849.

Degener, R.: Die größeren Justizorganisationsgesetze für das Herzogthum Braunschweig nebst einem kurzen, den Motiven, Berichten und Verhandlungen über dieselben entnommenen Commentare. In zwei Bänden. Erster Band, die betreffenden Gesetze enthaltend. Zweiter Band, den Commentar enthaltend, Braunschweig 1850 (zit.: *Degener*, nach Band und Seite).

Dernburg, Jakob Hartwig: Ueber den Werth und die Bedeutung der Schwurgerichte und die Mittel, dieselben criminalrechtlich zu vervollkommnen, Frankfurt am Main 1848.

Die fünf französischen Gesetzbücher in deutscher Sprache nach den besten Uebersetzungen, Zweibrücken 1827, Zweiter Abdruck 1828.

Die Verhandlungen auf dem königlich sächsischen Landtage von 1845/46 wegen Vorlegung einer auf Oeffentlichkeit und Mündlichkeit nebst Anklageproceß mit Staatsanwaltschaft gebauten Strafproceßordnung, in: Zeitschr. für deutsches Strafverfahren NF 2 (1844) 400 ff. (zit.: *Sächs.* Verh., S.).

Dochow, Adolf: Die deutsche Strafprozeßordnung vom 1. Februar 1877, in: Handbuch des deutschen Strafprozeßrechts, herausgegeben von Franz von Holtzendorff, 1. Bd., Berlin 1879, S. 103 ff.

Dollmann, Carl Friedrich: Das königlich-bayerische Strafprozeßgesetz vom 10. November 1848 in Verbindung mit den noch gültigen Bestimmungen des II. Theils des Strafgesetzbuchs vom Jahr 1813, Erlangen 1864.

Dufour, Julien-Michel: Code criminel avec instructions et formules, Tome I et II, Paris 1809 (zit.: *Dufour*, nach Band und Seite).

Esmein, A.: Histoire de la procédure criminelle en France et spécialement de la procédure inquisitoire depuis le XIIIe siècle jusqu'à nos jours, Paris 1882.

Feuerbach, Paul Johann Anselm Ritter von: Betrachtungen über die Öffentlichkeit und Mündlichkeit der Gerechtigkeitspflege, Gießen 1821.

Fölix, Johann Jakob: Über Mündlichkeit und Öffentlichkeit des Gerichtsverfahrens, dann über das Geschwornengericht, Carlsruhe 1843.

Frey, Ludwig: Der Staatsanwalt und sein Dienst als öffentlicher Ankläger in Baden und Frankreich, Heidelberg 1845 (zit.: *Frey*, Der StA).

— Die Staatsanwaltschaft in Deutschland und Frankreich, Erlangen 1850 (zit.: *Frey*, Die Staatsanwaltschaft).

Friedreich, A.: Bemerkungen über die Rechtsmittel im französischen Straf-Verfahren, mit besonderer Rücksicht auf das bayerische Gesetz vom 10. Nov. 1848, Aschaffenburg 1851.

Fuchs, o. V.: Das Hauptverfahren in erster Instanz, in: Handbuch des deutschen Strafprozeßrechts, herausgegeben von Franz von Holtzendorff, 2. Bd., Berlin 1879, S. 1 ff.

Fürst, o. V.: Besprechung von H. Ruth, Die neue Strafprozeß-Ordnung für das Großherzogthum Baden in ihrer gegenwärtigen Gültigkeit mit dem Einführungsedikt, Heidelberg 1856, in: Kritische Zeitschrift für die gesammte Rechtswissenschaft, Vierter Band, Heidelberg 1857, S. 379 ff.

Gall, Lothar: Benjamin Constant, seine politische Ideenwelt und der deutsche Vormärz, Wiesbaden 1963 (zit.: *Gall*, B. Constant).

— Der Liberalismus als regierende Partei. Das Großherzogtum Baden zwischen Restauration und Reichsgründung, Wiesbaden 1968 (zit.: *Gall*, Der Liberalismus).

Garraud, R.: Traité théorique et pratique d'instruction criminelle et de procédure pénale, Paris, tome deuxième (Nouveau tirage) 1932, tome quatrième 1926 (zit.: *Garraud*, nach Band und Seite).

Geib, Gustav: Die Reform des deutschen Rechtslebens, Leipzig 1848.

Geyer, August: Lehrbuch des gemeinen deutschen Strafprozeßrechts, Leipzig 1880.

Glaser, Julius: Ueber die Vernehmung des Angeklagten und der Zeugen in der öffentlichen Hauptverhandlung, in: ArchCrimR NF 1851, S. 70 ff., 191 ff.

— Die geschichtlichen Grundlagen des neuen deutschen Strafprozeßrechts, in: Handbuch des deutschen Strafprozeßrechts, herausgegeben von Franz von Holtzendorff, 1. Bd., Berlin 1879, S. 1 ff. (zit.: *Glaser*, Grundlagen).

— Handbuch des Strafprozesses, Bd. 1, Leipzig 1883 (zit.: *Glaser* 1).

Globig, Hans Ernst von / *Huster*, Johann Georg: Abhandlung von der Criminal-Gesetzgebung. Eine von der ökonomischen Gesellschaft in Bern gekrönte Preisschrift, Zürich 1783.

Goldschmidt, James: Die Sachleitung des Vorsitzenden im Straf- und Zivilprozeß, in: JW 1929, S. 2684 ff.

Goltdammer, Theodor: Ueber die Stellung des vorsitzenden Richters zu den Geschworenen, insbesondere über seinen Schlußvortrag im Schwurgerichtsprozesse, in: GA 1 (1853) 164 ff., 324 ff.

Grimm, o. V.: Über das Verhältniß des Assisenpräsidenten zum Gerichtshofe, in: GS 2 (1850) 2. Bd., S. 257 ff.

Gross, o. V.: Ueber die Folgen der Verletzung formeller Vorschriften im Strafverfahren, in: ArchCrimR NF 1851, S. 40 ff.

Haager, Philipp (?): Das Schwurgericht, in: Annalen 18 (1851) 353 ff., 385 ff.; 19 (1852) 71 ff., 150 ff., 174 ff., 229 ff., 313 ff.; 20 (1853) 12 ff.

— Die Nichtigkeitsbeschwerde des Angeklagten gegen schwurgerichtliche Erkenntnisse nach dem Gesetz vom 5. Februar 1851, in: Magazin 2 (1856) 89 ff., 169 ff., 313 ff.

Haber, Günter: Strafgerichtliche Öffentlichkeit und öffentlicher Ankläger in der französischen Aufklärung mit einem Ausblick auf die Gesetzgebung der Konstituante, Strafrechtliche Abhandlungen, Neue Folge, Band 32, Berlin 1979 (zit.: *Haber*, Öffentlichkeit).

— Probleme der Strafprozeßgeschichte im Vormärz. Ein Beitrag zum Rechtsdenken des aufsteigenden Bürgertums, in: ZStW 91 (1979) 590 ff.

Haeberlin, C. F. W. J.: Sammlung der neuen deutschen Strafprocessordnungen mit Einschluß der französischen und belgischen sowie der Gesetze über Einführung des mündlichen und öffentlichen Strafverfahrens mit Schwurgerichten, Greifswald 1852.

Hänle, o. V.: Aus den Erfahrungen eines Vertheidigers über das bayerische Strafproceßgesetz vom 10. Nov. 1848, in: GS 6 (1854) 2. Bd., S. 38 ff.

Hahn, Carl: Die gesammten Materialien zur Strafprozeßordnung und dem Einführungsgesetz zu derselben vom 1. Februar 1877. Auf Veranlassung des Kaiserlichen Reichs-Justizamts herausgegeben, 1. und 2. Bd., 2. Auflage, Berlin 1885.

Hahn, Wolfram W.: Die Entwicklung der Laiengerichtsbarkeit im Großherzogtum Baden während des 19. Jahrhunderts unter Berücksichtigung des Laienrichtertums in Württemberg, Berlin 1974 (zit.: *W. Hahn*).

Hartmann, L.: Das Gesetz über die Presse vom 12. Mai 1851 aus der Entstehungsgeschichte, der Rechtslehre und den Entscheidungen des Königlichen Ober-Tribunals erläutert, Berlin 1865.

Hartung, Fritz: Einführung anglo-amerikanischen Strafverfahrensrechtes in Deutschland?, in: Festschrift für Ernst Heinrich *Rosenfeld*, Berlin 1949, S. 231 ff.

Hattenhauer, Hans: Die Bedeutung der Gottes- und Landfrieden für die Gesetzgebung in Deutschland, Diss. Marburg 1958/60.

Heidenreich, Peter: Oldenburgische Kriminalpolitik im 19. Jahrhundert. Strafgesetzgebung und Strafrechtspflege in Oldenburg von 1803 bis 1866 im Spiegel der Strafrechtswissenschaft, Diss. Marburg 1967.

Hélie, Faustin M.: Traité de l'instruction criminelle ou théorie du Code d'instruction criminelle, deuxième édition, tomes sixième, septième, huitième, Paris 1867 (zit.: *Hélie*, nach Band und Seite).

Henkel, Heinrich: Strafverfahrensrecht, 2. Auflage, Stuttgart, Berlin, Köln, Mainz 1968.

Hepp, Ferdinand Carl Theodor: Zweiter Beitrag zur Beurtheilung des Inquisitionsprozesses. Von den Mitteln desselben zur Erleichterung der überladenen Gerichte, in: Zeitschr. für deutsches Strafverfahren NF 3 (1846) 43 ff.

— Dritter Beitrag zum Inquisitionsprozeß. Ueber das Verhältnis desselben zum Anklageprozesse, in: Zeitschr. für deutsches Strafverfahren NF 3 (1846) 153 ff.

— Vierter Beitrag zum Inquisitionsprozeß: Die ungenügende Besetzung der Untersuchungsgerichte, mit besonderer Rücksicht auf das Institut der Gerichtsbeisitzer in Württemberg, in: Zeitschr. für deutsches Strafverfahren NF 3 (1846) 391 ff.

Hepp, Ferdinand Carl Theodor (?): Vergleichung der englischen und französischen Jury, in: ArchCrimR NF 1849, S. 368 ff., 586 ff.; 1850, S. 1 ff., 307 ff., 365 ff.

Herrmann, o. V.: Der Begriff der Staatsanwaltschaft, in: ArchCrimR NF 1852, S. 289 ff.

Hippel, Robert von: Deutsches Strafrecht, Bd. 1, Allgemeine Grundlagen, Neudruck der Ausgabe Berlin 1925, Aalen 1971.

Höchster, Ernst Hermann: Lehrbuch des französischen Strafprozesses unter Berücksichtigung des Berner Gesetzes vom 2. März 1850 über das Verfahren in Strafsachen und des Würtembergischen Gesetzes vom 14. August 1849 über das Verfahren in Strafsachen, welche vor die Schwurgerichte gehören, Bern 1850.

Hoepfner, J.: Über den Anklageprozeß und das Geschwornengericht, Hamburg 1844.

Holtzendorff, Franz von: Verteidigung, in: Handbuch des deutschen Strafprozeßrechts, herausgegeben von Fr. v. Holtzendorff, Erster Band, Berlin 1879, S. 385 ff.

Holzinger, o. V.: Commentar über die Straf-Prozeß-Ordnung für das Königreich Württemberg, zunächst für Praktiker. Erster Band, Ellwangen 1844, Zweiter Band, Ellwangen 1845 (zit.: *Holzinger*, Comm., nach Band und Seite).

— Die Schwurgerichte in Württemberg dargestellt nach Anleitung des Gesetzes vom 14. August 1849 über das Verfahren in Strafsachen, unter Berücksichtigung seiner Quellen und unter steter Vergleichung desselben mit dem englischen, nordamerikanischen, französischen und belgischen Strafprozesse, so wie mit den neuesten Gesetzgebungen im Großherzogthum Hessen-Darmstadt, in den Königreichen Bayern, Preußen und Sachsen, im Kurfürstenthum Hessen, im Großherzogthum Baden etc. Mit dem Gesetzestext und einem alphabetischen Register, Stuttgart und Tübingen 1849 (zit.: *Holzinger*, Die Schwurgerichte).

Huber, Ernst Rudolf: Deutsche Verfassungsgeschichte seit 1789, Band I, Reform und Restauration 1789 - 1830, Stuttgart 1957 (zit.: *Huber* I).

— Deutsche Verfassungsgeschichte seit 1789, Band II, Der Kampf um Einheit und Freiheit 1830 bis 1850, 2. Auflage, Stuttgart, Berlin, Köln, Mainz 1960 (zit.: *Huber* II).

— Deutsche Verfassungsgeschichte seit 1789, Band III, Bismarck und das Reich, Stuttgart 1963 (zit.: *Huber* III).

Hye-Glunek, Anton Ritter von: Die leitenden Grundsätze der österreichischen Strafproceßordnung vom 29. Juli 1853, Wien 1854 (zit.: *Hye*, Grundsätze).

— Ueber das Schwurgericht. Sieben Vorträge, gehalten in der Zeit vom 16. Jänner bis 20. März 1863 im Vereine zur Uebung gerichtlicher Beredsamkeit (Plaidir-Verein) zu Wien, Wien 1864 (zit.: *Hye*, Vorträge).

Kaserer, Josef: Die Strafproceßordnung vom 23. Mai 1873 und deren Einführungsgesetz mit Materialien. I. Theil (Einführungsgesetz und StPO), II. Theil (Motive und Verhandlungen), Wien 1873 (zit.: *Kaserer*, nach Teil und Seite).

Keller, o. V.: Einige Bemerkungen zu dem Gesetzentwurf über Schwurgerichte, in: Annalen 16 (1848) 158 ff.

Keller, Adolf: Die Strafprozess-Ordnung für das Deutsche Reich nebst Einführungs-Gesetz, 2. Auflage, Lahr 1882 (zit.: *Keller*, StPO).

Klein, Ernst Ferdinand: Französische Criminalverfassung, in: ArchCrimR 1 (1799) 4. Stück, S. 43 ff.

Kleinfeller, Georg: Die Functionen des Vorsitzenden und sein Verhältnis zum Gericht, dargestellt nach den Justizgesetzen für das Deutsche Reich mit Berücksichtigung des französischen, italienischen und österreichischen Rechts, München 1885 (zit.: *Kleinfeller*, Functionen).

— Die Stellung des Schwurgerichtsvorsitzenden, in: Schwurgerichte und Schöffengerichte, Beiträge zu ihrer Kenntnis und Beurteilung, herausgegeben von Wolfgang Mittermaier und M. Liepmann, Bd. 1, Heidelberg 1908, S. 117 ff. (zit.: *Kleinfeller*, Stellung).

Kleinschrod, Gallus Aloys: Ueber einige vorzügliche Mängel der Defensionsschriften in peinlichen Sachen, in: ArchCrimR 1 (1798) 3. Stück, S. 24 ff.

KMR. Kommentar zur Strafprozeßordnung, herausgegeben von Hermann *Müller*, Walter *Sax* und Rainer *Paulus*, 7. Auflage, Darmstadt 1980 (zit.: KMR-Bearbeiter).

Köhler, Michael: Inquisitionsprinzip und autonome Beweisvorführung (§ 245 StPO), Heidelberg, Hamburg 1979.

Köstlin, C. Reinhold: Der Wendepunkt des deutschen Strafverfahrens im 19. Jahrhundert, Tübingen 1849.

— Das Geschwornengericht für Nichtjuristen dargestellt, Tübingen 1849 (zit.: *Köstlin*, Geschwornengericht).

Krause, Carl Erasmus: Die deutschen Schwurgerichte, Leipzig 1843.

Kries, August von: Lehrbuch des Deutschen Strafprozeßrechts, Freiburg i. Br. 1892.

Küper, Wilfried: Die Richteridee der Strafprozeßordnung und ihre geschichtlichen Grundlagen, Berlin 1967 (zit.: *Küper*, Richteridee).

— Historische Bemerkungen zur „freien Beweiswürdigung“ im Strafprozeß, in: Wahrheit und Gerechtigkeit im Strafverfahren, Festgabe für Karl Peters aus Anlaß seines 80. Geburtstags, Heidelberg 1984, S. 23 ff. (zit.: *Küper*, Bemerkungen.

Lacuisine, M. de: Traité du pouvoir judiciaire dans la direction des débats criminels, Dijon 1843.

Landsberg, Ernst: Die Gutachten der rheinischen Immediat-Justiz-Kommission und der Kampf um die rheinische Rechts- und Gerichtsverfassung 1814 - 1819, Bonn 1914.

Laufs, Adolf: Rechtsentwicklungen in Deutschland, 2. Auflage, Berlin, New York 1978.

Leonhardt, Adolph: Die Justizgesetzgebung des Königreichs Hannover. Unter besonderer Berücksichtigung der Regierungs- und ständischen Motive zum practischen Gebrauche herausgegeben, Erster Band, Hannover 1851.

Leue, Friedrich Gottfried: Der mündliche öffentliche Anklage-Proceß und der geheime schriftliche Untersuchungsproceß in Deutschland, Aachen und Leipzig 1840 (zit.: *Leue,* Anklage-Proceß).

— Das deutsche Schöffen-Gericht, Leipzig 1847 (zit.: *Leue,* Schöffen-Gericht).

— Motivirter Entwurf zu einer Kriminal-Prozeß-Ordnung, mit Vergleichung der Gerichts-Verfassung in England, Frankreich und Preussen, Aachen und Leipzig 1850 (zit.: *Leue,* Entwurf).

Liepmann, Moritz: Die Reform des deutschen Schwurgerichts, in: Schwurgerichte und Schöffengerichte, Beiträge zu ihrer Kenntnis und Beurteilung, herausgegeben von W. Mittermaier und M. Liepmann, Bd. II, Heft 2, Heidelberg 1910.

Löwe, Ewald: Der preußische Strafproceß. Mit Rücksicht auf die gerichtliche Praxis dargestellt, Breslau 1861 (zit.: *Löwe,* Strafproceß).

— Die Strafprozeßordnung für das Deutsche Reich, nebst dem Gerichtsverfassungsgesetz und den das Strafverfahren betreffenden Bestimmungen der übrigen Reichsgesetze, 2. unveränd. Abdruck, Berlin 1879 (zit.: *Löwe,* StPO).

Löwe-Rosenberg: Die Strafprozeßordnung und das Gerichtsverfassungsgesetz, 23. Auflage, 3. Bd., Berlin, New York 1978.

Mackert, Josef Alfons: Von der peinlichen Prozedur zum Anklageprozeß: in: Baden im 19. und 20. Jahrhundert, Verfassungs- und verwaltungsgeschichtliche Studien, herausgegeben von Karl S. Bader, Band II, Karlsruhe 1950, S. 89 ff.

Mann, Golo: Deutsche Geschichte des 19. und 20. Jahrhunderts, Frankfurt am Main 1958, Nachdruck 1979.

Marquardsen, Heinrich (von): Besprechung von H. Korb, Die Gesetze über das mündliche und öffentliche Verfahren mit Geschworenen in Untersuchungssachen, Berlin 1852 und C. F. Müller, Die preußische Strafprozeßordnung in ihrer jetzigen Gestalt, Berlin 1852, in: Kritische Zeitschrift für die gesammte Rechtswissenschaft, Erster Band, Heidelberg 1853, S. 276 ff.

— Besprechung des Entwurfs einer Strafprozeßordnung für das Königreich Sachsen, Dresden 1853, und von Hermann Theodor Schletter, Ueber den Entwurf der Strafproceßordnung für das Königreich Sachsen, Leipzig 1853, in: Kritische Zeitschrift für die gesammte Rechtswissenschaft, Zweiter Band, Heidelberg 1855, S. 457 ff.

— Besprechung von F. O. Schwarze, Commentar, derselbe, Grundsätze des Königlichen Sächsischen Strafprozeßrechts, H. Th. Schletter, Lehrbuch des Königlich Sächsischen Strafproceßrechts nach der Strafproceßordnung vom 11. August 1855, Leipzig 1856, in: Kritische Zeitschrift für die gesammte Rechtswissenschaft, Vierter Band, Heidelberg 1857, S. 58 ff.

— Besprechung von Eduard Brauer, Die deutschen Schwurgerichtsgesetze in ihren Hauptbestimmungen, Erlangen 1856, in: Kritische Zeitschrift für die gesammte Rechtswissenschaft, Vierter Band, Heidelberg 1857, S. 82 ff.

Materialien zur Reichs-Justiz-Gesetzgebung. Erster Band: Verhandlungen über den Entwurf einer Strafprozess-Ordnung nebst Einführungs-Gesetz für das Deutsche Reich. Nach den Protokollen der Reichs-Justiz-Kommission und den stenographischen Berichten der Reichstags-Verhandlungen unter Mitabdruck des Wortlauts der abändernden Kommissions-Beschlüsse dargestellt. Neue vollständige Ausgabe, Berlin 1876 (zit.: Mat. zur R-J-G I).

Mayer, Anton: Das Strafverfahren im Großherzogthum Baden nach dem Gesetze vom 5. Febr. 1851, Erste Lieferung, Allgemeiner Theil, Freiburg 1852, Zweite Lieferung, Untersuchung und Urtheilsfällung, Freiburg 1853.

Mayer, S.: Handbuch des österreichischen Strafproceßrechtes, Wien 1876 (zit.: S. *Mayer*, Hdb.).

Merckel, o. V.: Welche Mittel stehen dem Assisenpräsidenten zu Gebot, um unnötige Weitläufigkeiten zu vermeiden und allzu lange und abschweifende Reden auf das rechte Maß zurückzuführen?, in: GS 1 (1849) 2. Bd., S. 244 ff.

Meyer, Hugo: Die Mitwirkung der Parteien im Strafproceß, Erlangen 1873.

Mitteis, Heinrich / *Lieberich*, Heinz: Deutsche Rechtsgeschichte. Ein Studienbuch, 16. Auflage, München 1981.

Mittermaier, Carl Joseph Anton: Anleitung zur Vertheidigungskunst im Criminalprozesse, Landshut 1814 (zit.: *Mittermaier*, Anleitung).

— Die Mündlichkeit, das Anklageprinzip, die Öffentlichkeit und das Geschwornengericht, Stuttgart und Tübingen 1845 (zit.: *Mittermaier*, Mündlichkeit).

— Das Deutsche Strafverfahren in der Fortbildung durch Gerichts-Gebrauch und Landes-Gesetzbücher und in genauer Vergleichung mit dem englischen und französischen Strafverfahren, 4. Aufl., Erster Theil, Heidelberg 1845, Zweiter Theil, Heidelberg 1846 (zit.: *Mittermaier*, Strafverfahren, nach Band und Seite).

— Anleitung zur Vertheidigungskunst im deutschen Strafprozesse und in dem auf Mündlichkeit und Oeffentlichkeit gebauten Strafverfahren, mit den Eigenthümlichkeiten der Vertheidigung vor Geschwornengerichten mit Beispielen, 4. Auflage, Regensburg 1845 (zit: *Mittermaier*, Vertheidigungskunst).

— Die Gesetzgebung über die Voruntersuchung in ihrem Verhältniß zu den geforderten Grundlagen des Strafprozesses, in: ArchCrimR NF 1848, S. 599 ff.; 1849, S. 177 ff., 317 ff.

— Über die Stellung des Assisenpräsidenten, in: GS 1 (1849) 1. Bd., S. 17 ff.

— Praktische Erörterungen aus dem Gebiete der Gesetzgebung über das Verfahren vor den Schwurgerichten, in: GS 1 (1849) 2. Bd., S. 391 ff.

— Das System der Nichtigkeiten wegen Verletzungen von Formvorschriften im Strafprocesse nach der französischen Gesetzgebung und Rechtsübung und nach den neuen deutschen Gesetzgebungen über Schwurgerichte, in: GS 2 (1850) 1. Bd., S. 291 ff., 475 ff.; 2. Bd., S. 469 ff.; GS 3 (1851) 1. Bd., S. 181 ff.

— Das englische, schottische und nordamerikanische Strafverfahren im Zusammenhange mit den politischen, sittlichen und socialen Zuständen und in den Einzelheiten der Rechtsübung dargestellt, Erlangen 1851 (zit.: *Mittermaier*, Das engl. Strafverfahren).

— Erfahrungen über die Wirksamkeit der Schwurgerichte in Deutschland, in: GS 4 (1852) 1. Bd., S. 3 ff.

— Die Vertheidigung im mündlichen Anklageverfahren, insbesondere vor den Schwurgerichten, mit der Gliederung der Pflichten des Vertheidigers nach den verschiedenen Lagen, in: Magazin 1 (1854) 230 ff., 412 ff.

— Die Gesetzgebung und Rechtsübung über Strafverfahren nach ihrer neuesten Fortbildung, Erlangen 1856 (zit.: *Mittermaier*, Gesetzgebung).

— Die Staatsanwaltschaft, der gegenwärtige Standpunkt der Erfahrungen und Ansichten über ihre Stellung, und die Hauptpunkte, auf welche die Sicherung der besten Wirksamkeit der Anstalt gerichtet sein muß. Erster Beitrag, in: GS 10 (1858) 161 ff. Zweiter Beitrag, in: GS 10 (1858) 267 ff.

— Erfahrungen über die Wirksamkeit der Schwurgerichte in Europa und Amerika. Mit Prüfung der Ursachen mangelhafter Ergebnisse und der Vorschläge zur Abhülfe derselben, in: GS 16 (1864) 1 ff.

— Der Württembergische Entwurf der Strafprocessordnung in Vergleichung mit den neuesten Legislativen und wissenschaftlichen Leistungen und im Bezug auf Strafverfahren, Heidelberg 1864 (zit.: *Mittermaier*, Der Württembergische Entwurf).

— Erfahrungen über die Wirksamkeit der Schwurgerichte in Europa und Amerika, über ihre Vorzüge, Mängel und Abhülfe, Erlangen 1865 (zit.: *Mittermaier*, Erfahrungen).

Müller, C. F.: Die Preußische Straf-Prozeß-Ordnung in ihrer jetzigen Gestalt. Systematische Zusammenstellung der neuesten das Straf-Verfahren betreffenden Gesetze mit den noch anwendbaren älteren Gesetzen und den Bestimmungen der Kriminal-Ordnung. Aus den Materialien erläutert, Berlin 1852.

Nessel, Theodor: Das Preußische Straf-Prozeß-Gesetz vom 17ten Juli 1846 und dessen Zukunft im Vergleich mit dem Rheinischen Strafverfahren, Berlin 1848.

Nipperdey, Thomas: Deutsche Geschichte 1800 - 1866, Bürgerwelt und starker Staat, Zweite, unveränderte Auflage, München 1984.

Noellner, Friedrich: Der Entwurf einer StPO für das Großherzogthum Baden, nebst Motiven, in: Zeitschr. für deutsches Strafverfahren NF 1 (1844) 86 ff. (zit.: *Noellner*, Entwurf).

— Die wichtigsten Bestimmungen des Entwurfs einer Strafprozeßordnung für das Großherzogthum Baden, beurtheilt durch die Commissionen der ersten und zweiten Kammer der Landstände und in Auszügen mitgetheilt, in: Zeitschr. für das deutsche Strafverfahren NF 2 (1844) 136 ff. (zit.: *Noellner*, Bestimmungen).

— Eine Erinnerung an das deutsche Strafverfahren zu Ende des vorigen Jahrhunderts, als Parallele zwischen Ehemals und Jetzt, in: Zeitschr. für deutsches Strafverfahren NF 3 (1846) 145 ff. (zit.: *Noellner*, Erinnerung).

— Die Grundrechte des deutschen Volkes in Beziehung auf Strafrecht, Strafverfahren und Richteramt, in: Zeitschr. für deutsches Strafverfahren einschließlich des Gefängniswesens NF 5 (1849) 365 ff. (zit.: *Noellner*, Die Grundrechte).

— Das Großherzoglich hessische Gesetz betreffend die Einführung des mündlichen und öffentlichen Strafverfahrens mit Schwurgerichten in den Provinzen Starkenburg und Oberhessen, in: Zeitschr. für deutsches Strafverfahren einschließlich des Gefängniswesens NF 5 (1849) 381 ff. (zit.: *Noellner*, Hessen).

— Die königlich-preußische Verordnung über die Einführung des mündlichen und öffentlichen Verfahrens mit Geschworenen in Untersuchungssachen vom 3. Januar 1849, in: Zeitschr. für deutsches Strafverfahren einschließlich des Gefängniswesens NF 5 (1849) 398 ff. (zit.: *Noellner*, VO).

— Die deutschen Juristen und die Gesetzgebung seit 1848, zugleich als Prognose für nationale Rechtsreform, Zweite Auflage, Cassel 1855 (zit.: *Noellner*, Juristen).

Oetker, Friedrich: Das Verfahren vor den Schwur- und den Schöffengerichten, des Handbuchs des Strafprozesses von Julius Glaser dritter Band, Leipzig 1907.

Oppenhoff, Friedrich Christian: Die Preußischen Gesetze über das mündliche und öffentliche Verfahren in Strafsachen und über die vorläufigen Straffestsetzungen wegen Uebertretungen, Berlin 1860.

Orelli, Al.: Die Einführung der Geschwornengerichte im Kanton Zürich und die hierauf bezüglichen Gesetze, in: Kritische Zeitschrift für Rechtswissenschaft und Gesetzgebung des Auslandes 25 (1853) 418 ff.; 26 (1854) 1 ff.

Ortloff, Hermann: Das Strafverfahren in seinen leitenden Grundsätzen und Hauptformen, Jena 1858.

Osenbrüggen, Eduard: Besprechung von J. Rüttimann, Die Zürcherischen Gesetze betreffend die Organisation der Rechtspflege und das Strafverfahren (Schwurgerichte), Zürich 1853, in: Kritische Zeitschrift für die gesammte Rechtswissenschaft, Erster Band, Heidelberg 1853, S. 407 ff.

Ottendorff, o. V.: Ein Rechtsfall aus der dritten Quartalsitzung des mittelrheinischen Schwurgerichts, in: Annalen 28 (1862) 1 ff.

— Ueber den Thatbestand des Giftmordes und der Vergiftung nach badischem Rechte, in: Annalen 28 (1862) 10 ff.

Planck, Julius Wilhelm: Systematische Darstellung des deutschen Strafverfahrens auf Grundlage der neueren Strafprozeßordnungen seit 1848, Göttingen 1857.

Planitz, Hans / *Eckhardt*, Karl August: Deutsche Rechtsgeschichte, 3. Auflage, Graz—Köln 1971.

Puchelt, E. Sigismund: Leitfaden für die Hauptverhandlung der Strafkammern, in: Annalen 30 (1864) 281 ff.

— Die Strafprozeß-Ordnung für das Deutsche Reich, Leipzig 1881 (zit.: *Puchelt*, StPO).

Regge, Jürgen: Kabinettsjustiz in Brandenburg-Preußen. Eine Studie zur Geschichte des landesherrlichen Bestätigungsrechts in der Strafrechtspflege des 17. und 18. Jahrhunderts, Strafrechtliche Abhandlungen, Neue Folge, Band 30, Berlin 1976.

Rehm, o. V.: Die Stellung des Vorsitzenden, des Staatsanwalts und der Vertheidigung im strafgerichtlichen Hauptverfahren, in: GS 12 (1860) 3 ff.

Repertorium zum Strafprozeßgesetz vom 10. November 1848, einschlüssig der Modifikationen durch die Gesetzgebung vom Jahre 1861, herausgegeben von der Redaktion der „Gesetzgebung des Königreichs Bayern seit Max II., mit Erläuterungen", Erlangen 1862 (zit.: Repertorium).

Rhenanus (Pseudonym für *Junghanns*): Das großherzoglich badische Straf-Edikt mit seinen Erläuterungen und Zusätzen, Mannheim 1823.

Roßhirt, Konrad Friedrich: Über die Gewaltbefugnisse des Schwurgerichtspräsidenten, insbesondere im Verhältnisse zu denen des Schwurgerichtshofes, in: Magazin 5 (1861) 406 ff.

— Nichtigkeitsbeschwerde wegen verletzter Vorschriften des Verfahrens, Nichtbeachtung gestellter Anträge sowie unrichtiger Auslegung und Anwendung des Strafgesetzes, in: Ann. 31 (1865) 87 ff.

Roxin, Claus: Strafverfahrensrecht. Ein Studienbuch. 18. Auflage, München 1983.

Rüping, Hinrich: Der Grundsatz des rechtlichen Gehörs und seine Bedeutung im Strafverfahren, Strafrechtliche Abhandlungen, Neue Folge, Band 26, Berlin 1976 (zit.: *Rüping*, Gehör).

— Grundriß der Strafrechtsgeschichte, München 1981 (zit.: *Rüping*, Grundriß).

Rüttimann, J.: Die Zürcherischen Gesetze betreffend die Organisation der Rechtspflege und das Strafverfahren (Schwurgerichte), Zürich 1853.

Ruppenthal, o. V.: Die discretionäre Gewalt des Strafgerichtspräsidenten, in: GS 4 (1852) 1. Bd., S. 538 ff.

Ruth, H.: Die neue Strafprozeß-Ordnung für das Großherzogthum Baden in ihrer gegenwärtigen Gültigkeit mit dem Einführungsedikt, Heidelberg 1856.

Savigny, Friedrich Carl von: Die Prinzipienfragen in Beziehung auf eine neue Strafprozeß-Ordnung (Ungedruckte Denkschrift, Berlin 1846), auszugsweise abgedruckt unter dem Titel „Ueber Schwurgerichte und Beweistheorie im Strafprozesse", in: GA 6 (1858) 469, 471 ff.; weiterer Auszug unter dem Titel „Ueber das Institut der Staatsanwaltschaft", in: GA 7 (1859) 577 ff.

Sax, Walter: Grundsätze der Strafrechtspflege, in: Bettermann / Nipperdey / Scheuner, Die Grundrechte, 3. Bd., 2. Halbband, Berlin 1959.

Scheurl, A. von: Erläuternde Anmerkungen zu der neuen Strafprozeß-(insbesondere Schwurgerichts-)Ordnung für das diesrheinische Bayern (Gesetz „die Abänderungen des zweiten Theils des Strafgesetzbuchs von 1813 betreffend") auf Grundlage der ständischen Ausschußverhandlungen, München 1848.

Schletter, Hermann Theodor: Die rheinische Gerichtsverfassung und das rheinische Strafverfahren. Studien und Reisebeobachtungen mit besonderer Berücksichtigung der Criminalstatistik und der *jurisprudence*, Altenburg 1847 (zit.: *Schletter*, Studien).

— Lehrbuch des Königlich Sächsischen Strafproceßrechts nach der Strafproceßordnung vom 11. August 1855, Leipzig 1856 (zit.: *Schletter*, LB).

Schlink, o. V.: Kritische Bemerkungen zu der Abhandlung des Professors Dr. Mittermaier „über die Stellung des Assisenpräsidenten", in: GS 1 (1849) 1. Bd., S. 351 ff.

Schlosser, Hans: Inquisitionsprozeß, in: Handwörterbuch zur deutschen Rechtsgeschichte (HRG), herausgegeben von Adalbert Erler und Ekkehard Kaufmann, II. Band, Sp. 378 ff., Berlin 1978.

Schlüchter, Ellen: Das Strafverfahren, 2. Auflage, Köln, Berlin, Bonn, München 1983.

Schmid, Werner: Haben die Verfahrensbeteiligten in der Hauptverhandlung Anspruch auf Protokollierung von Verfahrensfehlern?, in: GA 1962, S. 353 ff.

— Die „Verwirkung" von Verfahrensrügen im Strafprozeß, Frankfurt am Main 1967 (zit.: *Schmid*, Verwirkung).

Schmidt, Eberhard: Die Bedeutung der Rezeption für die Geschichte des Inquisitionsprozesses, in: ZStW 60 (1941) 423 ff.

— Einführung in die Geschichte der deutschen Strafrechtspflege, 3. Auflage, Göttingen 1965 (zit.: Eb. *Schmidt*, Geschichte).

— Lehrkommentar zur Strafprozeßordnung und zum Gerichtsverfassungsgesetz, Teil I, Die rechtstheoretischen und die rechtspolitischen Grundlagen des Strafverfahrensrechts, 2. Auflage, Göttingen 1964 (zit.: Eb. *Schmidt* I).

— Lehrkommentar zur Strafprozeßordnung und zum Gerichtsverfassungsgesetz, Teil II: Erläuterungen zur Strafprozeßordnung und zum Einführungsgesetz zur Strafprozeßordnung, Göttingen 1957 (zit.: Eb. *Schmidt* II).

Schwarze, Friedrich Oscar (von): Commentar zur Strafproceßordnung des Königreichs Sachsen vom 11. August 1855, Erster Band, Leipzig 1855, Zweiter Band, Leipzig 1856 (zit.: *Schwarze*, Comm., nach Band und Seite).

— Der Entwurf der Strafprozeßordnung für das Königreich Sachsen, in: ArchCrimR NF 1855, S. 173 ff.

— Bemerkungen über den Umfang und die Wirkung cassatorischer Entscheidungen, in: GS 15 (1863) 1 ff.

Schwinge, Erich: Der Kampf um die Schwurgerichte bis zur Frankfurter Nationalversammlung, Neudruck der Ausgabe Breslau 1926, Aalen 1970.

Sitzungsberichte der bayerischen Strafgerichte, herausgegeben von der Redaktion der Blätter für Rechtsanwendung, Erlangen, Erster und Zweiter Band 1850, Dritter und Vierter Band 1852, Fünfter Band 1853 (zit.: SitzB, nach Band und Seite).

Stabel, Anton: Bericht über Cassationsbeschwerden, in: Jahrbücher des Großherzoglich Badischen Oberhofgerichts, Neue Folge, 13. Jahrgang 1852/53 (Der ganzen Sammlung *zwanzigster* Jahrgang), Mannheim 1854, S. 173 ff.

Stemann, Christian von: Die Jury in Strafsachen. Eine Monographie, Hamburg 1847 (zit.: *Stemann*, Die Jury).

— Die organische Natur des französischen Strafprocesses, in: ArchCrimR NF 1852, S. 69 ff.

— Darstellung des Preussischen Strafverfahrens, Berlin 1858 (zit.: *Stemann*, Strafverfahren).

Stempf, L.: Dürfen die Protokolle über die Angaben der nach § 149 St.Pr.O. zur Verweigerung des Zeugnisses berechtigten Personen in der Schwurgerichtssitzung vorgelesen werden, wenn Jene sich weigern, in dieser Auskunft zu geben, in: Annalen 28 (1862) 4 ff.

Stenglein, Melchior: Die Strafprozeß-Ordnung für das Deutsche Reich vom 1. Februar 1877, 2. Auflage, Nördlingen 1889.

Sundelin, Paul: Die gegenwärtigen Reformwünsche für das deutsche Strafverfahren, besonders für das Geschworenengericht und die Bedingungen einer Einigung des deutschen Strafverfahrens, in: GS 12 (1860) 19 ff.

— Sammlung der neueren deutschen Gesetze über Gerichtsverfassung und Strafverfahren, Berlin 1861.

Temme, Jodocus Deodatus Hubertus: Grundzüge des deutschen Strafverfahrens, Arnsberg 1850 (zit.: *Temme*, Grundzüge).

— Archiv für die strafrechtlichen Entscheidungen der obersten Gerichtshöfe Deutschlands, Erlangen, Erster Band 1854, Zweiter Band 1855, Dritter Band 1856, Vierter Band 1857, Fünfter Band 1858, Sechster Band 1859 (zit.: *Temme*, Archiv nach Band, Jahr und Seite).

Thilo, Wilhelm: Strafprozeßordnung für das Großherzogthum Baden, Karlsruhe 1845 (zit.: *Thilo*, StPO).

— Die Strafgesetzgebung des Großherzogthums Baden nebst dem Gesetze über die Gerichtsverfassung u.s.w., Nachtrag. Das Gesetz über die Einführung des Strafgesetzbuches, des neuen Strafverfahrens und der Schwurgerichte v. J. 1851 enthaltend, Karlsruhe 1851 (zit.: *Thilo*, Nachtrag).

Tippelskirch, o. V. von: Beiträge zur künftigen Strafprozeß-Ordnung für Preußen, in: GA 2 (1854) 23 ff., 313 ff., 447 ff.; 3 (1855) 348 ff., 442 ff., 760 ff.; 4 (1856) 3 ff., 603 ff., 754 ff.; 5 (1857) 303 ff.

Vogt, Alfons: Die Anfänge des Inquisitionsprozesses in Frankfurt am Main, in: Zeitschrift der Savigny-Stiftung für Rechtsgeschichte, in Verbindung mit anderen Gelehrten herausgegeben von Heinrich Mitteis, 68. Band (81. Band der Zeitschrift für Rechtsgeschichte), Germanistische Abteilung, Weimar 1951, S. 234 ff.

Voitus, C. A.: Kontroversen betreffend die Strafprozeßordnung und das Gerichtsverfassungsgesetz, Erster Band, Berlin 1881. Zweiter Band, Berlin 1883 (zit.: *Voitus*, nach Band und Seite).

Waechter, Carl Georg von: Gemeines Recht Deutschlands, insbesondere Gemeines Deutsches Strafrecht, Leipzig 1844 (zit.: von *Waechter*, Gemeines Recht).

— Beiträge zur Deutschen Geschichte, insbesondere zur Geschichte des Deutschen Strafrechts, Tübingen 1845 (zit.: von *Waechter*, Beiträge).

Walder, Ernst: Das Ende des Alten Reiches. Der Reichsdeputationshauptschluß von 1803 und die Rheinbundakte von 1806 nebst zugehörigen Aktenstücken, Quellen zur neueren Geschichte, Heft 10, 2. Auflage, Bern 1962 (zit.: Ernst *Walder*).

Walder, Hans: Die Vernehmung des Beschuldigten, dargestellt am Beispiel des Zürcherischen und deutschen Strafprozeßrechtes, Hamburg 1965.

Walther, Friedrich: Die Rechtsmittel im Strafverfahren nach den Grundsätzen des englisch-französischen Strafproceßrechtes, München, I. Abtheilung 1853, II. Abtheilung 1855 (zit.: *Walther*, Rechtsmittel, nach Band und Seite).

— Lehrbuch des bayerischen Strafproceßrechts mit Rücksicht auf andere Gesetzgebungen, München 1859 (zit.: *Walther*, LB).

Weber, Georg: Heidelberger Erinnerungen. Am Vorabend der Fünften Säkularfeier der Universität, Stuttgart 1886.

Würth, Joseph von: Die neue österreichische Strafproceßordnung, in: GS 2 (1850) 2. Bd., S. 209 ff.

— Die österreichische Strafproceßordnung vom 17. Jänner 1850, erläutert und in Vergleichung mit den Gesetzgebungen des Auslandes dargestellt, Wien 1851 (zit.: *Würth*, StPO).

Zachariae, Heinrich Albert: Die Gebrechen und die Reform des deutschen Strafverfahrens, Göttingen 1846 (zit.: *Zachariae*, Gebrechen).

— Die deutschen Verfassungsgesetze der Gegenwart, einschließlich der Grundgesetze des deutschen Bundes und der das Verfassungsrecht der Einzelstaaten direct betreffenden Bundesbeschlüsse, Göttingen 1855 (zit.: *Zachariae*, Verfassungsgesetze).

— Handbuch des deutschen Strafprocesses. Systematische Darstellung des auf den Quellen des gemeinen Rechts und der neuern deutschen Gesetzgebung beruhenden Criminal-Verfahrens, in wissenschaftlicher Begründung und Verbindung, Erster Band, welcher die Einleitung, die rationellen und historischen Grundlagen des deutschen Strafprocesses und die Lehre von der Strafgerichtsverfassung enthält, Göttingen 1861; Zweiter Band, welcher die das Strafverfahren selbst betreffenden Lehren enthält, Göttingen 1868 (zit.: *Zachariae*, Handbuch, nach Band und Seite).

Zentner, Josef: Andeutungen über die Einführung einer auf Collegialität gebauten Gerichtsverfassung mit Vergleichsbehörden und einer auf Oeffentlichkeit und Anklagesystem gegründeten Strafgerichtsordnung im Großherzogthum Baden, Mannheim 1839 (zit.: *Zentner*, Andeutungen).

— Erläuterungen über die Rechtsmittel der Badischen Proceßordnung mit einer Anleitung zu mündlichen Vorträgen und einem Anhang über die neue Gesetzesvorlage, Karlsruhe 1844 (zit.: *Zentner*, Erläuterungen).

— Resultate der Strafrechtspflege in Baden unter der Herrschaft der neuen Gesetze, in: Magazin 1 (1854) 79 ff., 451 ff.

— Bericht über die bisherigen Entscheidungen des Oberhofgerichts als Cassationshof und die oberstrichterlichen Entscheidungen auf Beschwerden gegen die Erkenntnisse der Anklagekammern, in: Magazin 2 (1856) 118 ff., 187 ff.

— Zweiter Bericht über die Entscheidungen des Oberhofgerichts als Cassationshof im schwurgerichtlichen Verfahren, in: Magazin 5 (1861) 122 ff., 406 ff.

Quellenverzeichnis

Baden:

— Das Strafedikt vom 4. April 1803, abgedruckt bei *Rhenanus,* Mannheim 1823.

— Landrecht für das Großherzogthum Baden nebst Handelsgesetzen, Karlsruhe 1814.

— Gesetz vom 28. Dezember 1831 über die Polizei der Presse und über die Bestrafung der Preßvergehen, in: Großherzoglich Badisches RegBl. 1832, Carlsruhe, S. 29 ff.

— Entwurf der Strafprocessordnung für das Großherzogthum Baden nebst Bericht der Gesetzgebungscommission vom 11. Januar 1835 zum Entwurf eines Gesetzes über das Strafverfahren und den Entwurf einer Gerichtsverfassung, Karlsruhe 1835.

— Gesetz über die gerichtlichen Erkenntnisse und über die Recurse gegen dieselben, RegBl. 1837, Carlsruhe, S. 171 ff., teilweise abgedruckt bei H. *Ruth.*

— Strafprocessordnung für das Großherzogthum Baden nebst den Gesetzen über die Gerichtsverfassung, die privatrechtlichen Folgen von Verbrechen und den Strafvollzug im neuen Männerzuchthaus zu Bruchsal, Amtliche Handausgabe, Carlsruhe 1845, publiziert am 21. Mai 1845 im Großherzoglich Badischen RegBl. 1845, Carlsruhe, S. 135 (Beilage), abgedruckt auch bei *Haeberlin,* S. 370 ff.

— Gesetz über die Einführung von Geschworenengerichten vom 22. Februar 1849, in: Großherzoglich Badisches RegBl. 1849, Carlsruhe, S. 83 ff.

— Entwurf einer revidirten Strafprozeßordnung für das Großherzogthum Baden, in: Verhandlungen der Ständeversammlung, II. Kammer 1847/49, Beilageheft 10, S. 1 ff.

— Gesetz vom 5. Februar 1851, die Einführung des Strafgesetzbuchs, des neuen Strafverfahrensrechts und die Schwurgerichte betreffend, Karlsruhe 1851, publiziert am 15. Februar im Großherzoglich Badischen RegBl. Carlsruhe, S. 73 ff., abgedruckt auch bei *Haeberlin,* S. 422 ff., und H. *Ruth.*

— Gesetz vom 15. Februar 1851, welches an die Stelle der hierdurch aufgehobenen, die Presse betreffenden Gesetze vom 28. Dezember 1831, vom 1. März 1848 und vom 10. April 1849 tritt, in: Großherzoglich Badisches RegBl. 1851, Carlsruhe, S. 119 ff., 134, 176.

— Entwurf einer Strafprozeßordnung für das Großherzogthum Baden, Karlsruhe 1862.

— Strafprozeßordnung für das Großherzogthum Baden, Amtliche Ausgabe, Karlsruhe 1864.

Bayern:

— Strafgesetzbuch für das Königreich Baiern. Zweiter Theil. Von dem Prozeß in Strafsachen, München 1813.

— Gesetz vom 10. November 1848, die Abänderung des zweiten Theils des Strafgesetzbuches vom Jahre 1813 betreffend (Gesetz über die Schwurgerichte), abgedruckt bei *Haeberlin,* S. 233 ff., und *von Scheurl.*

Braunschweig:

— Gesetz vom 22. August 1849 (StPO), in: Gesetz- und Verordnungs-Sammlung für die Herzoglich Braunschweigischen Lande, Nr. 36 vom 28. September 1849, Braunschweig, S. 247 ff., abgedruckt auch bei *Haeberlin,* S. 725 ff., und *Degener* I.

— Neue Redaction der Strafprozeßordnung vom 21. October 1858, in: Gesetz- und Verordnungs-Sammlung für die Herzoglich Braunschweigischen Lande, Nr. 59 vom 17. November 1858, Braunschweig, S. 297 ff., abgedruckt mit Änderungen vom 22. November 1859 auch bei *Sundelin,* S. 277 ff.

Bremen:

— Provisorische Strafproceßordnung der freien Hansestadt Bremen, ohne Ort und Jahr (vom 30. Juli 1863).

— Revidirte Strafproceßordnung vom 26. Dezember 1870.

Coburg-Gotha:

— Gesetz, die Einführung einer neuen Strafproceßordnung für die Herzogthümer Coburg und Gotha betreffend, vom 21. September 1857, Gotha 1857, abgedruckt auch bei *Sundelin,* S. 355, 356 ff.

Frankfurt:

— Gesetz über das Verfahren in Strafsachen, vom 15. Mai 1856, in: Gesetz- und Statuten-Sammlung der Freien Stadt Frankfurt, Dreizehnter Band, Frankfurt am Main 1856, Anlage D, S. 221 ff., abgedruckt auch bei *Sundelin,* S. 584 ff.

Frankreich:

— Loi concernant la police de sûreté, la justice criminelle et l'établissement des jurés, des 16 - 29 sept. 1791, Paris 1792.

— Codes des délits et des peines du 3. brumaire an IV, Paris an IV (= G. v. 25. Oktober 1795), auch in

— Code des délits et des peines (Loi du 3 Brumaire an 4), Avec des Lois additionnelles postérieures; plusieurs Décisions du Directoire, et Lettres du Ministre de la Justice y relatives: terminé par une Table alphabétique. Cinquième Édition, Tome premier, Paris An IX. — 1801.

— Code d'instruction criminelle, Édition Conferme à l'Édition originale du Bulletin des Lois; suivi Des Motifs exposés par les Conseillers d'État, et des Rapports faits par la Commission de Législation du Corps Législatif, sur chacune des lois qui composent le Code, Paris 1809, auch in

— Code d'instruction criminelle (CIC) von 1808, A. d. Franz. nach der offiziellen Ausg. übers. von Heinrich Gottfried *Daniels,* Cöln 1811 (zweisprachige Ausgabe), abgedruckt auch bei *Haeberlin,* S. 1 ff.

Hamburg:

- Entwurf einer Strafproceßordnung vom 14. April 1862, in: Mittheilung des Senats an die Bürgerschaft, Nr. 8, nebst Bericht der von Senat und Bürgerschaft niedergesetzten Justiz-Commission, ohne Ort und Jahr, Anlage B, S. 289 ff.
- Strafproceßordnung der freien Hansestadt Hamburg vom 30. April 1869.

Hannover:

- Strafprozeßordnung für das Königreich Hannover vom 8. November 1850, abgedruckt bei *Haeberlin*, S. 279 ff., und *Leonhardt*.
- Revidirte Strafprozeßordnung für das Königreich Hannover vom 5. Mai 1859, Hannover 1859, abgedruckt auch bei *Sundelin*, S. 117 ff.

Großherzogthum Hessen(-Darmstadt):

- Gesetz vom 28. October 1848, die Einführung des mündlichen und öffentlichen Strafverfahrens in den Provinzen Starkenburg und Oberhessen betreffend, abgedruckt bei *Haeberlin*, S. 637 ff.
- Gesetz vom 31. December 1848, das Verfahren in Assisensachen und die Bildung der Schwurgerichte in der Provinz Rheinhessen betreffend, abgedruckt bei *Haeberlin*, S. 706 ff.
- Entwurf einer Strafprozeßordnung von 1860, nebst Motiven, Darmstadt 1860, abgedruckt auch bei *Sundelin*, S. 204 ff.
- Strafprozeßordnung für die Provinzen *Starkenburg* und Oberhessen vom 13. September 1865 nebst den damit zusammenhängenden Gesetzen und Verordnungen, Amtliche Handausgabe, Darmstadt 1866.

Hessen-Nassau:

- Gesetz vom 14. April 1849, die Einführung des mündlichen und öffentlichen Strafverfahrens mit Schwurgerichten in Nassau betreffend, abgedruckt bei *Haeberlin*, S. 637 ff.

Kurhessen:

- Gesetz vom 31. October 1848, betreffend die Umbildung des Strafverfahrens, abgedruckt bei *Haeberlin*, S. 447 ff.
- Provisorisches Gesetz vom 22. Juli 1851, abändernde Bestimmungen über Organisation der Rechtspflege und das Verfahren in Strafsachen sowie in bürgerlichen Rechtsstreitigkeiten enthaltend, abgedruckt bei *Haeberlin*, S. 511 ff.

Landgrafschaft Hessen:

- Gesetz, die Einführung von Geschwornengerichten betreffend, vom 15. October 1850, abgedruckt bei *Sundelin*, S. 459 ff.

Lübeck:

- Entwurf einer Strafproceßordnung vom 23. Mai 1857, ohne Ort und Jahr.
- Strafproceßordnung vom 26. November 1862.

Mecklenburg-Schwerin:

— Verordnung vom 1. Januar 1856, betreffend das Verfahren wegen der zur Competenz des Criminalcollegiums gehörenden Verbrechen, in: RegBl. für das Großherzogthum Mecklenburg-Schwerin, Jahrgang 1856, Beilage zu Nr. 6, Schwerin, S. 23 ff., abgedruckt auch bei *Sundelin,* S. 626 ff.

Oesterreich:

— Gesetzbuch über Verbrechen und schwere Polizey-Uebertretungen vom 3. September 1803, Wien 1803.

— Strafprocessordnung vom 17. Januar 1850, abgedruckt bei *Haeberlin,* S. 89 ff., und *Würth,* StPO.

— Die allgemeine Strafprocess-Ordnung vom 29. Juli 1853 für das Kaiserthum Oesterreich, Amtliche Handausgabe, Wien 1853, abgedruckt auch bei *Sundelin,* S. 1 ff.

— Strafprozeßordnung vom 23. Mai 1873, abgedruckt bei *Kaserer* I, Wien 1873.

Oldenburg:

— Entwurf eines Gesetzes über das Schwur-Gericht nebst Beweggründen, Amtlicher Abdruck, Oldenburg 1850.

— Entwurf einer Strafproceßordnung für das Herzogthum Oldenburg, neben Anlage A zu Anlage 24, in: Bericht über die Verhandlungen des elften (außerordentlichen) Landtags des Großherzogthums Oldenburg 1857, S. 183 ff., nebst Motiven ebenda, Nebenanlage B zu Anlage 24, S. 241 ff.

— Strafprocess-Ordnung vom 2. November 1857, in: Das Strafgesetzbuch und die Strafproceßordnungen für das Großherzogthum Oldenburg, mit Noten und alphabetischen Sachregistern, 2. Auflage, Oldenburg 1864, abgedruckt auch bei *Sundelin,* S. 494 ff.

Preußen:

— Criminal-Ordnung von 1805, in: Allgemeines Criminalrecht für die Preußischen Staaten, erster Theil, 4. Auflage, Berlin 1825.

— Revidirter Entwurf der Strafprozeß-Ordnung für die Preußischen Staaten, Erster Theil, Entwurf, Zweiter Theil, Motive, Berlin 1841.

— Gesetz, betreffend das Verfahren in den bei dem Kammergerichte und den Kriminalgerichten zu Berlin zu führenden Untersuchungen, in: Gesetz-Sammlung für die Königlichen Preußischen Staaten, Nr. 21, Berlin 1846, S. 267 ff., abgedruckt auch bei *von Daniels,* S. 274 ff.

— Verordnung, betreffend die Oeffentlichkeit in den nach dem Gesetze vom 17. Juli 1846 zu führenden Untersuchungen. Vom 7. April 1847, in: Gesetz-Sammlung für die Königlichen Preußischen Staaten, Nr. 13, S. 130.

— Verordnung über die Einführung des mündlichen und öffentlichen Verfahrens mit Geschworenen in Untersuchungssachen. Vom 3. Januar 1849, in: Gesetz-Sammlung für die Königlichen Preußischen Staaten, Nr. 1, Berlin 1849, S. 14 ff.

— Gesetz, betreffend die Zusätze zu der Verordnung vom 3. Januar 1849 über die Einführung des mündlichen und öffentlichen Verfahrens mit Geschwornen in Untersuchungssachen. Vom 3. Mai 1852, in: Gesetz-Sammlung für die Königlichen Preußischen Staaten, Nr. 14, Berlin 1852, S. 209 ff., abgedruckt auch bei *Haeberlin*, S. 232 a ff., und in Criminal-Ordnung für die Preußischen Staaten nebst der Verordnung vom 3. Januar 1849 über die Einführung des mündlichen und öffentlichen Verfahrens mit Geschwornen in Untersuchungssachen und den die selben ergänzenden Gesetze, Amtliche Ausgabe, 2. Auflage, Berlin 1852.

— Entwurf einer Strafprozeß-Ordnung für den Preußischen Staat. Nebst motivirenden Anmerkungen, Berlin 1865.

— Strafprozeß-Ordnung vom 15. Juli 1867 für die durch das Gesetz vom 20. September 1866 und die beiden Gesetze vom 24. Dezember 1866 mit der Monarchie vereinigten Landestheile, mit Ausschluß des vormaligen Oberamtsbezirks Meisenheim und der Enklave Kaulsdorf, in: Gesetz-Sammlung für die Königlichen Preußischen Staaten 1867, Nr. 62, Berlin 1867, S. 921, 933 ff.

Sachsen-Altenburg:

— Strafprocess-Ordnung vom 27. Februar 1854, abgedruckt bei *Sundelin*, S. 389 ff.

Sachsen-Coburg-Gotha:

— s. Coburg-Gotha

Sachsen-Weimar, Sachsen-Meiningen, Schwarzburg-Rudolstadt, Schwarzburg-Sondershausen, Anhalt-Dessau, Anhalt-Köthen:

— Strafprocessordnung vom 20. März, 21. Juni, 26. April, 25. März, 28. Mai 1850, abgedruckt bei *Haeberlin*, S. 751 ff.

— Gesetz vom 9. December 1854, die Abänderung der Strafprocess-Ordnung und Gebührentaxe betreffend, abgedruckt bei *Sundelin*, S. 294 ff.

Königreich Sachsen:

— Gesetz, die provisorische Einrichtung des Strafverfahrens bei Preßvergehen und dergleichen betreffend, vom 18ten November 1848, in: Gesetz- und Verordnungsblatt für das Königreich Sachsen, 36tes Stück vom Jahre 1848, Dresden 1848, S. 303 ff.

— Entwurf einer Straf-Proceß-Ordnung für das Königreich Sachsen, nebst Motiven und Inhaltsverzeichnisse, Dresden 1853.

— Strafprocess-Ordnung vom 13. August 1855, in: Gesetz- und Verordnungsblatt für das Königreich Sachsen, 15tes Stück vom Jahre 1855, Dresden 1855, S. 319, 322 ff., abgedruckt auch bei *Sundelin*, S. 637, 639 ff., und *Schwarze*, Commentar.

— Verordnung, die Publication der Revidirten Strafprozeßordnung betreffend; vom 1. October 1868, in: Gesetz- und Verordnungsblatt für das Königreich Sachsen, 26. Stück vom Jahre 1868, Dresden 1868, S. 1031 ff.

Württemberg:

— Strafprocessordnung für das Königreich Württemberg nebst dem Einführungsgesetze vom 22. Juni 1843, Stuttgart 1843, auch in: RegBl. für das Königreich Württemberg, Stuttgart 1843, Nr. 33, S. 459, abgedruckt ferner bei *Haeberlin*, S. 523 ff.

— Gesetz über das Verfahren in Strafsachen, welche vor die Schwurgerichtshöfe gehören, vom 14. August 1849, in: RegBl. für das Königreich Württemberg, Stuttgart 1849, Nr. 52, S. 399 ff., abgedruckt auch bei *Haeberlin*, S. 600 ff.

— Entwurf einer Strafprozeßordnung für das Königreich Württemberg, Stuttgart 1863.

— Entwurf einer Strafproceß-Ordnung für das Königreich Württemberg vom 20. December 1866 nebst Bericht der Abtheilung der Justizgesetzgebungscommission der Kammer der Abgeordneten über Strafprozeß, betreffend den Entwurf einer Strafprozeßordnung für das Königreich Württemberg vom 20. August 1867, ohne Ort und Jahr.

— Strafproceßordnung für das Königreich Württemberg vom 26. Mai 1868, in: RegBl. für das Königreich Württemberg, Stuttgart 1868, Nr. 18, S. 205 (1 b ff.).

Deutsches Reich:

— (I.) Entwurf einer Deutschen Strafprozeß-Ordnung, Berlin im Januar 1873, Berlin 1873, abgedruckt auch in: GA 21 (1873) 3 ff. (zit.: E 1873).

— Motive zu dem Entwurf einer Deutschen Strafprozeß-Ordnung, Berlin 1872 (zit.: Motive 1872).

— III. Entwurf einer Strafprozeßordnung für das Deutsche Reich vom Jahre 1874, abgedruckt auch in: GA 22 (1874) 326 ff. (zit.: E 1874).

— Motive zum Entwurf einer Strafprozeßordnung für das Deutsche Reich nebst Anlagen (zit.: Motive 1874).

— Strafprozeßordnung und Einführungsgesetz zur Strafprozeßordnung, vom 1. Februar 1877, Berlin 1877 (zit.: RStPO).

FSC
www.fsc.org
MIX
Papier | Fördert
gute Waldnutzung
FSC® C083411

Kolibri 360 GmbH
Ferdinand-Jühlke-Straße 7
99095 Erfurt, Deutschland
produktsicherheit@kolibri360.de

Druck:
CPI Druckdienstleistungen GmbH
im Auftrag der
Kolibri 360 GmbH
Ferdinand-Jühlke-Str. 7
99095 Erfurt